O Evangelho marginalizado

Dados Internacionais de Catalogação na Publicação (CIP)
(Câmara Brasileira do Livro, SP, Brasil)

Castillo, José M.
  O Evangelho marginalizado / José M. Castillo ; tradução de Francisco Morás. – Petrópolis, RJ : Vozes, 2022.

Título original: El Evangelio marginado.
ISBN 978-65-5713-588-4

1. Bíblia. N.T. Evangelhos – Crítica e interpretação 2. Cristologia I. Título.

22-101426   CDD-230

Índices para catálogo sistemático:
1. Controvérsias doutrinárias : Cristianismo 230

Eliete Marques da Silva – Bibliotecária – CRB-8/9380

JOSÉ M. CASTILLO

O Evangelho marginalizado

Tradução de Francisco Morás

EDITORA VOZES
Petrópolis

© 2019, Editorial Desclée De Brouwer S.A., Bilbao, Espanha.

Tradução realizada a partir do original em espanhol intitulado *El Evangelio marginado*, José Maria Castilho.

Direitos de publicação em língua portuguesa – Brasil:
2022, Editora Vozes Ltda.
Rua Frei Luís, 100
25689-900 Petrópolis, RJ
www.vozes.com.br
Brasil

Todos os direitos reservados. Nenhuma parte desta obra poderá ser reproduzida ou transmitida por qualquer forma e/ou quaisquer meios (eletrônico ou mecânico, incluindo fotocópia e gravação) ou arquivada em qualquer sistema ou banco de dados sem permissão escrita da editora.

CONSELHO EDITORIAL

Diretor
Gilberto Gonçalves Garcia

Editores
Aline dos Santos Carneiro
Edrian Josué Pasini
Marilac Loraine Oleniki
Welder Lancieri Marchini

Conselheiros
Francisco Morás
Ludovico Garmus
Teobaldo Heidemann
Volney J. Berkenbrock

Secretário executivo
Leonardo A.R.T. dos Santos

Editoração: Fernando Sergio Olivetti da Rocha
Diagramação: Raquel Nascimento
Revisão gráfica: Alessandra Karl
Capa: WM design

ISBN 978-65-5713-588-4 (Brasil)
ISBN 978-84-330-3027-7 (Espanha)

Este livro foi composto e impresso pela Editora Vozes Ltda.

Para Margarita Orozco Fernández e à comunidade "Dimas Rodríguez", que, com seu trabalho e integridade, são fonte de vida e esperança para El Salvador e América Central.

Sumário

Introdução, 9

1 O Evangelho desconhecido, 15

2 O Evangelho para ricos e poderosos, 44

3 Uma cristologia que prescinde do Evangelho, 54

4 O seguimento de Jesus, centro do Evangelho, 62

5 Fé e seguimento de Jesus, 74

6 O seguimento de Jesus vivido e confundido, 86

7 Evangelho, religião e tristeza, 95

8 Religião e Evangelho: são compatíveis?, 105

9 Sacramentos da Igreja e mandatos de Jesus, 115

10 A morte de Jesus, 129

11 A Igreja quebrada: os privilegiados e os esquecidos, 137

12 A Igreja e o dinheiro, 152

13 A Igreja e o poder, 164

Conclusão, 179

Referências, 185

Introdução

De entrada afirmo que a Igreja vive numa contradição que é a pior de todas as contradições possíveis, visto que se trata de uma contradição entre Igreja e Evangelho. Sem dúvida, esta afirmação parecerá demasiadamente forte. E não apenas forte, mas, além disso, exagerada e falsa. É um tema, por outro lado, extremamente delicado, sério, inclusive grave, e com o qual é preciso ter um cuidado extremo.

Não obstante isso, reafirmo o dito. Não pretendo dizer que todos os cristãos, ou todos os que pertencem à Igreja, vivam em contradição com o Evangelho. Seria uma afirmação universal ilegítima, já que evidentemente falsa. Na Igreja existem muitos seguidores de Jesus que se esforçam para ser fiéis ao Evangelho. O problema não está nos comportamentos individuais. Trata-se de algo muito mais sério e profundo, que muita gente sequer se dá conta.

O indico de forma muito resumida. O Evangelho é uma "teologia narrativa". Com isso quero dizer que existem duas formas de fazer teologia: 1) Existe uma *teologia especulativa*, que é a que se faz mediante ideias, especulações e discursos mais ou menos racionais. Esta é a que encontramos na maioria dos livros de teologia, nos tratados, nos manuais, nos catecismos etc. 2) A *teologia narrativa* é feita mediante relatos emprestados da vida diária, nos quais o determinante não é a historicidade, mas seu significado. Daí por que, quando lemos os evangelhos, o importante não é se o fato narrado aconteceu ou não. O que importa, e, portanto, o que interessa, é o que o relato significa e representa, o que nos quer dizer e ensina à nossa forma de viver e ao nosso projeto de vida.

Pelo que acabo de dizer é fácil compreender a singular importância e a significação que tem, na opinião pública, o atual Papa Francisco. Homem tão especialmente apreciado, e tão passionalmente rejeitado! Exatamente o que aconteceu com Jesus, de acordo com os próprios evangelhos. Para Francisco, como originalmente para Jesus, os pobres, os enfermos, os anciãos, as crianças, os que sofrem ou os que se veem excluídos são os que o apreciam e o procuram. Entretanto, simultaneamente e em não poucos ambientes clericais, este papa é rejeitado por um clericalismo fanático, por pessoas que gostariam de vê-lo aposentado ou morto. Jesus de Nazaré não deixou ninguém indiferente, da mesma forma que o atual papa.

Por que essa aceitação e essa rejeição? Não esqueçamos que, da mesma forma que no caso deste papa, a Igreja teve e viveu muitos outros casos totalmente similares. O caso de Monsenhor Romero, em El Salvador, por exemplo, foi bastante similar. Por quê?

O fato é que a Igreja vive numa contradição importante. Doloroso é reconhecê-lo, e, pessoalmente, confesso que durante anos resisti em aceitar essa contradição. Por se tratar de um caso tão evidente e de consequências tão graves, no entanto, negá-lo – ou tirar-lhe a importância – só é admissível a partir da intolerância, do fanatismo ou da ignorância injustificável do que se pensa que é cristão, quando na realidade da vida é duvidoso que o seja.

De que contradição estou falando? Refiro-me à contradição entre o que a Igreja diz e o que faz em questões fundamentais quanto às abordagens e aos problemas centrais encontrados nos evangelhos. Trata-se, em última análise, da contradição entre Igreja e Evangelho. Contradição que, com demasiada frequência, os "homens de Igreja" (por ação ou omissão) tentam se livrar, marginalizando assim o Evangelho. Fato terrível, básico, que vem acontecendo desde as origens do cristianismo. E é tratado como se fosse a coisa mais natural do mundo... como algo que deve ser assim... aceito ou tolerado por todos. E assim, em face de um tema tão fundamental, direta ou indiretamente todos nos tornamos cúmplices.

Isto explica o título do presente livro: *O Evangelho marginalizado*. Marginalizado por quem? Pela Igreja, isto é, por todos aqueles que se consideram fiéis à Igreja ou seus membros. E o fazemos por ação ou por omissão, já que o fazemos através de nossa conduta ou pelo consentimento de nossa passividade e silêncio.

Com isto não pretendo afirmar que se marginalize todo o Evangelho. Uma afirmação dessa monta precisa ser cuidadosamente matizada para não incorrer em falsidades que poderiam tornar-se extremamente graves. Seja como for, esse tipo de afirmação carrega em seu bojo muita verdade. Mateus disse que "os letrados e os fariseus estão sentados na cátedra de Moisés [...], mas não os imiteis nas ações, porque dizem e não fazem" (Mt 23,1-3). Como foi dito por um dos mais renomados especialistas nestes temas, a expressão "letrados e fariseus" indica que o Evangelho os considera em seu conjunto. Não lhe interessa saber "se existem letrados ou fariseus bons a quem não são dirigidas duras reprovações de Jesus"[1].

Algo parecido acontece com o tema que nos ocupa neste livro. Obviamente, existem padres exemplares e cristãos essencialmente heroicos. Mas também é verdade que a Igreja, em seu conjunto, sabe que em deter-

---

1. LUZ, U. *El evangelio según san Mateo*. Vol. III. Salamanca: Sígueme, 2003, p. 391.

minadas questões importantes vive longe da exemplaridade de Jesus e, às vezes, aos antípodas do Evangelho. Enquanto existem bispos vivendo em palácios ou clérigos que se vestem de maneira que se apresentam diante das pessoas como personagens escolhidos, selecionados ou diferentes[2], e enquanto tal postura continua sendo vista com naturalidade e como algo lógico em amplos setores do povo cristão, como seria digno de crédito o "Evangelho pregado na Igreja"?

Neste livro defendo que este problema – contradição entre Igreja e Evangelho – é mais grave e muito mais preocupante do que seguramente imaginamos.

Por ora limito-me a lembrar que o Concílio Vaticano II e a *Constituição sobre a Divina Revelação* (DV) afirmam: "Ao Deus que se revela deve-se 'a obediência da fé' (Rm 16,26; cf. Rm 1,5; 2Cor 10,5-6)"[3]. Por outro lado, o mesmo concílio (e no mesmo documento) estabelece o seguinte critério determinante: "Ninguém ignora que entre todas as Escrituras, mesmo do Novo Testamento, os evangelhos gozam de merecida primazia, uma vez que constituem o principal testemunho sobre a vida e a doutrina do Verbo Encarnado, nosso Salvador"[4]. Ou seja, o critério da Igreja é que os evangelhos são os dados mais importantes que Deus revelou aos seres humanos. Portanto, o que os evangelhos nos relatam teria que ter a primazia e constituir a essência na vida da Igreja, em sua organização, em sua estrutura, na gestão de seu governo e em tudo o que entra pelos sentidos das pessoas.

Deveria ser assim. Mas será que é? Efetivamente é, se simplesmente nos ativermos aos ensinamentos teóricos. No entanto, e infelizmente, com frequência nos deparamos com importantes contradições entre o que a Igreja diz em seus ensinamentos e o que ela faz em sua forma de viver, de organizar-se, de estar presente na sociedade, naquilo que as pessoas veem e percebem nos ambientes eclesiásticos. E o mais grave (e preocupante) desta contradição é que, nos países de cultura e tradição cristãs, tal contradição é vista e vivida como algo natural, e inclusive como "aquilo que tem que ser".

Não lhe faltava razão a Søren Kierkegaard quando escreveu em 1855: "Na famosa catedral comparece o ilustríssimo, reverendíssimo Geheimne-

---

2. BROWN, P. *Por el ojo de una aguja*. Barcelona: Acantilado, 2016, p. 371, 1.014-1.015. • JUSSEN, B. *Name der Witve: Erkundungen zur Semantik der mittelalterlichen Busskultur*. Gotinga: Vanderhoeck & Ruprecht, 2000, p. 47-53, 176-198.

3. DV, 5. O texto remete, na nota 4, ao Concílio Vaticano I: *Constituição Dogmática de Fide Catholica*, cap. 3. DENZINGER; HÜNERMANN, n. 3.008.

4. DV, 18.

-General-Ober-Hof-Praedikant (Pregador particular, superior-geral da corte), o jovem escolhido pelo mundo ilustre; comparece perante um público escolhido, entre os escolhidos, e prega comovido sobre um texto que ele mesmo escolheu: 'Deus escolheu o vil e o desprezível do mundo' (1Cor 1,28) – e ninguém se ri da afirmação"[5]. Quando o ridículo, quando o que deveria nos provocar risos e gargalhadas nos parece ou nos resulta inteiramente natural, é evidente que nossa educação nos levou a aceitar a falsidade com uma naturalidade hipócrita.

Seja como for, o certo é que frequentemente descobrimos fatos e situações de verdadeiro escândalo. Coisas que, em tempos passados, eram ocultadas, mas que agora já não podem mais sê-lo. E, além disso, sabemos que existem grandes setores da população que não querem saber de nada, nem da Igreja, tampouco da religião. O mais estranho, porém, é que "homens de Igreja" sigam adiante sem se importar, talvez pensando que a culpa da rejeição, cada dia mais generalizada, a tudo quanto cheira a religioso e a sagrado esteja nos progressistas, nos esquerdistas, em todos os que não estão dispostos a jurar fidelidade às tradições e aos costumes herdados dos antigos.

O fato é que, sem saber a razão, repete-se e perpetua-se o que nos disseram ter ocorrido na vida de Jesus. Os sumos sacerdotes, os próprios sacerdotes, os mestres da Lei, os escribas e fariseus, todos estes grupos, os mais religiosos e observantes do judaísmo do primeiro século, não suportaram a Jesus. Além disso, viram em Jesus, naquilo que Ele dizia e fazia, a mais grave ameaça para a própria sobrevivência. Por isso o rejeitaram, o insultaram, o ameaçaram, tentaram matá-lo em diversas ocasiões, até se darem finalmente conta de que, para eles, Jesus era uma ameaça e um perigo mortal (Jo 11,47-53). Dito em poucas palavras: "O Evangelho de Jesus" e a "religião dos sacerdotes" eram e são incompatíveis.

Obviamente esta afirmação deve ser matizada, explicada e justificada. Concretamente: é imprescindível esclarecer o que representa "a religião dos sacerdotes", que tinha por centro o Templo, com seus correspondentes rituais, seus sacrifícios, o "lugar" (*tópos*), que nomeava a cidade santa (Jerusalém) ou, mais propriamente, o espaço sagrado, o Templo (Jo 11,48)[6], com o qual Jesus se enfrentou diretamente, denunciando-o como um covil de ladrões (Mc 11,17 par.), exatamente em razão das atividades que ali realizavam os profissionais da religião, os sacerdotes, em função do culto sagrado. Este enfrentamento foi determinante no julgamento religioso que condenou Jesus à morte (Mt 26,61; Mc 14,58). E o tema do Templo volta a aparecer nos relatos da cruz, precisamente no momento em que os sumos sacerdotes

---

5. KIERKEGAARD, S. *El instante*. Madri: Trotta, 2012, p. 95.

6. ZUMSTEIN, J. *El evangelio según Juan*. Vol. II. Salamanca: Sígueme, 2016, p. 495.

passam diante de Jesus crucificado e lhe jogam na cara sua pretensão de destruir o Templo (Mt 27,40; Mc 15,29-32). Uma postura em contraste aberto com a taxativa afirmação de Estêvão, primeiro mártir cristão: *o altíssimo não habita, porém, em casa feita por mãos humanas* (At 7,48).

Com todos os matizes que se fazem necessários para estabelecer exatamente o que Jesus quis dizer em seus repetidos enfrentamentos com as hierarquias religiosas, é possível afirmar como sentença fora de dúvida que o Evangelho de Jesus e a religião dos sacerdotes são dois modos de buscar a Deus e de relacionar-se com Ele não harmonizáveis e, muito menos, fundíveis num mesmo projeto. E se isto, nos evangelhos, foi tão decisivo como fator da condenação à morte e execução de Jesus, torna-se para nós extremamente difícil entender como e por que a Igreja tornou compatível o que o Evangelho de Jesus nos dá claramente a entender que é simplesmente incompatível.

Não estou dizendo que a Igreja traiu o Evangelho. O que acredito que se pode – e se deve – afirmar é que a Igreja, ao longo da história, deu lugar (em sua vida e na gestão de seu governo) a uma série de condicionamentos e circunstâncias que, ao mesmo tempo que nos conservou a "memória perigosa e libertadora"[7] de Jesus, em questões de enorme importância marginalizou o Evangelho.

Não digo, nem pretendo insinuar, que a Igreja marginalizou todo o Evangelho; semelhante afirmação seria uma desonestidade e um despropósito sem pé nem cabeça. No entanto, o que aconteceu, e continua acontecendo, é que na Igreja se marginaliza, se deforma ou se tira a importância de temas, relatos, propostas e exigências de Jesus "que não interessam" ou – o que é mais preocupante – "que atrapalham as conveniências" daqueles que, a partir de seus cargos de poder, privilégio e fama, exercem uma potestade intocável e "sagrada", que não pode manter-se senão marginalizando do Evangelho o que impede e dificulta a ostentação de seu poder, de sua influência social, de sua vantagem e privilégios em tudo aquilo que, disfarçado de evangelização, na verdade é um exercício eficaz de poder ao serviço de interesses inconfessáveis.

De que forma foi gerenciado este processo cuja consequência foi legar-nos um Evangelho marginalizado, entendido e vivido em nome da religião? Que consequência teve – e continua tendo – este fato do qual muito frequentemente sequer temos consciência e tão pouco desconfiamos a respeito de nossa própria responsabilidade nesse grande equívoco que estamos vivendo? Eis o que pretendo analisar neste livro.

---

7. METZ, J.B. *La fe en la historia y en la sociedad*. Madri: Cristiandad, 1979, p. 100-110.

1
O Evangelho desconhecido

Uma Igreja sem Evangelho?

O primeiro fato estranho, ocorrido nas origens do cristianismo, no tocante à relação entre Igreja e Evangelho, é o seguinte: a Igreja nasceu, se organizou e começou a viver e a agir sem conhecer o Evangelho de Jesus. Não estou falando em hipótese. Trata-se de um fato inegavelmente certo, por razões compreensíveis a qualquer pessoa minimamente instruída. A primeira assembleia cristã estável e organizada, conhecida por esse nome, e da qual temos notícia, é a *ekklesía* (assembleia democrática)[8] de Tessalônica. Ora, a primeira carta do Apóstolo Paulo aos tessalonicenses é do ano 41[9], e nela já consta, duas vezes, o termo "igreja" (1Ts 1,1; 2,14). Um termo que posteriormente se repete com frequência nas outras cartas de Paulo, até a última, enviada por ele aos romanos, nos anos 51/52[10].

Nesses escritos, como é bem conhecido, fala-se da Igreja, da teologia que nela era explicada, de sua incipiente forma de governo, das normas que os primeiros cristãos deviam cumprir, de suas crenças mais fundamentais, de suas assembleias ou reuniões litúrgicas etc. Mas o surpreendente é que naquela Igreja, que foi se configurando ao longo de mais de vinte anos[11], não se diz uma palavra sobre o Evangelho de Jesus. Este silêncio é bastante compreensível, dado que os evangelhos, na forma redacional que conhe-

---

8. Para o significado do termo *ekklesía* no NT, confira a abundante documentação e bibliografia que nos apresenta J. Roloff: *Dic. Exeget. N.T.* Vol. I, p. 1.250-1.267.

9. VOUGA, F. Cronología paulina. In: MARGUERAT, D. (ed.). *Introducción al Nuevo Testamento*. Bilbao: Desclée De Brouwer, 2008, p. 135.

10. Ibid., p. 135. Cf. LÜDEMANN, G. *Paulus der Heidenapostel – I: Studien zur Chronologie.* Göttingen: Vandenhoeck und Ruprecht, 1980.

11. A morte de Paulo geralmente é datada dos inícios dos anos 60. Não é possível, com os dados que temos, fixar com mais precisão nem a data, nem sequer o ano. Cf. LEGASSE, S. *Pablo apóstol – Ensayo de biografía crítica.* Bilbao: Desclée De Brouwer, 2005, p. 267-272.

cemos, foi escrita depois dos anos 70[12]. Portanto, Paulo não pôde informar às suas comunidades de cristãos sobre o conteúdo dos evangelhos pela simples razão de que eles ainda não existiam.

São Paulo não conheceu a Jesus

O mais importante – e grave – que aconteceu naqueles primeiros anos da Igreja é que a maior parte das primeiras comunidades cristãs, que marcaram a teologia e a vida da Igreja, e que têm sua origem e centro em Jesus, não tinha o devido conhecimento que "o tal Jesus" havia existido, tampouco o que isso significava.

Entretanto, o que teve (e continua tendo) consequências mais graves para a eclesiologia é que Paulo, o fundador das primeiras "igrejas", não conheceu a Jesus. Ao Jesus histórico, isto é, o Jesus que era Deus em sua condição humana. Daí por que, segundo a teologia de Paulo, pelo fato de não conhecer o Jesus humano, o cristianismo e a Igreja não têm como ponto de partida o Jesus do Evangelho e sua mensagem.

Não é exagerado, portanto, certificar que Paulo pensou e organizou uma Igreja sem Evangelho. E não havia outro remédio, já que Paulo não sabia nem da existência nem que o Evangelho de Jesus se divulgaria por todo o mundo.

Aqui é importante lembrar que, em sua experiência no caminho de Damasco, várias vezes repetida pelo próprio Paulo (Gl 1,11-16; 1Cor 9,1; 15,8; 2Cor 4,6), e detalhadamente relatada por Lucas nos Atos dos Apóstolos (9,1-19; 22,3-21; 26,9-19), não se afirma que Paulo viu o Jesus que viveu neste mundo, mas viu "um ser de esfera divina"[13]. Daí em diante fala-se que Paulo se sentira escolhido para o Evangelho de Deus... que se referia ao seu Filho... constituído Filho de Deus em poder... pela ressurreição dentre os mortos, Jesus Cristo Nosso Senhor (Rm 1,1-4). É evidente que aqui já não estamos mais na esfera do humano (imanente), mas do divino (transcendente). De forma que o divino é o que teve mais peso e mais presença na vida de Paulo. Ou seja, ao divino devia subordinar todo o humano. Uma abordagem que, em teoria, e para quem tem crenças religiosas, é correto. Entretanto, se se pretende harmonizar a teologia de Paulo com a teologia dos evangelhos, algumas perguntas muito sérias

---

12. MARCUS, J. *El evangelio según Marcos*. Vol. I. Salamanca: Sígueme, 2010, p. 36-38.

13. VIDAL, S. *Pablo* – De Tarso a Roma. 2. ed. Santander: Sal Terrae, 2008, p. 54. • CASTILLO, J.M. San Pablo y los problemas de la cristología. *Iglesia viva*, n. 241, 2010, p. 21-22.

para as quais não é fácil encontrar uma resposta satisfatória não podem ser evitadas.

Desinteresse por Jesus?

É perfeitamente compreensível que Paulo tivesse – em questões de peso para a fé cristã – pontos de vista diferentes (ou talvez complementares) dos que encontramos nos evangelhos. Isto não é apenas lógico, mas, além disso, deve ser visto como algo enriquecedor para o cristianismo e para a Igreja. O problema não se situa, no entanto, nas diferenças que possam haver (e existem) entre a teologia de Paulo e a teologia dos evangelhos. O problema está no desinteresse que Paulo demonstrou pelo Jesus terreno, pelo Jesus histórico, por sua vida e mensagem. O próprio Paulo diz que, depois da revelação que Deus lhe fez do Ressuscitado, "imediatamente, sem consultar pessoa mortal alguma nem subir a Jerusalém para ver os que eram apóstolos antes de mim, fui à Arábia, de onde voltei de novo para Damasco" (Gl 1,16-17).

Não é possível saber o tempo que Paulo permaneceu na Arábia. O que sabemos é que, ao regressar, ficou por mais três anos em Damasco. E, após o transcurso de todo esse tempo, subiu a Jerusalém. Foi, no entanto, não para informar-se sobre Jesus, mas "com a única finalidade de conhecer" (*historêsai*)[14] a Pedro (Cefas), com quem permaneceu quinze dias (Gl 1,18). Ou seja, parece que – ao menos em princípio – para Paulo, após a experiência do Ressuscitado vivida no caminho de Damasco, não lhe interessaram a vida, a história ou os conflitos de Jesus com as autoridades religiosas de Israel, tampouco os ensinamentos de Jesus enquanto esteve neste mundo.

Mas poderíamos afirmar isto com toda a certeza? Isto é, que Paulo não se interessou pelo Evangelho de Jesus? Existe um dado básico que ajuda a responder a estas perguntas: Paulo chega a confessar que o conhecimento de Cristo "segundo a carne" (*kata sárka*) não lhe interessou (2Cor 5,16). O que é que teria então interessado a Paulo a respeito de Jesus? O "modo" do conhecimento, isto é, se o tal conhecimento era "divino" ou "humano"? Ou o "conteúdo" desse conhecimento, ou seja, se o que ele conheceu foi um Jesus humano (imanente) ou o Cristo ressuscitado e divino (transcendente)? Dito de outra maneira: será que o Jesus meramente humano ou a existência terrena de Jesus realmente entrava nas preocupações de Paulo? Há quem defenda que seu interesse se reduzia simplesmente ao "modo" de

---

14. Como especifica SCHNEIDER, G. Historeô. *Diccionario Exegético del Nuevo Testamento*. Vol. I, p. 2.061.

conhecimento, se era conhecimento meramente humano ou divino[15]. Outros autores defendem que Paulo se interessou pelo Jesus histórico, pelo Jesus humano que viveu na Galileia e morreu pendurado numa cruz como um malfeitor fora das portas de Jerusalém (Hb 13,12)[16]. Ou seja, o autor da Carta aos Hebreus viu que era necessário deixar claro e fora de dúvida que a morte de Jesus não foi um "sacrifício ritual", mas a consequência de uma "forma de vida". Justamente a vida que Jesus levou, ao serviço dos últimos, daqueles que mais sofrem na vida.

É verdade que em suas cartas, e com frequência, Paulo não se refere à cruz e ao crucificado (Rm 6,6; 1Cor 1,13.17.18.23; 2,2.8; 2Cor 13,4; Gl 2,19; 3,1; 5,11.24; 6,12.14; Fl 2,8; 3,18). No entanto, ele jamais se perguntou sobre quem o crucificou, por que fizeram isto ou o motivo que o modesto galileu lhes deu para terminar seus dias condenado e judiciado entre os malfeitores (*lestaí*), termo que segundo Flávio Josefo identificava os rebeldes políticos[17].

O rito religioso se antepõe ao seguimento de Jesus

Como é sabido, Paulo prescindiu do Evangelho e dos motivos que, segundo os próprios evangelhos, as autoridades religiosas e políticas tiveram para condenar e executar a Jesus daquela maneira, elaborando assim uma explicação religiosa baseada nas antigas práticas do sacrifício e da expiação para aplacar a ira de Deus, ofendido por nossos pecados. A convicção de Paulo é que Cristo "morreu pelos ímpios" (Rm 5,6), "por nós pecadores" (Rm 5,8), de forma que aquela morte foi um "sacrifício" de expiação que nos redimiu de nossos pecados (Rm 3,24-25). Por isso, aquela que fora a morte mais vergonhosa naquela sociedade, Paulo a converteu em motivo de glória (Gl 6,14). E assim pretendeu-se tornar verdadeiro o que a Carta aos Hebreus rejeitava: "Sem derramamento de sangue não há perdão" (Hb 9,22). Ou seja, o que por algum motivo algum não podia ser um "sacrifício sagrado", visto que para tanto era indispensável um ritual fixado pela Lei e realizado pelos sacerdotes no

---

15. BECKER, J. *Pablo, el apóstol de los paganos.* Salamanca: Sígueme, 2007, p. 135-146.

16. SAND, A. Überlieferung und Sammlung der Paulusbriefe. In: KERTERLGE, K. (ed.). *Paulus in den neutestamentlichen Spätdchriften* [QD 89]. Friburgo Br., 1981, p. 11-24.

17. KUHN, H.W. Kreutz II. *Theologische RealEnzyklopädie* (TRE). Vol. 19, 1990, p. 717. Cf. ALEGRE, X. Los responsables de la muerte de Jesús. *Revista Latinoamericana de Teología*, 41, 1997, p. 168.

"lugar santo"[18], Paulo o apresentou como um sacrifício redentor e expiatório por excelência.

Nada tem de estranho – se levarmos em conta o que acabo de explicar – o conteúdo contraditório monumental com que se apresentam tantos sermões da paixão de Cristo, nos quais já não se fala mais da "memória perigosa" (J.B. Metz) de Jesus, mas do "sacrifício de nosso Divino Redentor". E tudo isso por uma razão muito simples: confunde-se o sacrifício existencial de Jesus com o sacrifício ritual do Redentor. E o resultado é que o sacrifício ritual passa a ocupar o centro da teologia da salvação, da liturgia e da vida da Igreja, enquanto se ignora ou se esquece o seguimento de Jesus, que exige e carrega consigo o imperativo de cada um carregar a própria cruz todos os dias (Mc 8,34; Mt 16,24; Lc 22,23). Ou seja, antepõe-se o ritualismo solene e sagrado dos sacerdotes e dos templos à honradez, à honestidade, à bondade e à misericórdia do Evangelho. E assim antepõe-se a observância da religião, que nos tranquiliza as consciências, ao seguimento de Jesus, que nos exige generosidade.

No fundo, quando se desconhece o Evangelho, pode-se chegar inclusive a crer mais (sem sabê-lo) no Deus de Abraão, no Deus em que Paulo sempre acreditou (Gl 3,16-21; Rm 4,2-20)[19]. Ou seja, no Deus que exigiu de Abraão o "sacrifício de seu filho" (Gn 22,2). Daí Paulo ter visto como algo mais lógico do mundo, e inclusive inteiramente necessário, que Deus precisasse do "sacrifício" e da "expiação" do Crucificado para redimir o homem do pecado.

O Deus de Paulo e o Deus de Jesus

Com o que acabamos de dizer tocamos num tema fundamental. Trata-se do fato que o tema de Deus, tal como Paulo o apresentou, não coincidia – nem podia coincidir – com o Deus que, anos mais tarde, com a emergência dos evangelhos, foi apresentado aos que acreditaram em Jesus. Sabemos, com efeito, que Jesus sempre falou de Deus como "Pai": o pai de bondade e misericórdia que quer o bem a todos os seres humanos e em pé de igualdade (Mt 5,43-45), que acolhe o "filho perdido" sem exigir-lhe "sacrifício" algum, que festeja com um grande banquete seu regresso à casa do Pai (Lc 15,11-32). De fato, o Deus de Paulo e o Deus do Evangelho têm pouco a ver um com o outro. É que são duas representações de

---

18. Cf. VANHOYE, A. *Prêtres anciens, prêtre nouveau selon le Nouveau Testament.* Paris: Seuil, 1980, p. 199ss.

19. SCHNELLE, U. *Paulus – Leben und Denken.* Berlim: Walter de Gruyter, 2003, p. 56. • BORNKAMM, G. *Pablo de Tarso.* 7. ed. Salamanca: Sígueme, 2008, p. 194-195. • BECKER, J. *Pablo – El apóstol de los paganos.* Salamanca: Sígueme, 2007, p. 353.

Deus contraditórias e incompatíveis uma com a outra. Com isto a Igreja, desde sua origem primeva, começou a pagar – e muito caro – pelo desconhecimento do Evangelho. O estranho é que, passados 2 mil anos, os fiéis cristãos que participam das missas tenham que ouvir leituras contraditórias nas quais fala-se do Deus dos exércitos, das guerras e das vinganças (AT) e, nas linhas subsequentes (NT), é falado do Deus de bondade e misericórdia, que sempre acolhe e perdoa.

Eis a razão pela qual não devemos nos surpreender que o pecado, como "poder não salvífico", esteja no centro do pensamento de Paulo[20]. Um pensamento que obrigou Paulo a dizer coisas que hoje não podemos mais sustentar: converter o mito do paraíso em fato histórico sobre o qual se baseia a universalidade do pecado original, defender que toda a humanidade descende de um único homem e uma única mulher, sustentar que a morte é consequência do pecado (Rm 5,12), negar o fato demonstrado da evolução, insistir na centralidade do pecado na teologia defendida e proposta pela Igreja, interpretar a cristologia a partir da necessidade da redenção. A insistência na salvação para a eternidade é uma ideia patética de Deus e da religião que inevitavelmente se associa ao medo, à ameaça, ao castigo, ao sacrifício expiatório e à dura experiência da submissão e à obediência à hierarquia eclesiástica e ao clero, que administram e impõem aquilo em que se deve pensar e crer, no perdoável ou no imperdoável. Tudo isso gerenciado segundo uma mentalidade ou uma maneira de ser previamente estabelecida, interpretando a fé em Jesus Cristo como um "sistema de submissões"[21]. Coisas que Jesus nunca ensinou.

Por isso não parece exagerado afirmar que o tempo transcorrido desde a morte de Jesus, nos anos 30, até a difusão dos evangelhos a partir dos anos 70, foram anos decisivos para o cristianismo e para a Igreja. Pois naqueles trinta anos, que marcaram o pensamento e a gestão da Igreja, não foi possível conhecer o Deus revelado por Jesus de Nazaré; nem foi possível saber como, no julgamento de Jesus, os seres humanos podem e devem buscar a Deus e relacionar-se com Ele; nem ter uma ideia clara do que significa e em que consiste o projeto de vida que Jesus nos ensinou mediante sua vida e seus ensinamentos; nem, tampouco, principalmente durante os seus primeiros trinta anos de existência, a Igreja pôde ter uma ideia clara e completa de que Jesus, o Messias e Senhor, é sua origem e

---

20. GNILKA, J. *Teología del Nuevo Testamento*. Madri: Trotta, 1998, p. 68.

21. Com isso o Evangelho de Jesus viu-se privado de sua originalidade, como explicaremos mais adiante. Vale lembrar que assim ficou claro que Paulo fez do Evangelho uma religião na qual, como em todas as "religiões", a dependência, a submissão e a subordinação às "hierarquias" são fundamentais. Cf. BURKERT, W. *La creación de lo sagrado*. Barcelona: Acantilado, 2009, p. 145-155.

centro. Tudo isso, que é central para a Igreja e para o cristianismo, não esteve presente ao longo de mais de trinta anos tanto na vida dos primeiros cristãos, principalmente em relação à gestão da Igreja nascente.

Já falei que este fato tão decisivo e determinante para a Igreja de todos os tempos até os nossos dias (o fato de não ter conhecido o Deus revelado por Jesus), é devido ao fato de Paulo não ter conhecido a Jesus. Entretanto, será que Paulo não podia ter-se informado sobre quem foi Jesus, sobre a forma de vida que levou, que doutrina ensinou, por que foi condenado à morte (e uma morte tão violenta), que sentido tinham os ensinamentos sobre o reinado de Deus...? Por mais estranho que pareça, isto tudo parece não ter interessado a Paulo, já que em suas cartas ele não fala praticamente nada sobre estas questões. E, diga-se de passagem, esta questão foi exaustivamente estudada[22].

Em última análise, quanto ao tema central de Deus, da forma como *de facto* foi desenvolvido por Paulo – este homem genial em tantas e tão importantes questões decisivas para a Igreja e sua teologia – teve uma carência capital: Paulo não conheceu o Jesus humano, histórico, terreno. Não podendo conhecer a Jesus desta forma, não pôde conhecer o Deus que nos foi revelado (que nos deixou conhê-lo) em Jesus, precisamente no Jesus visível, tangível, plenamente humano (14,8-11; Hb 1,1-4; Mt 11,27 par.). Por isso é perfeitamente correto afirmar que a encarnação de Deus em Jesus é a humanização de Deus no próprio Jesus[23]. Isto é o que Paulo nunca pôde saber. Assim, o Deus de Paulo continuou sendo o Deus de Abraão, não o Deus que nos foi revelado em Jesus Cristo. Paulo, em última análise, falou do Deus do qual podia falar, do Deus que conhecia, do Deus que adorava. Paulo foi honrado e, a partir de sua honradez, limitou-se a explicar a religião que podia explicar, aquela que aprendeu em sua família e em sua cultura: a religião de Israel. Entretanto, enriquecida e completada pela revelação vivida no caminho de Damasco: a revelação, a esperança e a salvação de Cristo, o Ressuscitado.

Em suma, não podemos afirmar categoricamente que Paulo nunca se tenha convertido ao cristianismo. Não existe documentação suficiente para chegar à semelhante afirmação[24]. Mas também é verdade que ele não usou o termo "cristão" para referir-se a si mesmo. Tampouco falou

---

22. BECKER, J. *Pablo, apóstol de los paganos*. Salamanca: Sígueme, 2007, p. 144-158.

23. CASTILLO, J.M. *La humanización de Dios*. Madri: Trotta, 2009. • CASTILLO, J.M. *La humanidad de Dios*. Madri: Trotta, 2012 [ambos traduzidos pela Editora Vozes [N.T]].

24. É o que defenderam alguns judeus, p. ex.: EISENBAUM, P. *Pablo no fue Cristiano – El mensaje original de un apóstol mal entendido*. Estella/Navarra: Verbo Divino, 2014. Com ampla bibliografia sobre o tema.

em "cristianismo" em seus ensinamentos. Até onde sabemos, essas palavras ainda não tinham sido inventadas. Também é certo que o autor dos Atos dos Apóstolos disse que os seguidores de Jesus foram denominados "cristãos" pela primeira vez em Antioquia, enquanto Saulo (Paulo) estava ensinando ali (At 11,26). Mas esta afirmação não se encaixa direito com as próprias cartas de Paulo[25]. Não obstante tudo, o que parece ser possível afirmar com suficiente segurança é que, em relação a Abraão, Paulo pretendeu manter a identidade entre o Pai de Jesus Cristo e o Deus de Israel[26]. Entretanto, seria satisfatório tal intento? Não é fácil dar uma resposta clara e convincente a um tema tão complexo.

Paulo e o gnosticismo

Seguramente, um problema decisivo em todo esse assunto foi a relação que Paulo manteve com o pensamento gnóstico, que surgiu à margem da proclamação de Jesus como Salvador, mas que teve influência no judaísmo desde o século primeiro[27].

Não pretendo aqui, obviamente, resolver ou aclarar as não poucas questões que continuam em discussão em torno das origens, da natureza e das consequências do gnosticismo[28]. Uma questão é certa e fundamental: o dualismo anticósmico é específico e identificador do gnosticismo. O que supõe duas coisas: a) uma distinção radical entre Deus e o mundo; b) um mundo fechado e separado do âmbito do divino por um abismo intransponível. Daí ser própria da gnose uma verdadeira oposição das relações do homem com Deus, e que a matéria aprisiona a alma ou o espírito do homem. Por isso podemos afirmar que o gnosticismo postula um deus radicalmente transcendente, transmundano: o Deus desconhecido e desconhecível.

---

25. BRAKKE, D. *Los gnósticos – Mito, ritual y diversidad en el cristianismo primitivo.* Salamanca: Sígueme, 2013, p. 39.

26. BECKER, J. Op. cit., p. 353.

27. BRAKKE, D. Op. cit., p. 134-135.

28. A literatura publicada sobre este assunto é abundante. Boa bibliografia é a que oferecem PIÑERO, A.; MONTSERRAT, J.; GARCÍA BAZÁN, F. *Textos gnósticos – Bibliografia de Nag Hammadi.* Vol. I. Madri: Trotta, 1997, p. 115-117. Destacamos o clássico estudo de RUDOLPH, K. *Die Gnosis: Wesen und Geschichte einer spätantiker Religion.* Leipzig, 1977. Cf. tb. JONAS, H. *Gnosis und spätantik Geist – I: Die mythologische Gnosis, mit einer Einleitung zur Geschicht und Methologie der Forschung.* Göttingen, 1934. Para uma divulgação básica, cf. CULDAUT, F. *El nacimiento del cristianismo y el gnosticismo – Propuestas.* Madri: Akal, 1996.

Um deus que não pode nem ser imaginado como um ser vivo entre nós, os mortais[29].

Assim sendo, compreende-se a influência dos gnósticos no pensamento de Paulo. Trata-se um tema que está suficientemente demonstrado entre os especialistas, e de modo particular pelo excelente estudo de Antonio Piñero e José Montserrat em sua apresentação da obra *Textos gnósticos*, que analisa a importante documentação da biblioteca de Nag Hammadi[30]. Daí o dualismo rígido que Paulo estabelece entre Deus e o mundo presente (1Cor 2,12), o menosprezo pela matéria e pelo corpo (cf. 1Cor 15,35ss.), o desinteresse absoluto pelo terreno, considerado perverso (Gl 1,4) etc.[31] E se algo foi característico do pensamento gnóstico, é a diferença, e inclusive a oposição, entre o Deus criador e o Deus salvador, que implica, entre outras coisas, que a história deste mundo não tem nenhum interesse. De modo que somente o acesso da alma aos domínios celestes merece nossa atenção[32]. Daí a tendência em rejeitar os valores deste mundo, a fomentar uma moral que tende a controlar a sexualidade, a desvalorizar o feminino, a fomentar uma espiritualidade ascética e a sobrepor sempre o sagrado ao profano e ao secular, com o "profundo sentimento de não pertencer a este mundo"[33].

Por essas razões, não apenas especialistas clássicos e reconhecidos no estudo do pensamento de Paulo, como é o caso de Günther Bornkamm, defenderam as influências gnósticas percebidas em sua teologia[34], mas, sobretudo, especialistas atuais nesta matéria o explicaram pormenorizadamente. Refiro-me aos professores A. Piñero e J. Montserrat. O raciocínio destes dois investigadores em relação ao tema é claro: "Talvez o mais profundamente gnóstico em Paulo seja esse dualismo rígido e essencial que ele estabelece entre Deus e o mundo presente (1Cor 2,12), esse radical menosprezo pela matéria e pelo corpo (que, p. ex., não pode ressuscitar tal e qual: 1Cor 15,35ss.), esse desinteresse absoluto pelo

---

29. Cf. CULDAUT, F. Op. cit., p. 20-22.

30. Cf. PIÑERO, A.; MONTSERRAT, J.; GARCÍA BAZÁN, F. *Textos gnósticos – Bibliografia de Nag Hammadi*. Vol. I. Madri: Trotta, 1997, p. 100-106.

31. Cf. Ibid., p. 102.

32. CULDAUT, F. *El nacimiento del cristianismo y el gnosticismo – Propuestas*. Madri: Akal, 1996, p. 6-7. Cf. RUDOLPH, K. *Die Gnosis: Wesen und Geschichte einer spätantiker Religion*. Leipzig, 1977.

33. PIÑERO, A.; MONTSERRAT, J. Op. cit., p. 79.

34. BORNKAMM, G. *Pablo de Tarso*. Salamanca: Sígueme, 2008, p. 216-218, 285-286. Vale salientar que a primeira edição desse livro, em alemão, é de 1969.

terreno, perverso (Gl 1,4), que merece ser crucificado (Gl 6,14) para o homem, que caracteriza o pensamento paulino e que predetermina toda a sua ideologia, inclusive quando fala da instituição matrimonial (1Cor 7). Isto explica o desinteresse paulino por qualquer ação construtiva neste mundo, por qualquer tipo de afeto pelas coisas da política ou pela realização do ser humano neste mundo. E também a profunda contradição entre os sóbrios e os despertos, os espirituais e seus contrários, os carnais, isto é, entre luz e trevas (cf. Rm 13,11-13; 1Ts 5,4-6); a oposição entre espírito e carne (Gl 3,3; 5,16), entre consciência reta e "corpo de morte" (Rm 7,24s.; 8,8s.). E, sobretudo, o fato de Paulo não se interessar absolutamente pelo Jesus carnal, pelo Jesus da história, e voltar sua atenção unicamente para o Cristo ressuscitado, isto é, para o preexistente. Este esquema se corresponde perfeitamente bem com a mentalidade gnóstica, que aguarda apenas o revelador gnóstico que se manifesta após a ressurreição"[35].

A teologia da fé segundo Paulo

Considerando pressuposto o que expusemos acima, certamente nem suspeitamos de como e em que medida o pensamento gnóstico condicionou as convicções de Paulo, influenciando sobremaneira sua teologia, a ponto de determiná-la especialmente em uma questão capital: na teologia da fé.

Na prática, a ideia dominante em Paulo é que a fé cristã (*pisteuo* = crer) consiste em aceitar como verdade a pregação sobre Jesus Cristo (cf. Gl 2,16; Fl 1,29). Ou seu equivalente: aceitar o querigma ou a pregação cristã como verdadeiros (1Ts 4,14; Fl 2,1-11; Rm 6,8-9; 2Cor 4,14)[36], tendo por objeto a Deus que, mediante a fé, justifica e salva o ímpio (Rm 4,5). Isto significa que Paulo acentuou grandemente a relação da fé com a pregação. Isto porque, como o próprio Paulo o sublinhou: "a fé vem da pregação" (Rm 10,14-17)[37]. Por isso a fé, por sua própria natureza, na teologia de Paulo, comporta um caráter de obediência, posto que o ato de crer consiste na submissão da mente e da vontade àquilo que ensina, interpreta e explica o pregador da mensagem teológica de salvação; ou seja, àquilo que apóstolos, teólogos e bispos transmitem enquanto mensagem de Cristo. Trata-se de um ensinamento a que todo fiel deve submeter-se mediante a obediência.

---

35. PIÑERO, A.; MONTSERRAT, J. Introducción general. *Textos gnósticos*. Op. cit., p. 102.

36. ALFARO, J. Fides in terminologia bíblica. *Gregorianum*, 42, 1961, p. 462-463.

37. GNILKA, J. *Teología del Nuevo Testamento*. Op. cit., p. 92.

O mais sério, e as consequências mais fortes da concepção teológica de Paulo sobre a fé, está no fato que essa submissão obediente, que é central na "fé cristã", é o único meio para alcançar a justificação (*dikaiosyne*) que nos dá acesso à salvação (Rm 1,17; 51; 9,30; 10,6; 14,23; Gl 3,7s.22.24; 5,5)[38]. Em consequência, a salvação depende da fé. Mas a fé, por sua vez, depende da verdade da mensagem que se aceita. Uma verdade que consiste na doutrina que a hierarquia da Igreja prega, interpreta e ensina. Em outras palavras: é a autoridade do clero que controla a salvação transcendente (*post mortem*) dos fiéis.

Por tudo isso, a preocupação religiosa de tantas e tantos cristãos centrou-se, por séculos, na obediência e na submissão aos ensinamentos dos sacerdotes, mas também tentou evitar, enquanto possível, tudo o que o clero ensinou (e continua ensinando) como pecado. Nisso se concentrou a pregação e a práxis da Igreja por séculos, e ainda continua em vigor em muitos setores do povo cristão.

A teologia da fé segundo o Evangelho

Quando os evangelhos surgiram, a partir do ano 70, com eles também apareceu uma concepção nova e diferente da fé. No Evangelho de Jesus a fé já não é mais entendida como crença na doutrina de uma determinada religião e na obediência aos dirigentes dessa religião. Tampouco consiste, como havia ensinado Paulo, na mera proclamação da morte e ressurreição de Jesus Cristo. A fé, segundo os evangelhos, implica sobretudo o seguimento da vida que levou Jesus à cruz[39]. Mais adiante explicarei o que representa esta concepção da fé e as consequências que ela acarreta. Isto porque o seguimento de Jesus não é apenas central, mas sobretudo e totalmente capital nos evangelhos. Uma dimensão decisiva da fé na qual Paulo sequer pensou, já que o verbo *akolouthein* (seguir) não aparece em suas cartas.

O mais importante, porém, quando falamos da fé segundo os evangélicos sinóticos, está no fato de que, na vida e nos ensinamentos de Jesus, a fé é a confiança que se fia totalmente na força que existe em Jesus e que cura os enfermos. Uma força que, por essa mesma razão, produz a libertação do sofrimento humano. Daí por que em muitos relatos de cura nos evangelhos Jesus repita a frase: *Tua fé te salvou* (Mc 5,34; Mt 9,22; Lc 8,48; Mc 10,52; Mt 8,10.13; 9,30; 15,28; Lc 7,9; 17,19;

---

38. BARTH, G. Pistis. *Diccionario Exegético del Nuevo Testamento*. Vol. II, p. 953-954.

39. AGUIRRE, R. *La muerte de Jesús y los cristianos de los orígenes*. Estella/Navarra: Verbo Divino, 2015, p. 151.

18,42). Isto demonstra que o elemento principal da fé é a confiança que se fia na bondade – e no poder da bondade – que sempre se manifestou na vida de Jesus (Mc 5,28.36; 10,48.49; Mt 8,8.9; 9,19.21; 15,17; Lc 7,6.8; etc.). Essa dimensão da fé aparece no relato da cura do paralítico (Mc 2,1-12; Mt 9,1-8; Lc 5,17-26); na cura da filha de Jairo e na mulher que sofria de hemorragia (Mc 5,21-43; Mt 9,18-26; Lc 8,41-56); na cura do cego Bartimeu (Mc 10,46-52; Lc 18,35-43); na cura do servo do centurião (Mt 15,21-29; Mc 7,24-30); na cura dos dois cegos (Mt 9,27-31) e dos dez leprosos (Lc 17,11-19). Em outros relatos onde se solicita a Jesus uma cura, sua intervenção terapêutica é precedida de uma indicação: *Vendo a fé que tinham...* (Mc 2,5; Mt 9,2; Lc 3,12). E existem relatos nos quais Jesus diz ao paciente: *Não tenhas medo! Basta crer!* (Mc 5,36; Lc 8,50)[40].

Urge, no entanto, fazer algumas precisões importantes para compreender a mentalidade de Jesus no tocante à fé. Nos sinóticos encontramos relatos que não encaixam em nossas ideias atuais sobre a fé. Na narração emprestada da fonte Q, da qual Mateus e Lucas se beneficiam (Mt 8,5-11; Lc 7,2-10; cf. Jo 4,43-54), Jesus cura o escravo de um militar graduado, seguramente um centurião (romano?), que estava a serviço de Herodes. O que chama a atenção é que Jesus afirma que em nenhum israelita havia encontrado tanta fé quanto a demonstrada por aquele militar (Mt 8,10; Lc 7,9). Jesus não entende a fé como uma crença ou como um conhecimento sobre Deus e sobre as verdades religiosas. Ele qualifica como fé o comportamento humanitário, cheio de bondade e misericórdia, e por isso mesmo exemplar, evidenciado por alguém[41]. É exatamente isto que se repete no relato da cura da filha de uma mulher cananeia (Mc 7,24-30; Mt 15,21-28). Aquela mulher certamente era pagã, mas sua bondade e sua humildade se fizeram evidentes com tamanha força que Jesus não duvidou em afirmar: *Mulher, grande é a tua fé!* (Mt 15,28). De novo emerge com evidência que, para Jesus, a retidão ética se antepõe ao cumprimento fiel das crenças religiosas. Isto se repete em outras circunstâncias, e de forma exemplar na cura dos dez leprosos (Lc 17,11-19). Nesse episódio, o elogio da fé não se dirige aos nove israelitas que foram se apresentar aos sacerdotes no Templo, mas ao samaritano que voltou a Jesus para manifestar-lhe sua gratidão (Lc 17,19).

---

40. ALFARO, J. Fides in terminologia bíblica. Op. cit., p. 476.

41. LUZ, U. *El evangelio según san Mateo.* Op. cit. Vol. I, p. 36.

Pecado e sofrimento: teologia de Paulo e de Jesus

De tudo o que foi dito sobre a fé fica evidente que, se o central na teologia de Paulo é a fé que luta e vence o pecado que ofende a Deus, o central na teologia de Jesus é a fé que luta e vence o sofrimento que fere o ser humano. Neste sentido a teologia de Paulo busca e garante a vida no céu, ao passo que a teologia de Jesus busca e garante a vida na terra. Assim, o que caracteriza a teologia de Paulo é a religião (submissão ao sagrado), enquanto que o característico da teologia de Jesus é o Evangelho (liberdade na esfera do profano).

Ademais, é importante deixar claro e jamais esquecer que estas duas teologias, a especulativa (de Paulo) e a narrativa (dos evangelhos), não são excludentes, pois, se assim fossem, teríamos que optar por uma ou por outra. Trata-se de duas teologias complementares. No entanto, não em igualdade de valor e importância, já que, como ensina o Concílio Vaticano II, os evangelhos ocupam com razão o lugar preeminente, posto que são o testemunho principal da vida e da doutrina do Verbo Encarnado, nosso Salvador[42].

Na verdade, os evangelhos introduzem um novo gênero literário no cristianismo das origens. É sabido que os evangelhos recolhem tradições de Jesus que se haviam conservado e transmitido de forma oral nas comunidades de seus seguidores, postas parcialmente por escrito e articuladas sob a forma de uma "vida de Jesus"[43]. Ou seja, desde a morte de Jesus, por volta dos anos 30, até a década de 70, nas comunidades ou assembleias (*ekklesíai*) que foram organizadas pelo Império (ao largo do Mediterrâneo), as ideias que se difundiram sobre o cristianismo foram principalmente as ideias e as especulações de Paulo. Sem dúvida, já naqueles anos, conservaram-se lembranças que mantinham viva a "memória perigosa" de Jesus. Sabemos, concretamente, que as palavras de Jesus foram conservadas num manuscrito identificado como "fonte Q" (do alemão = *Quelle* = fonte), que contém os materiais comuns a Mateus e Lucas, mas que não se encontram em Marcos. Esta situação durou até os anos 70, quando as legiões de Roma tomaram Jerusalém, destruíram a cidade e, sobretudo, o Templo, dispersando o povo de Israel.

O fato é que a partir de então emerge na Igreja um novo gênero literário, a teologia narrativa, que expõe a vida e o projeto de Jesus em forma de relatos. Desde então e dessa forma começou-se a conhecer o centro do cristianismo: o Evangelho. Seus relatos, como já é sabido, começaram a

---

42. Constituição *Dei Verbum*, n. 18,1.

43. AGUIRRE, R. *La memoria de Jesús y los cristianos.* Estella/Navarra: Verbo Divino, 2015, p. 151.

tornar-se públicos no início dos anos 70, e alcançaram sua plenitude no final do século primeiro, com o Evangelho de João[44].

A teologia da fé segundo o Evangelho de João

Já falamos que os sinóticos entendem a fé como força que cura os enfermos e que, portanto, liberta os humanos do sofrimento em suas mais diversas manifestações: enfermidade, fome, marginalização, exclusão, humilhação etc. Isto suposto, o que mais chama a atenção quando se analisa o tema da fé no Evangelho de João é que, sendo este Evangelho notavelmente independente dos sinóticos[45], ao tratar do tema da fé em Jesus, ele separa e desvincula a enfermidade (o sofrimento) do pecado (Jo 9,1-3), e associa definitivamente a cura à fé.

O cego de nascença conseguiu ver novamente porque acreditou. E acreditou em Jesus com tamanha firmeza que sua fé foi uma força que se sobrepôs a tudo e a todos. E de tal forma que o detalhado relato do capítulo 9 do Quarto Evangelho está redigido de maneira que aquele que foi libertado de sua cegueira se vê abandonado por seus conhecidos e por seus parentes (Jo 9,8-12), pelos observantes da religião, os fariseus (Jo 9,13-17) e, o que é mais grave, se vê obrigado a comparecer e explicar-se perante a autoridade judaica (Jo 9,24-34). Diante dela deveria renegar e condenar pública e oficialmente a Jesus sob pena de Ele mesmo ser condenado (v. 34). O conflito termina com a terrível sentença: "e o expulsaram" (*kai exábalon auto éxo*). Ou seja, o excluíram da comunidade religiosa, o excomungaram[46]. Trata-se, em última análise, do relato de um isolamento e de uma solidão crescente que termina em solidão total. Todos abandonam o cego sofredor ou se desentendem com ele e, sobretudo, o ameaçam e o insultam. Vizinhos, família, dirigentes da religião o humilham, o condenam, o expulsam. É uma exclusão total. Todos rejeitam o sofredor. Todos, menos um: Jesus.

O cego chegou à consciência que todos desejamos e necessitamos: perceber que a liberdade e a coerência diante de Jesus levam diretamente

---

44. ZUMSTEIN, J. El evangelio según Juan. In: MARGUERAT, D. (ed.). *Introducción al Nuevo Testamento*. Bilbao: Desclée De Brouwer, 2008, p. 361.

45. SMITH, D.M. *Johannine Christianity*. Nova York: Columbia University Press, 1984, p. 95-172. • LANDIS, S. *Das Verhaltnis des Johannesevangeliums zu den Synoptikern* [BZNW 74]. Berlim: De Gruyter, 1992. Cf. ZUMSTEIN, J. El evangelio según Juan. Op. cit., p. 355.

46. BAUER, W. *Griechisch-deutsches Wörterbuch zu den Schriften des Neuen Testament und der frühchristlichen Literatur*. 6. ed. Ed. de K.Y.B. Aland. Berlim/Nova York, 1988, p. 478. Cf. ZUMSTEIN, J. El evangelio según Juan. Op. cit., p. 427.

à luz que nos faz ver a realidade como ela é. Mas o fato de ver e confessar a realidade tem seu preço: a solidão de ser visto como um perigo. Perigo do qual a religião se livra mediante a excomunhão, a maldição e a condenação.

Mas isso não é o mais importante que o Evangelho de João nos diz sobre o que é e o que representa a fé para os cristãos. Sem sombra de dúvidas, o relato mais forte sobre o tema da fé é o *retorno de Lázaro à vida* (J. Zumstein), título que melhor corresponde ao que o Quarto Evangelho relata em seu capítulo onze, visto que, na realidade, Lázaro não ressuscitou (não passou para a outra vida), mas reviveu (voltou a esta vida).

O que se narra neste capítulo é conhecido. O valor histórico que se possa conceder a este relato está minuciosamente estudado e avaliado[47]. Em qualquer caso – e especialmente neste estranho "milagre" –, o que importa sobremaneira não é a historicidade do fato, mas a significação que este relato tem para a nossa fé. Isto porque justamente o tema da fé é a chave para compreender o que Jesus quis deixar claro com o tema da enfermidade, da morte e o retorno à vida de seu amigo íntimo Lázaro.

Antes de tudo, é fundamental ter presente que o relato inteiro é pensado e redigido com uma finalidade que o próprio Jesus indica com toda clareza: *Lázaro morreu, e eu estou contente, por vossa causa, de não ter estado lá, a fim de que vós creiais* (*ina pisteúsete*) (Jo 11,15). O fato da morte de Lázaro, e o que Jesus sabia que ia acontecer depois, tem uma finalidade: *a fim de que vós creiais*. Ou seja, todo o episódio de Lázaro se orienta para a fé dos discípulos, para que tenham fé. Um tema – o da fé – que se repete nove vezes no relato, sempre mediante o verbo *pisteuô* (Jo 11,15.25.26[2 vezes].27.40.42.45.48). No entanto, vale lembrar que, no relato, a importância da fé não está na frequência do recurso ao verbo crer, mas no final trágico que se produziu como consequência do acontecimento incrível que ali se desenrolou: a condenação à morte que as autoridades supremas da religião decretaram contra Jesus. E foram justamente elas que a decretaram, visto que tinham um pânico mortal de que todos cressem nele (em Jesus) (Jo 11,48). Isto também significa dizer – segundo o Evangelho de João – que a religião (dos sacerdotes e fariseus) e a fé em Jesus são incompatíveis.

Expansão da Igreja e marginalização do Evangelho

Chegados a esta conclusão, ninguém que conhece suficientemente bem as origens do cristianismo vai colocar em dúvida a importância ca-

---

47. Ampla documentação é encontrada em MEIER, J.P. *Un judío marginal*. Vol. II/2. Estella (Navarra): Verbo Divino, 2002, p. 961-997.

pital do Apóstolo Paulo naquelas origens, e não apenas do cristianismo, mas (com mais exatidão) da Igreja. Concretizando: se não tivesse havido o empenho de Paulo na difusão do conhecimento de Cristo a todo o Império, o cristianismo nunca teria chegado a ser uma religião universal[48]. Sem isto provavelmente teria se limitado a um movimento localizado no Oriente Médio, cuja originalidade ter-se-ia reduzido a uma série de grupos de "carismáticos itinerantes" automarginalizados e cuja influência histórica, possivelmente, teria sido problemática[49]. Por isso, sem dúvida alguma, o grande mérito de Paulo está no fato de ter sabido socializar o cristianismo na cultura do Império.

Mas esta conquista de socialização e expansão do cristianismo na cultura do Império teve um preço muito alto, demasiadamente grande e muito importante. Um preço do qual Paulo – tenho quase total certeza – não pôde dar-se conta, pois, como sabemos, ele não conhecia pessoalmente a Jesus nem se havia inteirado de sua história neste mundo. Daí por que, e isto parece ser o mais provável, seu insuficiente conhecimento sobre o enfrentamento que Jesus teve com a religião, fato que o levou à morte de cruz. Se, portanto, Paulo não estava inteirado disso nem plenamente consciente do conflito de Jesus com a religião, também não poderia imaginar que, se quisesse socializar a mensagem de Jesus no Império e inseri-lo na sociedade, devia submeter tal projeto a uma destas condições: o mutilar a mensagem de Jesus ou mutilar a sociedade do Império. Por que um dilema tão radical?

Esta pergunta pode ser prontamente respondida e entendida. Basta pensar nisto: hoje está demonstrado que, no mundo romano do século primeiro, ninguém imaginaria uma separação entre religião e política. Roma afirmava que o Império era assim por mandato dos deuses. Os que eram considerados autoridades religiosas com sede em Jerusalém, como os sumos sacerdotes e os escribas, na realidade eram chefes políticos da Judeia e aliados de Roma[50]. Este entrelaçamento entre política e religião[51] estará sempre presente neste estudo.

---

48. KÜNG, H. *El cristianismo – Esencia e historia*. Madri: Trotta, 1997, p. 129.

49. THEISSEN, G. *El movimiento de Jesús – Historia social de una revolución de valores*. Salamanca: Sígueme, 2005, p. 35-100.

50. JOSEFO, F. *Antig.*, 20,251.

51. CARTER, W. *El Imperio romano y el Nuevo Testamento*. Estella (Navarra): Verbo Divino, 2011, p. 12.

O Evangelho e o Império

Estando desta forma estruturada e constituída aquela cultura e aquela sociedade, é evidente que os princípios e os critérios determinantes da vida e do Evangelho de Jesus não podiam coincidir com os princípios e os critérios determinantes da cultura e da sociedade do Império. Segundo os relatos da Paixão que os evangelhos nos deixaram, é inquestionável que o Evangelho termina com a morte de Jesus. Ou seja, sabemos com segurança que quem matou a Jesus não foi o Império. E que o Império e a religião não podiam coincidir, sobretudo enquanto se refere à religião e ao que determina a influência dos critérios religiosos nos critérios sociais que regiam a convivência dos cidadãos no Império, e em qualquer outra sociedade. Por isso, à medida que o Evangelho de Jesus foi um projeto de vida que consistia numa revolução de valores que implicava um movimento contracultural, foi inevitável o conflito mortal de Jesus com a religião e, em última instância, com o Império.

Paulo, ao contrário, sem sombra de dúvidas viu que não podia entrar em conflito com o Império, e tentou, enquanto lhe foi possível, integrar a fé em Jesus Cristo à sociedade e à cultura do Império. Uma vez tomada esta decisão, não teve mais remédio senão deslocar o centro da vida da Igreja para a salvação eterna, a redenção do pecado e a salvação na outra vida, aceitando ao mesmo tempo o fato capital de integrar-se na sociedade do Império, com as inevitáveis consequências que isto implicava.

Com efeito, ao integrar-se na sociedade do Império, não houve outra escolha senão ceder em questões fundamentais que o obrigaram a perder, a mutilar ou a marginalizar, em grande medida, questões básicas do Evangelho de Jesus. Por isso a Igreja, que nasceu do Evangelho, nos relata o enfrentamento de Jesus com a religião estabelecida. Entretanto, esta mesma Igreja – tal como Paulo a pensou e ao querer integrá-la à cultura e à sociedade do Império – não teve outra saída senão auto-organizar-se como uma religião.

É possível afirmar com quase total certeza que Paulo não tinha a ideia de que fora precisamente uma religião, vinculada ao Império, e como elemento constitutivo dele, que provocou a morte de Jesus. Sumos sacerdotes e imperadores de Roma (vinculados uns aos outros) perceberam que o Evangelho de Jesus era incompatível com eles: "Se o deixarmos assim, vão acreditar nele; e depois virão os romanos e destruirão o lugar santo e nossa nação" (Jo 11,18). É certo que sobre esta declaração do sinédrio é possível fazer diversas considerações de ordem religiosa[52]. Mas, ao nos limitarmos a motiva-

---

52. Um bom exemplo, neste sentido, é ZUMSTEIN, J. *El evangelio según Juan*. Op. cit. Vol. I, p. 495-496.

ções meramente religiosas, nos esquecemos de um fator determinante, que foi pormenorizadamente analisado por J. Jeremias. Este sábio investigador resumiu seus estudos na formulação exata e eloquente sobre a forma com que se gerenciava a religião em Jerusalém: o culto constituía a maior fonte de renda na cidade. Esta sustentava a nobreza sacerdotal, o clero e os empregados do templo[53]. Como é lógico numa situação dessas, temer que Jesus pudesse levar todo o povo consigo era na realidade temer que a fonte de seus recursos e de poder lhes fugisse das mãos.

Era evidente, portanto, que o Evangelho de Jesus se incompatibilizasse com a religião de judeus e romanos. O que estava em jogo, no entanto, não era uma questão de falsa ou verdadeira religião, mas uma questão de poder, de riqueza e de direito. O que equivale, em última análise, a lidar com esta questão: pode o Evangelho adaptar-se para estar presente e conviver numa sociedade configurada pela desigualdade em poder, riqueza e direitos?[54] Ninguém sabe se Paulo, alguma vez, se fez ou não se fez esta pergunta.

Uma pergunta que Paulo nunca se fez?

O mais provável é que Paulo nunca se tenha feito tal pergunta, já que – como é sabido – ele centrou sua fé no Senhor Ressuscitado, que redime do pecado e salva para a outra vida. O que o Jesus histórico fez e disse em sua vida terrena, Paulo o viu como compatível com a estrutura política, econômica e jurídica que marcava e determinava a sociedade do Império. De qualquer forma, independentemente da resposta que dermos a estas questões, existem fatos que não admitem dúvidas.

Explico-me! Por enquanto não pretendo entrar em temas de alta especulação teológica. Por exemplo: Paulo, como já sublinhei, foi um judeu fiel que continuou acreditando ao longo de toda a sua vida no Deus de Abraão. Mas não é isso que aqui e agora me interessa. Parece-me impor-

---

53. JEREMIAS, J. *Jerusalén en tempos de Jesús*. Madri: Cristiandad, 1977, p. 137.

54. A bibliografia sobre estas questões é tamanha, que é quase impossível reuni-la no limitado espaço deste estudo. Podem servir de ajuda: 1) Para o tema do poder: CONGAR, Y. *L'Ecclésiologie du haut Moyen-Age*. Paris: Cerf, 1967. • CONGAR, Y. *L'Eglise de Saint Augustin à l'époque moderne*. Paris: Cerf, 1970. • CONGAR, Y. *Por una Iglesia servidora y pobre*. Salamanca: San Esteban, 2014, p. 87-112. 2) Para o tema da riqueza: BROWN, P. *Por el ojo de una aguja – La riqueza, la caída de Roma y la construcción del cristianismo en Occidente (350-550 d.C.)*. Op. cit. 3) Para o direito: STEIN, P.G. *El Derecho Romano en la historia de Europa – Historia de una cultura jurídica*. Madri: Siglo XXI, p. 53-98. • CORTESE, E. *Il Diritto nella Storia Medievale*. Vol. II. Roma: Il Cigno/Galileo Galilei, 1999.

tante que nos fixemos em coisas mais concretas. Para início de conversa: sabemos que entre 2 e 3% da população do Império concentrava o grosso da riqueza. A imensa maioria dos habitantes carecia dela, e lutava incansavelmente para manter sua existência ao nível da mera subsistência[55]. Daí por que nos evangelhos Jesus apresenta um programa que, uma vez seguido, desmascararia o mundo da posição elevada dos poderosos e abastados[56].

Teria Paulo seguido esta orientação básica de Jesus? Dado o modelo de comunidade de igrejas ou assembleias que ele foi fundando e visitando nas cidades mediterrâneas daquele tempo, parece incerto que Paulo se tenha colocado este problema, e tampouco tinha condições de fazê-lo, por razões que veremos mais adiante. Paulo programou a vida de suas comunidades, assembleias ou igrejas de forma que os que pertenciam àqueles grupos tinham que reunir-se para as celebrações rituais[57]. Porém, para celebrar tais reuniões, os cristãos precisavam de locais adequados. Sabemos que até o século IV não existiam templos. Portanto, as assembleias tinham que reunir-se em casas particulares, que deviam ser espaçosas, ou seja, de famílias de boa posição econômica, como sabemos ter acontecido em Corinto (1Cor 1,14-16; cf. At 18,8; Rm 16,23)[58]. Isto provocava conflitos e enfrentamentos que, entre outras coisas, chegaram a tornar impossível a celebração da Eucaristia (1Cor 11,17-34).

As primeiras "Igrejas": um modelo evangélico?

O que afirmamos acima já nos indica, por exemplo, que as Igrejas ou Assembleias, que foram o primeiro modelo de Igreja que existiu depois da morte e ressurreição de Jesus, não foram exatamente um modelo evangélico, ou seja, um modelo de gente simples, de condição modesta, como em geral acontecia na vida de Jesus, segundo nos relatam os evangelhos. Essas pessoas modestas e simples, que seguiam a Jesus, eram frequentemente identificadas nos relatos evangélicos com o termo *ochlos*. Este termo se repete 175 vezes no Novo Testamento, sempre nos relatos evangélicos. E também serve para indicar, mais do que a "qualidade" daquelas pessoas que ficavam inclusive sem comer para

---

55. CARTER, W. *El Imperio romano y el Nuevo Testamento*. Op. cit., p. 149.

56. Ibid., p. 151.

57. MacDONALD, M.Y. *Las comunidades paulinas*. Salamanca: Sígueme, 1994, p. 97-111.

58. Um tema amplamente estudado e que foi resumido e analisado de forma brilhante em AGUIRRE, R. *Del movimiento de Jesús a la Iglesia cristiana*. Estella: Verbo Divino, 2009, p. 83-114.

ficar com Jesus (cf. Mc 6,34; Mt 9,36), o gentio a quem Jesus dirigiu o Sermão da Montanha (Mt 5,1)[59]. Pessoas sobre as quais os responsáveis pelo Templo de Jerusalém diziam "não conhecer a Lei" e que "eram uns amaldiçoados" (Jo 7,49).

Paulo, no entanto, organizou as coisas de forma a aceitar na Igreja não apenas a mistura de grupos e pessoas de classes diferentes e até opostas, como ele mesmo o revela em 1Cor 11. Além disso, e sobretudo, não teve outra saída senão colocar a presidência e a responsabilidade daquelas primeiras assembleias cristãs em mãos (e segundo seus critérios e interesses) de famílias de boa posição econômica e social. O que hoje poderíamos dizer que era (em geral) "a burguesia" daquela sociedade. Por exemplo: em Corinto, Erasto era o tesoureiro da cidade (Rm 16,24); Crispo era o chefe da sinagoga (At 18,8; 1Cor 1,14); Gaio possuía uma casa especialmente ampla (Rm 16,23; Priscila e Áquila tinham, ao que parece, negócios em várias cidades; Lídio se dedicava aos negócios com púrpura entre a Grécia e a Ásia Menor; Filêmon tinha, ao menos, um escravo etc.[60] Enfim, uma Igreja em mãos das classes altas e, portanto, gerenciada segundo sua mentalidade e interesses.

Para compreender o significado e o alcance destes dados é importante saber que, na sociedade da Roma imperial, a separação, a distância e inclusive o confronto entre a elite e a plebe se traduzia não apenas em distanciamento e incomunicabilidade, mas, sobretudo, em desprezo. Este é um tema amplamente analisado e sobre o qual existe abundante documentação[61]. Já é bastante eloquente o que no NT fala a carta de São Tiago (2,1-4). Ou simplesmente o que se lê em uma inscrição num muro de Pompeia: "Odeio os pobres. Se alguém quer algo em troca de nada, é um idiota. Deveria pagar por isso"[62].

Assim sendo, desde os primeiros anos em que as assembleias da Igreja começaram a reunir-se nas grandes cidades do Império, Paulo tentou de modo preferencial e apaixonado unir no amor cristão mais sincero e autêntico (Rm 12,9; 14,15; 1Cor 8,1; 14,1; 16,14; especialmente 2Cor 6,6; Gl 5,22; Fl 2,1s.) os que não gozavam de igualdade de direitos ou de van-

---

59. ZINGG, P. *Das Wachsen der Kirchen*. Friburgo: Göttingen, 1974, p. 61-63.

60. AGUIRRE, R. *Del movimiento de Jesús a la Iglesia cristiana*. Op. cit., p. 106.

61. KNAPP, R.C. *Los olvidados de Roma – Prostitutas, forajidos, esclavos, gladiadores y gente corriente*. Barcelona: Planeta, 2015, p. 376-396. Com abundante bibliografia e análises das fontes documentais.

62. *Corpus Inscriptionum Latinarum*. Berlim, 1863, 4. 9836b. Cf. KNAPP, R.C. *Los olvidados de Roma – Prostitutas, forajidos, esclavos, gladiadores y gente corriente*. Op. cit., p. 14.

tagens, nem podiam respeitar-se mutuamente – de fato não se respeitavam –, de forma que era quase impossível fazer as refeições juntos (1Cor 11,20-22).

Sendo assim, a Paulo, que não tinha conhecido o Jesus histórico e centrava sua fé no Ressuscitado, que não teve um conhecimento suficiente de como foi a vida e os ensinamentos de Jesus, e que se enfrentava com a difícil tarefa de tornar possível o amor e a convivência naquela sociedade, não lhe restou outra saída (ou possível solução) senão modificar o Evangelho de Jesus, adaptando-o ao que lhe era possível fazer na cultura e na sociedade do Império. Sua fórmula é: reconciliai-vos com Deus (2Cor 5,20). Uma reconciliação que, nas cartas de Paulo, se realiza mediante a morte expiatória no culto, como o explica o texto capital de Rm 3,24-26[63].

A alteração decisiva do Evangelho

De fato, a alteração do Evangelho foi decisiva, pois a partir de então deu-se motivo para entender e viver o Evangelho na vida cotidiana não mediante o seguimento de Jesus, mas na fé e na esperança na vida eterna mediante a fé e o culto sagrado. Assim, em grande medida a Igreja perdeu o seu caráter de movimento profético e começou a ser vista e vivida como uma instituição religiosa.

Ora, a Igreja de Paulo organizou e aceitou quatro grandes temas éticos que da Antiguidade aos nossos dias continuam em aberto, e sem encontrar a devida solução. Refiro-me concretamente aos seguintes:

1 A sexualidade

É um fato que, como bem o indicou o Prof. E.R. Dodds, desde o século V a.C. foi se impondo o convencimento de que a pureza, mais do que a justiça, era o ponto cardeal da salvação[64]. Este critério é um princípio estoico, que teve sua origem nos xamãs do norte da Europa e que foi difundido nas culturas do sul pela autoridade de Pitágoras e pelo radicalismo de Empédocles[65]. O puritanismo, que marcou fortemente a cultura do Ocidente, foi sublinhado e condicionado pelo cristianismo. Da Roma imperial sabe-se que "valorizava-se a castidade, mas não a ponto que re-

---

63. BECKER, J. *Pablo, el apóstol de los paganos*. Op. cit., p. 473-476. • BORNKAMM, G. *Pablo de Tarso*. 7. ed. Salamanca: Sígueme, 2008, p. 165-166.

64. DODDS, E.R. *Los griegos y lo irracional*. 11. ed. Madri: Alianza, 2001, p. 150.

65. Ibid., p. 144.

lações homossexuais entre homens e a infidelidade masculina ocasional fossem inaceitáveis[66].

Este puritanismo não tem certamente sua origem no Evangelho, que manteve sobre este tema um silêncio surpreendente[67], fato que contrasta com as diatribes que Paulo lança contra a imoralidade, considerada por ele contrária à natureza, realçada na conduta de Roma e seu Império (Rm 1,24.26.28). Da mesma forma ele censura com força os seguintes vícios: impureza (*akarthasía*) (2Cor 12,20s.; Gl 5,19; Ef 5,3-5; 4,19; Cl 3,5-8; cf. 1Ts 4,7), fornicação (*porneía*) (1Cor 5,10s.; 6,9; 2Cor 12,20s.; Ef 5,3-5; Cl 3,3-8; cf. 1Ts 4,3), adultério (*moijeia*) (1Cor 6,9; Rm 2,22); efeminados (*málaxis*) (1Cor 6,9), sodomia ou pederastia (*arsenokoitês, arsên*) (1Cor 6,9; Rm 1,27). E ainda uma precisão que complementa a desagradável lista de impurezas que seduzem os humanos segundo nossa inata condição: nos catálogos de vícios, que Paulo repete incansavelmente, chama a atenção que, em cinco deles, o que o apóstolo destaca por primeiro são os vícios sexuais (1Cor 6,9-10; Gl 5,19-21; Ef 5,3-5; 1Cor 5,9-11; Cl 3,5).

Se levarmos em conta esta ampla documentação, reveladora do pensamento puritano de Paulo, compreenderemos melhor a inutilidade e o ridículo que movem não poucos homens quando repetem incansavelmente suas denúncias e diatribes contra a homossexualidade e outras manifestações do comportamento sexual da cultura atual. Muitos clérigos – e não poucas mentes conservadoras – não se inteiram da transformação profunda que está acontecendo em nossas vidas e em nossa conduta. Refiro-me ao desmoronamento do "poder vertical", tal como o estamos vivendo[68]. Trata-se, em última análise, do enfraquecimento crescente do sistema de dominação que, ao invés de usar o sistema opressor, está dando lugar, cada dia com mais força, ao poder sedutor. É o poder inteligente, que seduz, ao invés de proibir. O poder amável, indescritivelmente mais poderoso que o poder opressor[69]. A publicidade, o poder crescente da informática, as novas dificuldades que envolvem a educação e o exercício da autoridade, enfim, a vida toda está mudando. E não sabemos aonde este processo nos leva.

---

66. KNAPP, R.C. *Los olvidados de Roma – Prostitutas, forajidos, esclavos, gladiadores y gente corriente*. Op. cit., p. 19.

67. DOMÍNGUEZ MORANO, C. *Creer después de Freud*. Madri: Paulinas, 1992, p. 179.

68. SLOTERDIJK, P. *Has de cambiar tu vida*. Valência: Pre-Textos, 2013, p. 151-153.

69. BYUNG-CHUL. H. *Psicopolítica – Neoliberalismo y nuevas técnicas de poder*. Barcelona: Herder, 2014, p. 27-30.

2 A sociedade patriarcal

O termo patriarca está associado à ideia e ao exercício do poder, quer ele se exerça numa associação, num grupo social ou, sobretudo, numa família. Daí a razão pela qual a base de uma sociedade estabilizada – e que se caracteriza pelo poder vertical – costuma ser denominada sociedade patriarcal. Por isso, como explicam os historiadores do Direito romano, já na primeira Roma a família foi a unidade que interessou ao Direito romano. Esse Direito não se ocupou com o que acontecia dentro da família, com as relações entre os membros da família. Esse era um assunto privado. O determinante para o Direito, para os poderes públicos e para a sociedade, era quem representava a família. Essa pessoa era o cabeça do grupo ou da unidade familiar, o *paterfamilias*, no qual se concentrava toda a propriedade familiar e a capacidade de tomar as decisões que afetavam a todos os membros da família. Uma situação que perdurava, com não poucas consequências, até a morte do pai[70].

Naturalmente, em uma sociedade assim estruturada, a primeira consequência desta concentração do poder no pai era a desigualdade entre homens e mulheres. A informação que temos sobre este assunto é abundante. Era habitual o abandono dos bebês nos esterqueiros, sobretudo quando eram meninas[71]. Numa famosa carta egípcia, um tal de Hilarion disse à sua irmã Alis: *tens um filho que é varão, mantenha-o; mas se é fêmea, abandone-a*[72]. Também aconteciam casos de situações familiares desesperadoras que levavam a menina a ser vendida como prostituta para conseguir dinheiro para comida e roupa. Disso à patética condição que se esperava de uma esposa, que devia tolerar os defeitos de seu marido, como abusar do álcool ou ser mulherengo, por mais que tais condutas colocassem em perigo a estabilidade familiar. Como recomendava um romano que escrevia do Egito: "Uma boa esposa se limitava a ignorar os devaneios do marido com escravas e prostitutas"[73].

---

70. STEIN, P.G. *El Derecho Romano en la historia de Europa – Historia de una cultura jurídica*. Op. cit., p. 7-8.

71. KNAPP, R.C. *Los olvidados de Roma – Prostitutas, forajidos, esclavos, gladiadores y gente corriente*. Op. cit., p. 85-86.

72. ROWLANDSON, J. (ed.). *Women and Society in Greek and Roman Egypt: A Sourcebook*. Cambridge: Cambridge University Press, 1980, p. 230. Cf. KNAPP, R.C. *Los olvidados de Roma – Prostitutas, forajidos, esclavos, gladiadores y gente corriente*. Op. cit., p. 86.

73. KNAPP, R.C. *Los olvidados de Roma – Prostitutas, forajidos, esclavos, gladiadores y gente corriente*. Op. cit., p. 91. Cf. BAGNALL, R.S.; CABRIORE, R. *Women Letters from Ancient Egypt, 300 BC.-AD 800*. Ann Arbor: University of Michigan Press, 2006.

Ora, Paulo tentou socializar os que acreditavam em Jesus numa cultura que depreciava as mulheres. Pelo Evangelho sabemos que Jesus se enfrentou com os fariseus por defender a igualdade – em direitos e deveres – entre homens e mulheres (Mt 19,1-12; Jo 8,1-11; Lc 7,36-50; Jo 12,1-8...). Na Igreja nascente, já nas cartas dêutero-canônicas e nas pastorais (de matriz paulina), as desigualdades em família aparecem (Cl 3,18–4,1; Ef 5,22–6,9; cf. 1Tm 3,2-4; Tt 2,3). Da mesma forma que na família, a mulher deve ficar calada e submissa na assembleia cristã. Sem esquecer a sábia observação que fizeram J.D. Crossan e J.L. Reed: "O mais surpreendente destes textos é que, se se coloca entre parênteses sua explícita motivação cristã, eles sublinham valores familiares gerais que eram absolutamente aceitáveis dentro da teoria e da prática social romana daquela época. Se Augusto ainda vivesse, teria sido sumamente complacente. Parece muito provável, portanto, que a intenção dos textos paulinos citados foi a de insistir que as famílias cristãs não eram socialmente subversivas em absoluto"[74]. E se da família passamos à vida das assembleias cristãs, segundo 1Cor 14,33b-36 e 1Tm 2,8-15, por mais dúvidas (na transmissão textual) que esses textos apresentem, eles indicam que o papel da mulher nos primeiros tempos da Igreja ficou marginalizado, assim como marginalizado ficou o Evangelho. E marginalizada continua sendo hoje a mulher na Igreja. Na sociedade civil ocorrem passos importantes; no Direito canônico não se troca uma vírgula sequer. Dessa forma a Igreja não vai a parte alguma. É vergonhoso!

3 A legalidade da escravidão

O princípio básico no qual se fundamenta o fato prático da escravidão é perfeitamente compreensível: "A domesticação de animais e o princípio da escravidão vão de par, já que potencialmente uma pessoa é o animal mais útil de todos"[75]. Compreende-se, a partir deste princípio, a importância determinante que teve a escravidão na história da economia, não apenas na Grécia e em Roma, mas na história do Ocidente até o século XIX, quando a escravidão foi definitivamente proibida pelo Papa Gregório XVI em 1839[76].

---

74. CROSSAN, J.D.; REED, J.L. *En busca de Pablo – El Imperio de Roma e el Reino de Dios frente a frente en una nueva visión de las palabras y el mundo del apóstol de Jesús*. Estella: Verbo Divino, 2006, p. 151.

75. KNAPP, R.C. *Los olvidados de Roma – Prostitutas, forajidos, esclavos, gladiadores y gente corriente*. Op. cit., p. 147. Um bom estudo sobre o tema está em ROWLAND-SON, J. (ed.). *Women and Society in Greek and Roman Egypt: A Sourcebook*. Op. cit.

76. *In supremo apostolatus fastigio*, n. 2.746.

É conveniente ter presente a importância decisiva que teve a escravidão na história e na cultura. Não apenas pela importância que tiveram os escravos para a manutenção e o desenvolvimento da economia. Nem pelo que a escravidão representou enquanto agressão brutal (e criminosa) contra os direitos humanos. Convém lembrar a profunda reflexão do Prof. E.R. Dodds quando analisa o que ele denomina "medo da liberdade". Dodds fixou-se num fato que se reveste de grande importância: a ciência grega não conseguiu desenvolver o método experimental. A profundidade do saber da Grécia antiga, quanto à especulação abstrata, foi um fenômeno impressionante, mas ela não conseguiu dar o passo devido da especulação ao método experimental. Por que isto aconteceu? Dodds respondeu que neste ponto a análise marxista atinou com uma resposta mais hábil: "Não se desenvolveu o experimento porque não existiu uma tecnologia séria; não existiu uma tecnologia séria porque a mão de obra era barata; havia mão de obra barata porque os escravos eram abundantes"[77]. Daí a conclusão de Dodds: "A concepção medieval do mundo depende da instituição da escravidão"[78]. Isto quer dizer, dentre outras coisas, que uma sociedade sem a escravidão teria sido completamente diferente de como realmente foi.

Trouxe à memória estas considerações para que se tenha presente a importância decisiva que em qualquer sociedade tinha (e de outra forma ainda continua tendo) a presença ou a ausência de escravos. Presença ou ausência que transcende o sofrimento das vítimas e afeta a totalidade da cultura. Como é lógico, este fato estava muito presente na sociedade do Império. E os cristãos da Igreja nascente não apenas o sabiam, mas lhe concediam uma importância que muitos cristãos de hoje seguramente não fazem ideia. Por isso, sem dúvida, em todo o Novo Testamento não existe uma única passagem em que se proíba, se rejeite ou se condene o fato brutal e desumano da escravidão.

Aliás, sendo a escravidão – insisto nisso – um fato tão brutal e desumano, o surpreendente é que nas diversas tradições que o Novo Testamento recolhe sempre se fala de escravos e de escravidão. Sendo um fato tão reprovável na sociedade, o que os autores fazem no Novo Testamento é colocar a escravidão como exemplo que os seguidores de Jesus devem imitar e assumir como pauta e modelo de conduta. Além disso, este argumento é levado ao extremo de afirmar que o próprio Deus "esvaziou-se a si mesmo, assumindo a condição de escravo" (Fl 2,6-11, especialmente 7). "Escravo" que foi Jesus (Mc 10,44 par.; Mt 20,27-28), como ficou explícito

---

77. DODDS, E.R. *Los griegos y lo irracional*. Op. cit., p. 235.

78. Ibid.

no lava-pés (Jo 13,16) e na "escravidão" mútua que os discípulos seguidores de Jesus devem viver, indicado pelo Senhor no mandamento novo da Ceia de despedida. É desta forma que se conhecerá e se distinguirá quem é discípulo (Jo 13,34-35) de Jesus[79].

Naturalmente, nos textos que acabo de citar, a utilização do termo "escravo" é feita em sentido figurado. Ou seja, os discípulos do Evangelho precisam portar-se na vida como escravos dos outros, a serviço dos outros.

Entretanto, o significado forte que o termo escravo tinha se resume em poucas palavras: "O fato central da escravidão era a total submissão do escravo ao amo; estar disponível a qualquer momento e tendo que trabalhar segundo a vontade do amo"[80]. Isto se baseava numa situação em que "o escravo era um ser humano sem direitos". Por isso, com toda razão, Santo Agostinho pôde escrever que toda escravidão está impregnada de amargura: toda pessoa escravizada faz imediatamente o que tem que fazer, mas o faz resmungando[81]. Pois, como é sabido, o escravo era usado por seu amo para tudo o que pudesse interessar-lhe ou satisfazê-lo, sem nenhum limite. Não é preciso dar exemplos para termos uma ideia dos excessos de abuso e degradação a que podiam sofrer escravos e escravas na vida diária. O possível e o imaginável podiam acontecer. Obviamente, quem tinha poder e autoridade, naquelas sociedades e nas sociedades sucessivas, tinha o máximo cuidado e interesse de manter intocada a legitimidade da escravidão. E assim ela se manteve exatamente até o dia 3 de dezembro de 1839, data em que o Papa Gregório XVI proibiu definitivamente a escravidão.

Por tudo o que foi dito, torna-se tão compreensível quanto revoltante o silêncio conivente da Igreja nesta questão. Porém, mais do que o silêncio, o mais doloroso é que Paulo, na carta a Filêmon, pediu a esse cristão chamado Onésimo que o recebesse como escravo; como "um irmão" (v. 16), mas, finalmente, "como escravo".

Seja como for, a carta de Paulo a Filêmon se presta a interpretações bondosas e inclusive com pretensões de exemplaridade. Entretanto, alguns textos que não admitem dúvidas são: Cl 3,22–4,1 e 1Pd 2,18. Nestas passagens exorta-se os cristãos a portar-se como bons e pacientes escravos, que suportam toda sorte de humilhações. Textos que nos dizem que aqui já não estamos mais no terreno da virtude, mas no âmbito da justiça.

---

79. WEISER, A. *Dic. Exeget. N.T.* Vol. I, p. 1.059-1.070.

80. KNAPP, R.C. *Los olvidados de Roma – Prostitutas, forajidos, esclavos, gladiadores y gente corriente*. Op. cit., p. 156.

81. San Augustín. *Comentario a los Salmos*, 99,7.

Justiça e igualdade de direitos das quais se viam privados os destinatários destas cartas. A estes cristãos se lhes recomendava tolerância e submissão aos seus legítimos donos que, em não poucos casos, eram, sem dúvida, cristãos, como no caso de Filêmon.

O pior de tudo é que este tema tão desagradável e antievangélico não se limitou a alguns textos do Novo Testamento. O que realmente aconteceu é que a Igreja, ao invés de humanizar as atrocidades que o Império cometia, se acomodou e até se submeteu a ele em não poucos aspectos. Sabemos, por exemplo, que no século VII ela não deduzia seus ensinamentos do Evangelho. Ou que na escola fundada por Teodoro de Tarso em Canterbury ensinavam-se uma série de questões, dentre as quais o Direito romano era incluído. Assunto de notável importância, como se pode ver no *Poenitentiale* de Teodoro, no qual se inclui o estatuto dos escravos. É que a custódia jurídica romana recaiu fundamentalmente sobre a Igreja. Como dizia a lei ripuária dos francos, "a Igreja vive de acordo com o Direito romano"[82].

As consequências que se seguiram deste princípio foram simplesmente horripilantes. Por exemplo: até o ano 300, os bispos cristãos reunidos no Concílio de Elvira (atualmente Granada, Espanha), tiveram que buscar uma solução para casos de escravos que haviam morrido por consequência das pauladas ordenadas por sua ama cristã[83]. Parece que o propósito daqueles bispos "era manter os sentimentos humanitários num profundo estado de congelamento, tanto entre os cristãos quanto entre os pagãos"[84]. O escandaloso é que a aspiração daqueles bispos não era a de manter vivo o Evangelho, mas uma espécie de "humanidade congelada".

Na realidade, a partir da organização que Paulo deu às primeiras assembleias cristãs, a Igreja cuidou mais da religião que do Evangelho. Obviamente, uma religião socializada no Império e, portanto, regida pelo Direito romano. Um Direito no qual, desde o código das XII Tábuas, a propriedade era intocável, incluída, evidentemente, a propriedade das pessoas (escravos), que eram tratadas como animais de trabalho ou simplesmente como coisas. Daí por que o Papa Gelásio, no final do século V, proibira a ordenação sacerdotal dos escravos ou sua admissão em mos-

---

82. STEIN, P.G. *El Derecho Romano en la historia de Europa – Historia de una cultura jurídica*. Op. cit., p. 57.

83. *Acta et symbola conciliorum quae saeculo quarto habita sunt*. Ed. por E.J. Jonkers. Leiden: Brill, 1954, p. 6. Cf. BROWN, P. *Por el ojo de una aguja – La riqueza, la caída de Roma y la construcción del cristianismo en Occidente (350-550 d.C.)*. Op. cit., p. 156.

84. Ibid.

teiros, porque neste caso deixariam de ser escravos e assim seria prejudicado o direito de propriedade de seus amos ou donos. O papa ameaçava inclusive com a excomunhão a quem não restituísse o escravo sacerdote ou monge, para evitar danos à Igreja[85].

Insisto e concluo este tema: por sua determinação de inserir-se no Império, a Igreja acabou cuidando com mais esmero da pureza do que da justiça. E a justiça por ela respeitada foi, sobretudo, a justiça esboçada pelo Direito romano: salvaguardar o direito de propriedade. Mesmo que a propriedade se referisse, *de facto*, a pessoas e a seres humanos convertidos em animais de carga e trabalho, ou inclusive em meros objetos usados à mercê dos interesses do proprietário.

Em tais condições e a partir de semelhantes pressupostos, compreende-se que o Evangelho ficou reduzido a um instrumento litúrgico, deixando de ser o projeto de vida que nos mostra como se deve viver o seguimento de Jesus.

4 A submissão ao imperador

Não resta dúvida que para as primeiras comunidades cristãs foi um motivo de não poucas preocupações e situações difíceis de resolver o fato – fundamental, não obstante tudo – de integrar-se numa sociedade do Império e, ao mesmo tempo, salvaguardar sua liberdade perante os poderes constituídos. Será que Paulo teve consciência de que a fé em Cristo exige uma liberdade indispensável diante dos poderes constituídos, e, mais concretamente, perante o poder político?

Referindo-se às exigências do Evangelho, Rafael Aguirre disse, com toda razão, que "viver na marginalidade, sem integrar-se à cultura dominante, mas sem fugir de sua sociedade, é muito difícil, é um equilíbrio sempre instável, dado que mais fácil é integrar-se ou evadir-se, quer seja fugindo fisicamente ou isolando-se cultural e socialmente"[86]. Pois bem, numa situação como essa, e num tema tão fundamental e complicado como o que acabo de abordar, a opção de Paulo foi clara: sem sombra de dúvida, o que Paulo viu como mais conveniente foi a integração da Igreja na sociedade do Império.

Isto é o que vem a dizer Paulo no conhecido texto de Rm 13,1-7. Especialistas avaliam que esta é "uma das passagens mais imprudentes

---

85. *Epist.* 14,14. THIEL, apud GAUDEMET, J. *L'Église dans l'Empire Romain – IV-V siècles*, 139, n. 3.

86. AGUIRRE, R. *La memoria de Jesús y los cristianos*. Op. cit., p. 155.

de todas as cartas de Paulo"[87]. Este homem, com efeito, não teve dúvidas quanto ao espinhoso problema de adaptar e socializar a Igreja naquele modelo de sociedade, a começar pela criação mais importante do Império, o Direito romano, ao qual a Igreja se adaptou e acabou assumindo como seu. Da mesma forma como assumiu as grandes instituições que a afetavam ou a condicionavam: o exercício do poder, a economia, a religião, a família patriarcal, a marginalização da mulher, a condição humilhante e cruel dos escravos, o puritanismo estoico e outros costumes.

É bem verdade que em Rm 13,1-7 Paulo faz referência basicamente ao problema dos impostos e tributos. Este texto foi redigido justamente depois da morte do Imperador Cláudio e no início do mandato de Nero. Paulo queria evitar que alguns cristãos se vissem surpreendidos em situações anormais com a administração da justiça, que poderia custar-lhes prisões e mortes[88]. De qualquer forma, e sendo justificada sua preocupação, não resta dúvida de que a mensagem do apóstolo à comunidade de Roma presta-se a deixar claro, já desde as primeiras "igrejas", que os cristãos tiveram que submeter-se aos mandos do imperador. É importante advertir que, para expressar a relação com o imperador, Paulo utiliza o verbo *hypotassô*, que significa submeter-se, subordinar-se, estar sujeito a, obedecer. Este verbo só aparece no Evangelho de Lucas, e para indicar que os espíritos imundos se submetiam aos discípulos (Lc 10,17.20)[89]. Este texto de Paulo destaca logicamente a submissão que os cristãos deviam ter para com o imperador de Roma. Essa é a afirmação genérica que aparece em primeiro lugar. Uma submissão que o próprio Paulo aplica em seguida ao pagamento dos impostos.

Seja como for, e sejam quais forem as nuanças que devem ser sublinhadas, já a partir de Paulo a Igreja começou a identificar-se com o Império. O que, na prática, representava afastar-se do Evangelho e, consequentemente, marginalizá-lo.

---

87. BORG, M.J.; CROSSAN, J.D. *El primer Pablo – La recuperación de un visionario radical*. Estella: Verbo Divino, 2009, p. 126.

88. Ibid., p. 127-129.

89. BERGMEIER, K. *Dic. Exeget. N.T.* Vol. II. O mesmo Evangelho de Lucas aplica também este verbo à obediência do Menino Jesus aos seus pais (Lc 2,51). De obediência a Jesus os evangelhos nunca falam.

2

O Evangelho para ricos e poderosos

O grego, a língua dos evangelhos

Como se sabe, os evangelhos foram redigidos em grego. E nessa língua eles foram difundidos pelas comunidades cristãs que, no final do primeiro século e início do segundo, já existiam em muitas cidades do Império. Por outro lado, sabe-se também que a primeira tradução dos evangelhos em latim, da qual temos conhecimento, é do ano 180[90]. Não há certeza de que esta tradução incluía os quatro evangelhos. De qualquer forma, alguns anos mais tarde, já no século III, Tertuliano certifica a existência de uma versão de toda a Bíblia em latim[91].

Isto nos diz que durante os dois primeiros séculos (aproximadamente) da vida da Igreja, só as pessoas que sabiam grego podiam ler os evangelhos. Em consequência, somente podiam ter algumas ideias (obtidas por si mesmos, diretamente, e segundo suas próprias perguntas, interesses ou necessidades) sobre Jesus, sobre sua vida e sua mensagem, quem tivesse uma cultura que abarcasse o conhecimento do grego. Teria isto acontecido por desinteresse da Igreja, por descuido ou abandono dos cristãos, ou – o que seria mais grave – por um projeto matreiro do clero para que o povo cristão não ficasse sabendo da subversiva e exigente mensagem de Jesus?

Isto, de forma alguma, pode ser afirmado, e pela simples razão de que a cultura romana, naqueles séculos, era bilíngue. Um romano culto daquele tempo era conhecedor das duas línguas faladas no Império: o

---

90. Assim aparece nas *Actas de los mártires scilitanos*, que foram condenados à morte em 17 de julho do ano 180. Esta obra nos fornece a prova mais antiga da existência de uma tradução de parte do Novo Testamento, do grego para o latim. Cf. QUASTEN, J. *Patrología*. Vol. I. 2. ed. Madri: BAC, 1968, p. 544. Cf. VON SODEN, H. *Das lateinische Testament in Afrika*. Leipzig, 1909.

91. *Advers. Prax.* 5. • *De Monog.* 11. Cf. ROST, H. Die Bibel in den ersten Jahrhunderten. *Westheim bei Augsburg*, 1946, p. 81-105, 124-182. • QUASTEN, J. *Patrología*. Op. cit., p. 545.

grego e o latim. Portanto, era um especialista *utriusque linguae*, segundo a conhecida expressão consagrada a partir de Horácio[92]. O grego e o latim estavam tão presentes em Roma que eram estabelecidos paralelismos entre Cícero e Demóstenes, Homero e Virgílio[93]. E não se imaginarmos que este bilinguismo foi um fenômeno passageiro, que teve início e fim no século II (a.C.), ou pouco depois. Nada disso! Sabemos que, depois do final do século IV, o grego teve tanta força e presença social que substituiu o latim na prática do ensino escolar. Além disso, a partir de Justiniano, como aparece em suas *Novellae*[94], o imperador decidiu ditar suas leis normalmente em língua grega, a tal ponto que o Império se converteu, de fato, num Império Helênico. Situação que durou até os tempos de Fulgêncio de Ruspe, nascido por volta do ano 467. Ou seja: quase até o século VI[95].

Mas não só em Roma. Também no mundo hebraico as pessoas que se presumiam "gente culta" podiam servir-se tanto do aramaico quanto do grego. No final do primeiro século o historiador judeu Flávio Josefo se elogiava a si mesmo, e da forma mais deslavada do mundo, por ter aprendido prosa e poesia grega, após estudar a correspondente gramática[96].

Grego, a língua da sociedade culta

Evidentemente, o fato de ser uma sociedade na qual se falava duas línguas teve uma importância singular no conhecimento do Evangelho e em sua integração na vida daquela cultura. Para compreender o que isto representa, importante é lembrar que os evangelhos foram escritos e difundidos em grego. Daí por que somente as pessoas que sabiam grego podiam conhecer diretamente os relatos evangélicos. Por outro lado, sabemos que somente as pessoas cultas e de "boa família" eram as que dominavam e faziam uso do grego. Cícero, por exemplo, nos informa que o normal era que um romano culto falasse o grego como se fosse sua lín-

---

92. C. III, 8.5. Cf. MARROU, H.-I. *Historia de la educación en la Antigüedad*. 2. ed. Akal, 2004, p. 330.

93. Quintiliano, X, I, p. 105s. • Juvenal, VI, 436; XI, 180. Cf. MARROU, H.-I. *Historia de la educación en la Antigüedad*. Op. cit., p. 330, notas 5 e 7.

94. *Nov.* VII, I. Cf. MARROU, H.-I. *Historia de la educación en la Antigüedad*. Op. cit., p. 335.

95. Ibid., p. 335.

96. JOSEFO, F. *Antig.*, 20.21.1, p. 262-266. Cf. MEIER, J.P. *Un judío marginal*. Op. cit. Vol. I, p. 271-272.

gua materna[97]. Além disso, escrever em grego, entre os literatos romanos, era uma moda muito antiga, sobretudo para os livros de história[98]. Inclusive no mundo de fala hebraica, a aristocracia sacerdotal e a minoria intelectual sabiam grego, sem falar de grande parte dos judeus da diáspora, que normalmente falavam esta língua[99]. Se todo este tema for analisado a partir do ponto de vista social, quando o grego começou a perder força e presença no Império, o último reduto que manteve firme a tradição helenista e sua linguagem foi o ambiente (ou o âmbito) das grandes famílias aristocráticas da cidade de Roma, conhecidas por ser tradicionalmente conservadoras e apegadas aos velhos costumes. Nesses ambientes conservou-se melhor o grego do que entre a burguesia provinciana, ambientes dos quais procediam homens tão eminentes como São Jerônimo e Santo Agostinho[100].

Qual foi a consequência deste fenômeno cultural, o fenômeno do bilinguismo (grego e latim), para o conhecimento e a difusão do Evangelho nos primeiros séculos do cristianismo? E, além do conhecimento e a difusão do Evangelho, quais foram as outras consequências importantes para a Igreja?

Dado que a tradução completa dos evangelhos do grego para o latim foi feita após meados do século III, a primeira coisa que se pode afirmar é que, naquelas condições, o mais óbvio é que as classes privilegiadas, os ricos, os notáveis, as famílias e pessoas de boa posição social e ou alta sociedade puderam conhecer os evangelhos antes e melhor do que os pobres, os trabalhadores, os escravos e, em geral, as pessoas comuns, como se denominou recentemente[101]. Em suma: enquanto a língua dos evangelhos (o grego) era a língua dos ricos e da sociedade culta, a língua dos pobres e das pessoas menos cultivadas costumava ser o latim.

Para especificar melhor este assunto, é possível afirmar que desde o século II a.C. o sistema de educação bilíngue (grego e latim) nos países do Império jamais foi questionado. Sempre se subentendeu que o homem ilustrado, digno de tal condição, devia ter estudado Homero e Menandro em seus anos de infância. Na Gália esta norma teve vigên-

---

97. *De Or.* II, 2-3.

98. POLÍBIO. *Hist.* XXXIX, I. Cf. MARROU, H.-I. *Historia de la educación en la Antigüedad*. Op. cit., p. 335.

99. MEIER, J.P. *Un judío marginal*. Op. cit. Vol. I, p. 279.

100. Cf. MARROU, H.-I. *Historia de la educación en la Antigüedad*. Op. cit., p. 339-340.

101. KNAPP, R.C. *Los olvidados de Roma – Prostitutas, forajidos, esclavos, gladiadores y gente corriente*. Op. cit., p. 11-66.

cia não apenas nos tempos de Ausônio[102], mas inclusive nos de Sidônio Apolinário (que nasceu em 430); e na África, não apenas nos tempos de Santo Agostinho, mas também nos de São Fulgêncio de Ruspe, que nasceu por volta de 367[103].

Hoje não é fácil dar-nos conta – e menos ainda compreender a fundo – o que este fato representa e as consequências que teve não apenas nos primeiros séculos, mas também em nossos dias, tanto para a Igreja quanto para os cristãos.

Os evangelhos e a comunidade cristã

O mais importante e óbvio que se deduz de quanto acabei de explicar é que, se os evangelhos foram redigidos em grego, e em grego se difundiram pelo Império desde o final do século I até meados do século III, o mais lógico é que as pessoas cultas e a classe alta, que é a que conhecia o grego, constituíram o setor social que primeiro e com mais facilidade conheceu o Evangelho. Além disso, já está suficientemente bem demonstrado que a Igreja nascente se integrou à sociedade através das famílias, mais concretamente nas casas[104]. Por isso fala-se no Novo Testamento da conversão de casas inteiras (Jn 4,53; At 11,14; 16,15.31-34; 1Cor 1,16; At 18,8)[105]. O que era inevitável e lógico. A Igreja não teve templos nem (provavelmente) locais públicos de reunião até o século IV. Os cristãos dos primeiros séculos, portanto, não tinham outra solução senão utilizar, para as suas assembleias religiosas, as casas ou locais que tivessem dimensões adequadas para grupos de pessoas, grupos que podiam ser numerosos. O mais lógico, no entanto, é que as casas ou locais que reuniam essas condições, numa sociedade pré-industrial, deviam ser edifícios cujos proprietários fossem pessoas abastadas e famílias minimamente bem-acomodadas. Os pobres não podiam ter nem manter mansões mais amplas, tampouco locais parecidos. Nesse sentido, ou a partir desse ponto de vista, os cristãos dos primeiros três séculos imitaram a estrutura organizativa da religião romana, na qual a casa era o templo; templo fa-

---

102. *Protr.* 46. Cf. MARROU, H.-I. *Historia de la educación en la Antigüedad*. Op. cit., p. 335.

103. CARTAGO, F. *Vida de san Fulgencio de Ruspe*. Lapeyre. Cf. MARROU, H.-I. *Historia de la educación en la Antigüedad*. Op. cit., p. 335.

104. AGUIRRE, R. *Del movimiento de Jesús a la Iglesia cristiana*. Op. cit., p. 83-114.

105. Ibid., p. 86.

miliar, para eles, mas verdadeiro templo. As pessoas do Império estavam habituadas a um culto doméstico[106].

Esta prática não demorou a introduzir nas assembleias cristãs – e assim, na Igreja – elementos, costumes e situações que foram a origem de problemas de enorme importância e de consequências que, em suas origens, foram sem dúvida imprevisíveis. A começar por um fato que, sobretudo naquele tempo e naquela cultura, deve ter sido muito conflitante. Refiro-me à obrigação que inevitavelmente se impôs a pobres, escravos e pessoas de condição humilde de ir aos casarões de ricos e poderosos, se quisessem participar das celebrações cristãs, da Eucaristia, das orações, da catequese etc. Isto explica o problema que o Apóstolo Paulo teve que enfrentar em Corinto, quando soube que, ao celebrar a "ceia do Senhor", os ricos daquela comunidade se antecipavam para comer e beber até embriagar-se, ao passo que os pobres sequer conseguiam alimentar-se suficientemente. E, o pior, no momento seguinte todos se reuniam para celebrar "a ceia do Senhor" (1Cor 11,17-34). Numa situação como esta, Paulo foi taxativo: *isso não é comer a Ceia do Senhor* (1Cor 11,20). Por quê? Porque *enquanto um passa fome, outro está bêbado* (1Cor 11,21). A fratura social produz divisão nas coisas mais elementares da vida. Onde existe tal divisão, não existe (e nem pode existir) Eucaristia.

É bem verdade que Paulo foi taxativo e quis resolver aquela vergonhosa situação. Mas conseguiu resolvê-la? Ao que parece, o que lhe ocorreu foi simplesmente dizer que cada um coma em casa: *Será que não tendes casa para comer e beber?* (1Cor 11,22). Obviamente, as tinham, mas os ricos. Os que passavam fome, tanto a sofriam na própria casa quanto na casa dos ricos. Pelo visto, Paulo estava preocupado em resolver o problema da celebração religiosa, não o conflito, e muito menos a fratura social. Naquele tempo acontecia o que – salvo exceções – ainda acontece hoje.

A Igreja e as classes sociais

O fato é que a realidade não podia ser de outra maneira... Paulo, como todos os cidadãos do Império, sabia perfeitamente que as sociedades das quais o Novo Testamento fala se caracterizavam por um alto grau de estratificação[107]. O que significava, entre outras coisas, que um

---

106. TURCAN, R. *Rome et ses dieux*. Paris: Hachette, 1998, p. 29-30.

107. STEWART, E.C. Estratificación social y patronato en las sociedades mediterráneas de la Antiguedad. In: NEUFELD, D.; DeMaris, R.E. (ed.). *Para entender el mundo social del Nuevo Testamento*. Estella/Navarra: Verbo Divino, 2014, p. 229-242.
• LENSKI, G.E. *Power and Privilege – A Theory of Social Stratification*. Chapel Hill: University of Nord Carolina Press, 1984, p. 242-296.

pequeno grupo da classe dirigente era servido pela maior parte dos cidadãos: os "criados dos ricos". Por isso, a grande maioria das pessoas era composta de camponeses, artesãos e escravos, e um setor menor – ainda que substancial – de pessoas incapazes de trabalhar ou de manter-se a si mesmas em razão de enfermidades ou outra desgraça qualquer[108]. Ou seja, o grupo seleto da classe alta acaparava a maior parte da riqueza. Nisto baseava-se a estratificação social daquelas sociedades, onde cultivava-se como valor supremo a honra. E tudo isto protegido e garantido pela instituição do patronato, que significa afirmar que o Império Romano não era uma economia de mercado. Em grande medida a economia romana foi estruturada pelo patronato, concentrando assim a maior parte dos recursos em pouquíssimas mãos. E, desta forma, tendeu a reduzir a relação de alguns cidadãos com outros mediante "o único intercâmbio de benefício pela honra"[109].

Logicamente, Paulo – como todos os cidadãos do Império – devia saber que as coisas eram dessa forma. Mas ele também se deu conta do quão decisivo era expandir o cristianismo por todo o Império, algo impossível se não aceitasse a estratificação social na qual se baseavam a economia e as relações sociais da época, com a inevitável desigualdade em direitos, honras e nível de vida, que a estruturação social gerava sem contrapartidas. Por isso Paulo teve que ir organizando, pelas cidades do Império, Igrejas que aceitavam e viviam o puritanismo sexual dos gregos (condenação da homossexualidade) (Rm 1,26-27; 1Cor 6,9), aceitando o modelo de família patriarcal na qual o pai (*paterfamilias*) era o chefe, o amo e o dono da casa e de seus habitantes, com a consequente submissão e desigualdade de direitos da mulher (calada na assembleia e submissa em casa), a legitimação da escravidão, que na Igreja se manteve até o século XIX, e empenhando-se para que a própria Igreja mantivesse as melhores relações possíveis com o Estado. Isto pode ser constatado no conhecido texto de Paulo em Rm 13,1-7[110].

Aqui é fundamental lembrar que Jesus – se nos ativermos à informação que o Evangelho nos oferece – não tinha pensado as coisas dessa forma para o movimento profético que Ele mesmo pôs em prática. Jesus não quis, em sua comunidade de discípulos e seguidores, nem hierarquia nem sacerdotes. De tais cargos ou vantagens os evangelhos nada falam.

---

108. STEWART, E.C. *Estratificación social y patronato en las sociedades mediterráneas de la Antiguedad*. Op. cit., p. 229.

109. Ibid., p. 233-234.

110. CASTILLO, J.M. *La humanidad de Jesús*. Madri: Trotta, 2016, p. 141-142 [Trad. em português: *A humanidade de Jesus*. Petrópolis: Vozes, 2017].

Jesus quis seguidores, não hierarquias ou cargos e vantagens. Nos evangelhos tampouco se fala de sacerdotes, mas este cargo hierárquico, que implica poder e mérito, não tardou a ser introduzido entre os cristãos. Já na *Tradição apostólica* de Hipólito de Roma, no início do século III, o bispo é designado *arjieréus*, sumo sacerdote[111], o que indica que já no século III se utilizava a terminologia do mais alto mérito religioso para designar os seguidores de Jesus. Este vocabulário (e a vantagem que comporta) foi claramente formulado em Tertuliano, poucos anos depois[112]. E, algumas décadas depois, Cipriano de Cartago aplica o termo *sacerdos* para designar um simples presbítero[113].

O sacerdócio e a ordem: a Igreja fraturada

A exaltação religiosa dos ministros do Evangelho, no entanto, não se deteve no acima mencionado. Isto porque foi justamente no século III que se começou a falar da ordem e da ordenação, que logo foram conceitos e vantagens assumidos por aqueles cuja tarefa era a de tornar presente o Evangelho. O mais certo é que Tertuliano foi o primeiro autor que usou esta terminologia e os consequentes conceitos que ela comporta[114]. A partir de Tertuliano, a teologia cristã assumiu estes termos e seu conteúdo. Ora, *ordo* e *ordinatio* eram, naquele tempo, conceitos-chave na organização e na estratificação da sociedade e do Império[115], visto que expressavam os conceitos clássicos para designar as nomeações dos funcionários imperiais, sobretudo quando se tratava do próprio imperador. Isto quer dizer que os que tinham que ser os seguidores de Jesus e servidores dos outros, segundo o Evangelho, se erigiram em homens notáveis e pessoas importantes na sociedade. Além disso, a *ordem*, no Império Romano, tinha a significação de *classe social*,

---

111. *Trad. Apost.* Ed. Por B. Botte, p. 41 e 46 [Em português: Petrópolis: Vozes, 2019).

112. *De Bapt.* XVII, 1: CC 291, p. 13-14. • *De Ieiun.*, XVI, 8: CC 1275, p. 15. • *De Pud.*, XX, 11 CC 1325, p. 60-61; XXI, 17: 1328, p. 79. • *De Exhort. Cast.,* VII, 5: CC 1025, p. 29; VII, 6: CC 1035, p. 30; XI 2: CC 1031, p. 11; VII, 2: CC 10. 24, p. 15.

113. *Epist.* 40, 1. Ed. de Hartel: CSEL 568, p. 9. Também em sua *Epist.* 61,3. Ed. de Hartel: CSEL 696-697, p. 1.

114. *De exhort. Cast.,* VII, PL 2, p. 971. Cf. VAN BENEDEN, P. *Aux origines d'une terminologie – Ordo, ordinare, ordinario dans la littérature latine avant 313.* Luvaina, 1974. • BEVENOT, M. Tertullians thoughts about the Christian priesthood. *Corona Gratiarum.* Bruges, 1975, p. 125-137.

115. PAULY-WISSOWA. *Realencyclopädie der Klassischen Altertumswissenschaft,* XVIII/1. Stuttgart, 1939, p. 930-936. • FRANSEN, P. Ordo. *LThK,* VII, p. 1.212-1.220.

de forma que existiam três *ordens*: a dos senadores (*ordo senatorum*), a dos cavaleiros (*ordo equitum*) e a da plebe (*ordo plebeius*). Desta forma, os servidores da comunidade passaram a ser os senhores e dominadores da comunidade. Exatamente o inverso do que Jesus deixou dito e estabelecido: "Não será assim entre vós: ao contrário, quem quiser ser grande, seja vosso servidor, e quem quiser ser o primeiro, seja vosso escravo" (Mt 20,26-27; Mc 10,43-44; Lc 22,26-27).

Assim, entre os séculos III e IV, nasceu o clero na Igreja. E com o clero marginalizou-se o Evangelho, que devia estar no centro da Igreja. Ou seja, a centralidade do Evangelho foi ocupada pelo clero. E sabemos que "o clero se tornou diferente em razão de seus privilégios"[116].

Isto foi o que aconteceu na Igreja do Ocidente. Na Igreja oriental a exaltação do clero chegou, sem dúvida, mais longe, e foi mais desproporcional ainda. Basta citar um único documento daquele tempo, a *Didaskalía*, uma espécie de recompilação canônica da primeira metade do século III. Este documento, que teve uma ampla difusão nas Igrejas do Oriente, designa quatorze vezes o bispo com o título de "sacerdote" (homem sagrado). O mais significativo, porém, é que o texto exalta com tamanha intensidade o sacerdote que chega a compará-lo a Deus e inclusive o situa no lugar de Deus: "O primeiro sacerdote e levita para vós é o bispo; é ele que vos ensina a palavra e é vosso mediador...; ele reina em lugar de Deus e deve ser venerado como Deus, porque o bispo vos preside em representação de Deus"[117]. Evidentemente, se estas ideias eram aceitas já no século III entre os seguidores de Jesus, sem dúvida as igrejas (assembleias cristãs) nas quais se pensava e se falava desta maneira, se haviam distanciado grandemente do Evangelho, da forma como o viveu e o ensinou o próprio Jesus.

Tudo isto é importante. E deixou um ranço na Igreja que ainda está presente em nosso meio. Prova disso é que as pessoas de nossas sociedades atuais, após tantos séculos, continuam se queixando que os homens de Igreja ainda insistem em temas que já no século primeiro deram tanto o que falar entre os cristãos da primeira hora. Entretanto, os temas mencionados (desigualdade da mulher em relação ao homem, condenação da homossexualidade etc.), sendo tão fortes e graves, não foram as principais causas dos problemas de fundo, os mais profundos, que hoje a Igreja deveria enfrentar. Onde e em que está a chave do problema que, inclusive em nossos dias, continua pendente na Igreja e sem a necessária solução?

---

116. BROWN, P. *Por el ojo de una aguja – La riqueza, la caída de Roma y la construcción del cristianismo en Occidente (350-550 d.C.)*. Op. cit., p. 106.

117. *Disdaskalía*, XXVI, 4, p. 104.

O problema – a meu juízo – está no fato que o Evangelho de Jesus não está no centro da Igreja. Nem ocupa, portanto, o centro da vida de Igreja, por mais que ela afirme que "os evangelhos ocupam o lugar preeminente no Novo Testamento" (DV, 18). O Evangelho não está no centro da Igreja, tampouco poderia estar, visto que a teologia cristã, o direito que a rege, a estrutura de seu governo, a liturgia de suas celebrações sacramentais e cultuais não são pensados nem geridos a partir da "teologia narrativa" dos evangelhos, mas a partir da "teologia especulativa" do Apóstolo Paulo, com poderosas implicações de um pensamento filosófico, de uma religião, de um direito e de uma liturgia ritual que pouco ou nada têm a ver com o que encontramos nos relatos da vida e da mensagem de Jesus, o Senhor, que denominamos "Palavra de Deus".

Seguramente, *de facto*, da forma como foram se estruturando e se organizando as primeiras Igrejas, e da forma como foram recebendo a primeira informação sobre Cristo ressuscitado, sem o devido conhecimento do Jesus histórico e o significado dos relatos evangélicos, a cristologia que os autores cristãos dos séculos I, II, III e IV elaboraram teve como base mais a mitologia bíblica e a especulação helenista do que os relatos evangélicos.

O Evangelho chegou tarde, com atraso, na expansão, na implantação e na organização da Igreja ao largo das cidades do Império. E mesmo que nós cristãos não tenhamos abandonado, nem abandonamos, o sentimento ou a devoção que nos diz que Nosso Senhor Jesus Cristo é o maior que temos e o mais importante em nossas crenças, o fato é que o central na organização da Igreja e o centro determinante em nossa vida de cristãos não é o Evangelho de Jesus, mas a religião (com sua teologia e suas observâncias), cujas origens estão em Paulo.

Ainda que nos custe reconhecê-lo e se torne perigoso dizê-lo, o Evangelho ficou marginalizado. Dito de outra maneira: o que aconteceu naqueles primeiros séculos de cristianismo não foi o fato de o Evangelho ter-se implantado e marcado profundamente a forma de vida daquela sociedade, mas, inversamente, a sociedade romana, sua cultura, seu direito e seus costumes acabaram condicionando e marcando a forma de vida da Igreja. Num primeiro momento pensou-se que a Igreja dos primeiros séculos, ao reunir-se em assembleias ou comunidades cristãs para rememorar as lembranças dos apóstolos ou os escritos dos profetas[118], tivesse presente o Evangelho de Jesus. Na realidade, porém, a Igreja daquelas comunidades viu-se tão fortemente condicionada pela cultura do Império que até as exigências mais determinantes do Evangelho se viram supera-

---

118. JUSTINO. *Apol.* I, p. 65-66. Cf. QUASTEN, J. *Patrología*. Op. cit., p. 216.

das pelos dois pilares fundamentais da sociedade imperial: a riqueza e o poder. Por isso não é de se estranhar que, ao chegar ao papado, um bispo de Roma como o nosso atual Papa Francisco, clérigos ou leigos mais aferrados à tradição façam o possível e o impossível para frear as rodas do modesto carro com o qual este papa quer avançar e humanizar a Igreja e, mediante ela, este mundo desenfreado.

3
Uma cristologia que prescinde do Evangelho

A cristologia como ponto de partida

Estudar a fundo o tema de Jesus, o Senhor e Filho de Deus, interessou vivamente à Igreja dos primeiros séculos. Interessou tanto que a cristologia se tornou o problema central de quatro dos primeiros concílios ecumênicos havidos na Igreja antiga. Refiro-me aos concílios de Niceia, Éfeso, Calcedônia e Constantinopla III, celebrados entre os séculos IV e VII. Estes últimos concílios foram realizados na atual Turquia (Istambul), onde Constantino havia instalado a capital do Império. Sem dúvida, o tema fundamental de Cristo e, portanto, a cristologia, foi o tema-chave da teologia da Igreja nascente e na Igreja que se adaptou à sociedade do Império[119].

O essencial sobre este tema capital, porém, não é acentuar a importância da cristologia na Igreja dos primeiros séculos, mas saber e especificar qual foi o problema que ela quis resolver ao centrar seu interesse, suas investigações e suas preocupações no estudo da cristologia.

Não nos é fácil no momento abordar – e mais complicado ainda resolver –, delimitar, formular e solucionar o problema que os cristãos daquele tempo tiveram que enfrentar. Isto pelo fato de corrermos o risco de projetar sobre eles os problemas teológicos que nós mesmos, em nossos dias, temos que enfrentar.

Seja como for, temos consciência de um fato insuspeito: a Igreja de então, como a de nossos dias, acreditava e adorava como Deus um homem, Jesus de Nazaré, que morreu executado numa cruz como delinquente. Convenhamos: tanto na sociedade do Império quanto na atual, divinizar um ser humano que morreu pendurado num madeiro

---

119. Para uma visão de conjunto, cf. SOTOMAYOR, M. Los grandes centros de expansión del cristianismo. In: SOTOMAYOR, M.; UBIÑA, J.F. *Historia del cristianismo – Vol. I: El mundo antiguo*. Madri: Trotta, 2003, p. 189-226.

como indesejável malfeitor é a coisa mais absurda e intolerável que se possa imaginar. E se este fato é hoje para nós terrível, muito mais terrível o foi para os cidadãos do Império nos primeiros séculos da Igreja. Nas culturas da Antiguidade, um subversivo executado numa cruz não podia ser apresentado como Deus. Dizer tal coisa, naqueles tempos, não era uma falsidade, mas uma blasfêmia[120]. Isto explica, entre outras coisas, a razão pela qual os cristãos, durante os primeiros duzentos anos de vida da Igreja, não se atreveram a desenhar (e menos ainda esculpir) uma imagem do Cristo Crucificado. A representação mais antiga que se conhece de um crucificado é uma blasfêmia de zombaria, pintada num *graffiti* no qual alguém desenhou um cristão adorando um homem com cabeça de burro crucificado. Esta zombaria foi descoberta nas ruínas de um sótão do Palatino (Roma). Neste *graffiti* dizia-se (em grego): "Alexandre adora a Deus"[121]. Esse Alexandre certamente devia ser um cristão do qual alguns funcionários do palácio imperial zombavam.

O problema de fundo, no entanto, não era a circunstância trágica da morte de Jesus numa cruz, mas a ideia de que um ser humano pudesse converter-se em Deus. E de forma que este ser humano era (e é), verdadeiro homem e verdadeiro Deus simultaneamente. É bem verdade que, naqueles tempos, já se falava da possível deificação (*théos genésthai*) de um homem. Sabemos que no mundo antigo não era desconhecida a ideia de um ser humano converter-se em deus ou em demônio após a morte. Esta ideia aparece com frequência nas estelas dos períodos helenístico e romano[122]. Entretanto, que um homem chegasse a ser Deus em vida, "um Deus que caminha em sua carne", como dizia Clemente de Alexandria[123], devia ser muito mais estranho. E isto foi o que atraiu a atenção, o interesse e a preocupação dos pensadores cristãos dos primeiros séculos nos estudos e escritos de cristologia.

---

120. HARNACK, A. Der Worwurf des Atheismus in den drei ersten Jahrhunderten. *TU*, 13, 1905, p. 8-16. Cf. CASTILLO, J.M. *Víctimas del pecado*. Madri: Trotta, 2004, p. 122-123.

121. CROSSAN, J.D.; REED, J.L. *En busca de Pablo – El Imperio de Roma e el Reino de Dios frente a frente en una nueva visión de las palabras y el mundo del apóstol de Jesús*. Op. cit., p. 438-439.

122. DODDS, E.R. *Paganos y cristianos en una época de angustia*. Madri: Cristiandad, 1975, p. 104. Cf. LATTIMORE, R. *Illinois Studies*, 28, 1942. • FESTUGIÈRE, A.J. *L'idéal rel. des grecs*, II, 1932, cap. 5.

123. *Strómata*, 7.101.4. Cf. DODDS, E.R. *Paganos y cristianos...* Op. cit., p. 104, n. 17.

Tudo isso foi amplamente estudado pelos historiadores da teologia cristã[124]. O resultado desses estudos, tão detalhados, levou a uma conclusão: a cristologia foi estudada e formulada, aos mínimos detalhes, a partir da preocupação (quase obsessão) por uma pergunta-chave, relativa ao "ser" de Jesus Cristo. Mais claramente falando, a pergunta é esta: Jesus Cristo é Deus? E se efetivamente o é, como explicá-lo? O que inevitavelmente levantava uma segunda pergunta: Seria Jesus Cristo igualmente verdadeiro homem?

Jesus, plenamente humano

Estas perguntas foram formuladas e definidas no Concílio de Calcedônia (451): Jesus Cristo (é) perfeito na divindade e perfeito na humanidade; verdadeiramente Deus e verdadeiramente homem[125]. Não se trata de analisar aqui, de novo, esta fórmula tantas vezes analisada. O que pretendo deixar claro é que, sendo inteiramente verdade e central para a fé cristã a definição do Concílio de Calcedônia, a teologia cristã – e a própria Igreja –, contando exclusivamente com ela, não vai a parte alguma. Já o dizia o Prof. P. Smulders: "Há muitos séculos o mundo helenístico deixou de existir... mundo em que o dogma cristológico foi forjado; suas representações, conceitos, pressupostos e esquemas mentais foram se revelando estranhos à humanidade"[126]. É que aqueles conceitos, sendo inteiramente verdadeiros, não são entendidos nem interessam na atualidade, salvo para estudiosos e especialistas na cultura helenista.

É evidente que os termos e os conceitos que nos debates teológicos dos primeiros séculos (especialmente do IV ao VII) tanto apaixonaram os cristãos, hoje são pouco compreensíveis. Basta pensar nos termos-chave que estavam em jogo: *physis, ousía, hipóstasis* etc. Quem entende esta terminologia hoje? A quem interessa? Que problemas ela resolve? Construir hoje a nossa fé em Jesus, o Senhor, com semelhantes ingredientes, não resolve os problemas que as pessoas que acreditam em Deus, em Jesus Cristo e no Evangelho nos apresentam.

O problema que isto nos coloca é muito mais sério. Não se trata apenas da atualidade ou da compreensão, da linguagem, dos conteúdos e das soluções que esta teologia pode nos trazer. O problema é que esta teologia foi elaborada a partir da fé no Ressuscitado, interpretada mediante

---

124. Para termos uma ideia, até os anos posteriores ao Concílio Vaticano II. Cf. SMULDERS, P. *Mysterium Salutis*, vol. III, t. I. Madri: Cristiandad, 1969, p. 415-503.

125. DENZINGER; HÜNERMANN, n. 301.

126. SMULDERS, P. *Mysterium Salutis*. Op. cit., p. 502.

os conceitos e a linguagem da filosofia dos gregos, e, nos problemas e soluções que esta teologia aportou, não esteve presente a vida, a história e a mensagem de Jesus, tal como Ele mesmo no-la apresentou nos evangelhos. Dito de outra maneira: a cristologia que chegou até nós foi pensada e apresentada a partir da cristologia de São Paulo e não a partir da história, da vida e do projeto do Reino de Deus que Jesus nos deixou em seu Evangelho. E isto é tão verdade que, inclusive hoje, quando nos ambientes eclesiásticos fala-se em cristologia, o discurso sempre parte do tratado teológico cujo centro e eixo se reporta à definição de Calcedônia.

Esta definição dogmática é tão importante para a fé da Igreja que tem sido, é e continua sendo o centro constitutivo do verdadeiro cristianismo. A definição de Calcedônia, portanto, é essencial para a fé. No entanto, como já o indicou Karl Rahner, o que Calcedônia disse, o disse no final, ou seja, foi última palavra sobre a nossa fé em Jesus Cristo. E foi a primeira e indispensável afirmação de nossa fé cristã. Mas vale lembrar que se trata de um princípio primeiro, e que, partindo dele, temos o direito e o dever de continuar investigando, buscando, aprofundando a nossa compreensão de fé em Jesus, o Senhor, o Filho de Deus[127].

O "ser" de Jesus e o "agir" de Jesus

Quando pensamos em Jesus ou falamos dele, o que é mais importante e decisivo: A questão sobre *quem Ele foi*, ou a investigação sobre *o que Ele fez*?

O trabalho histórico de investigação e de busca visando a alcançar uma compreensão nova e mais totalizante da cristologia foi incansável. De forma que esta nova dimensão, tanto na impostação quanto na implementação do "fato cristológico", deve ser (e será), nos anos vindouros, um trabalho irrefreável. É o que modestamente este livro pretende mostrar.

Até o momento, de fato, a cristologia tem sido o eixo e o centro da fé dogmática ou da fé confessional como conjunto de "fórmulas especulativas" que, no fundo, são objeto (e o objeto central) de nossa fé. Isto tudo, porém, conscientes de que estamos diante de fórmulas que podem ser integralmente aceitas, mas que, na hora da verdade e no conjunto da vida, podem apresentar-se como fórmulas mortas, vazias e inadequadas em termos de determinação de nossa identidade[128], de nossa forma de vida, de nossas convicções e costumes. E que, de uma forma ou de

---

127. RAHNER, K. Chalkedon – Ende oder Anfag? In: GRILLMEIER, A; BACHT, H. *Das Konzil von Chalkedon – Geschichte und Gegenwart*. Vol. III. Würzburg, 1954, p. 3-49.

128. METZ, J.B. *La fe en la historia y la sociedad*. Madri: Cristiandad, 1979, p. 210.

outra, acabam sendo fórmulas incapazes de erradicar de nossas vidas a irresponsabilidade, a hipocrisia, a desonestidade e a corrupção. Ademais, frequentemente encontramos pessoas que acreditam piamente em Jesus Cristo como verdadeiro Deus e verdadeiro homem, mas que simultaneamente integram e incorporam não poucos hábitos de vida (profissional, política, ética, familiar...) que não são propriamente exemplares. Por isso me pergunto: Não seria possível buscar e formular uma cristologia que por si mesma pudesse ser autêntica e real não apenas para mudar nossa maneira de pensar, mas também para que nossas vidas e nossa relação com Jesus se tornem tão perigosas quanto foi a própria vida de Jesus, fato que irremediavelmente o levou à morte de cruz?

Dito de forma mais clara e simples: Onde reside o mais importante e o mais decisivo para o cristianismo e para os cristãos? Quem foi Jesus? O que Ele fez? Entre "ser" e "fazer", qual destes dois verbos é o mais determinante para a Igreja?

Crer em Jesus e seguir a Jesus

Para responder à incômoda pergunta sobre o ser e o agir de Jesus, não a partir de nossas ideias ou de nossas inconscientes conveniências, mas a partir do Evangelho, vale lembrar que nos quatro evangelhos canônicos encontramos dois verbos que se destacam quando se trata de sublinhar e explicar como nós, seres humanos, podemos nos relacionar com Jesus. Estes dois verbos são: crer (*pisteuô*) em Jesus, e seguir (*akoloutheô*) a Jesus. Ou seja, a fé em Cristo e o seguimento de Jesus, se nos ativermos à linguagem que se costuma utilizar nos ambientes eclesiásticos e teológicos. A fé, que se estuda como eixo determinante da teologia dogmática; o seguimento, que, como experiência "carismática e escatológica"[129], deslocou-se da dogmática ao âmbito próprio da espiritualidade. Âmbito este que – sem dar-nos conta do que fazemos – é um procedimento aparentemente correto, mas digno de marginalizar o tema capital e constitutivo da cristologia. Tema totalmente básico, que mais adiante pretendo analisar mais detalhadamente, visto que somente assim podemos, enquanto cristãos, devolver ao seguimento de Jesus o respeito, a importância e a significação que Ele tem para nossas vidas e para a vida da Igreja.

A primeira coisa que deveríamos ter presente como cristãos ao refletir sobre este tema é a constatação de que nos evangelhos sinóticos

---

129. Assim o apresenta um estudo, de resto excelente, que se popularizou há alguns anos: HENGEL, M. *Seguimiento y carisma – La radicalidad de la llamada de Jesús.* Santander: Sal Terrae, 1981.

fala-se muito mais do seguimento de Jesus do que da fé em Jesus. É um fato significativo: o verbo seguir (*akolouthéo*) aparece 90 vezes no Novo Testamento, das quais em 73 textos o verbo se refere ao seguimento de Jesus. Aqui é importante ter presente que o verbo *akolouthein*, em sentido figurado, significa *ser discípulo, seguir alguém*[130]. No Novo Testamento ambos os significados se aplicam ao seguimento de Jesus. Entretanto, nas cartas de Paulo menciona-se uma única vez o verbo seguir (1Cor 10,4), aludindo-o à "rocha" que acompanhava os israelitas no deserto e que, de forma figurada, representava Cristo. O que inverte o significado do verbo: aqui, não se trata mais do povo seguir a Jesus (como os evangelhos o indicam), mas, ao contrário, neste texto é Jesus quem segue e acompanha o povo.

O que importa é ter muito claro o significado forte do verbo seguir, que se define como "caminhar atrás, ou com alguém que marca o itinerário, mantendo-se próximo a ele"[131]. Normalmente e com maior frequência este verbo se refere fortemente a uma relação pessoal (Mt 4,20.25; 8,19.23; 9,27; 19,27; 20,34; 21,9; 26,58; 27,55; Mc 2,15; 10,32.52; Lc 9,49; Jo 1,37; 10,4; 21,20), que aqui, especificamente, é relação pessoal com Jesus. Uma relação única e totalizante que invade a vida inteira e que dá sentido à forma concreta de vida que cada seguidor assume e faz sua[132].

Especificando ainda mais este tema fundamental: enquanto o seguimento de Jesus é mencionado 73 vezes nos evangelhos sinóticos, o problema da fé só aparece 36 vezes. No entanto, o mais impressionante e chocante não é os evangelhos falarem mais do que o dobro de vezes do *seguimento*, se comparado ao tema da *fé*; o surpreendente – e isso parece inconcebível – é que, quando o Evangelho se refere à fé dos discípulos, o que nos diz é que Jesus reprendia aqueles homens por sua falta de fé (Mt 8,26; 14,31; 16,8; 17,20; Mc 4,40; 16,11.13.14; Lc 8,25; 24,11.41; cf. Jo 20,25-31).

Isto ocorre em diversas ocasiões no Evangelho, e por diferentes motivos. Por exemplo: enquanto o seguimento dos discípulos é um fato que o próprio Jesus reconhece como verdadeiro ao aceitar a afirmação de Pedro: *nós que deixamos tudo e te seguimos...* (Mc 10,28), a fé desses mesmos discípulos frequentemente é referida como um problema não resolvido,

---

130. SCHNEIDER, G. *Dic. Exeget. del N.T.* Vol. I, p. 146.

131. *Diccionario griego-español del Nuevo Testamento*. Fasc. 2. Córdoba: El Almendro, p. 255.

132. Para uma bibliografia fundamental sobre o "seguimento", cf. SCHNEIDER, G. Akolouthéo. *Dic. Exeget. N.T.* Vol. I, p. 145-146.

dado que os considera "homens de pouca fé", e tão pequena que é comparada a um "grão de mostarda", isto é, cheia de dúvidas, medos, inseguranças, de acordo com os textos acima citados.

Se nos ativermos ao que os evangelistas destacam em seus relatos quando nos informam a respeito de como foi o encontro de Jesus com os discípulos ou com as multidões (*óchlos*), nos damos conta de que esse encontro não se expressa mediante a fé, mas através do seguimento. Ou seja, os evangelhos nos dizem que "grandes multidões o seguiram..." (Mt 4,25; 8,1.10; 12,15; 14,13; 19,2; 20,29; Mc 3,7; 5,24; Lc 7,9; 9,11; 23,27; Jo 6,2). Quando os relatos se referem à relação de Jesus com os discípulos, o que se destaca é seu mandato: "segue-me" (*akoloúthe moi*) (Mt 8,22; 9,9; 19,21; Mc 2,14; 10,21; Lc 5,27.28; 9,59, 18,22; Jo 1,43; 21,19.22)[133]. Jesus disse o mesmo ao jovem rico (Mt 19,21); assim como Pedro diz, confirmando um fato já realizado pelos discípulos: "nós que te seguimos" (*akolouthésamen soi*) (Mt 19,27; Mc 10,28). Foi igualmente o que fizeram, "imediatamente", os primeiros pescadores chamados por Jesus, quando estavam trabalhando com suas redes junto ao Mar da Galileia (Mt 4,20.22; Mc 1,18.20). Jesus não perguntou àqueles pescadores, e tampouco ao publicano Levi: *Acreditais (ou credes) em mim?* Jesus foi ao que considerava mais decisivo: "Sigam-me".

Em todos estes casos, em todos os relatos, não se fala de uma teoria ou de uma crença, mas nos é apresentado um fato: o de pessoas concretas ou grupos importantes de pessoas que deixaram tudo e seguiram a Jesus. Um fato de consequências mais importantes, que somente compreendemos quando as analisamos em seu conjunto e com a extraordinária profundidade que comportam.

Dietrich Bonhoeffer se deu conta de algo que não se costuma pensar quando se reflete ou se fala deste assunto: quando Jesus estava iniciando seu ministério e, portanto, enquanto ainda era um profeta itinerante desconhecido, Ele se apresentava aos pescadores ou ao cobrador de impostos dizendo-lhes, sem maiores explicações: "Sigam-me". Isto é: "venham comigo". E o fazia de uma forma que não apresentava aos chamados nenhum projeto de vida, nem lhes explicava a razão de seguir a um personagem desconhecido, tampouco lhes oferecia um ideal, um objetivo, uma recompensa, um prêmio. O que os evangelhos relatam é que as pessoas chamadas por Jesus "imediatamente" (*eydeos*) (Mt 4,20 par.) "deixavam tudo" e o seguiam. Ou seja, deixavam trabalho, pais, casas, famílias, forma costumeira de vida, tudo.

---

133. *Diccionario Griego-español del Nuevo Testamento*. Fasc. 2. Córdoba: El Almendro/Córdoba, 2002, p. 256-259.

O que sobrou para aqueles homens? Sucintamente: os seguidores de Jesus perderam toda e qualquer segurança. Sobrou-lhes apenas uma opção: viver *com* Jesus e *como* Jesus[134]. Isto é, restou-lhes viver unidos, vinculados ou apegados (*Bindung*) à pessoa de Jesus[135]. O que significa e representa – por mais difícil que possa parecer – que um cristianismo sem seguimento é um cristianismo sem Jesus, o Cristo; não passaria de uma mera ideia, de um simples mito[136].

---

134. BONHOEFFER, D. *Nachfolge*. Munique: Kaiser Verlag, 1982, p. 28-29.

135. Ibid., p. 30.

136. Ibid., p. 30-31.

4
O seguimento de Jesus, centro do Evangelho

Seguimento e segurança na vida

O que mencionei no capítulo anterior, seguindo a acertada formulação de Bonhoeffer, não é absolutamente compreensível se não tivermos presente o objetivo ou a finalidade que Jesus realmente persegue quando formula as exigências que o seguimento comporta. Essas exigências se agrupam em três blocos que abarcam os pilares básicos sobre os quais se ancora a nossa segurança na vida: a propriedade (bens necessários ao desfrute da vida), a dignidade (aceitação ou rejeição da parte dos outros e da sociedade em geral) e a "família" (lar, casa, algumas pessoas queridas). Em condições normais, aqui estão as três bases indispensáveis para que uma pessoa se sinta segura neste mundo, nesta vida. E é a razão pela qual podemos dizer que o grande problema que o seguimento de Jesus nos coloca reside na própria segurança.

Mas por que a questão da segurança própria? Porque, em última análise, o problema capital com o qual o Evangelho nos confronta consiste em saber se a força determinante de nossa vida está na segurança (que se baseia na propriedade, na dignidade e na família) ou na liberdade, que nos torna inteiramente disponíveis ao serviço do Evangelho e aos valores que ele apresenta, oferece e exige.

Isto explica por que Jesus, em seus convites ao "seguimento", não admite condições. E não as admite precisamente nos três grandes temas que acabo de indicar, nas três grandes amarras das quais temos que nos livrar se quisermos ser totalmente livres. O relato evangélico que apresenta de forma mais completa a necessidade de libertar-se destas três amarras se encontra no Evangelho de Lucas. Para seguir a Jesus é preciso libertar-se de tudo, ao ponto extremo de não ter inclusive o pouco de que dispõem as raposas do campo, como uma toca, ou um ninho, como o têm os pássaros, tampouco uma pedra onde reclinar a cabeça para descansar (Lc 9,58; Mt 8,20). Trata-se do desprendimento total que Jesus exigiu do jovem rico

(Mt 19,21; Mc 10,21; Lc 18,22). Além disso, para seguir a Jesus é preciso abandonar toda amarra familiar, não deixando condicionar-se até mesmo pelo enterro do próprio pai (Mt 8,21-22; Lc 9,59-60), ou pela despedida de parentes e próximos (Lc 9,61-62).

Sem sombra de dúvidas, esta série de renúncias que exigem o despojamento total representa uma atitude global diante da vida difícil de entender. Parece incompreensível o fato de exigir que alguém se despoje totalmente do mais necessário na vida, como ter uma família, um lar, um trabalho. Entretanto, se em nossos dias seria pesado exigir estas renúncias, no tempo e na sociedade em que Jesus viveu pareciam ainda mais absurdas, estranhas e contraditórias. Como Jesus podia pedir que alguém o seguisse sem permitir que se despedisse do próprio pai? Ou sem dar-lhe a devida sepultura? Para um judeu ou para um cidadão do Império, insisto, tudo isto beirava à falta de bom-senso. Por quê? Explico-me! Como bem o indica o historiador Warren Carter, no mundo romano do século primeiro ninguém pensava a política e a religião separadas. Roma afirmava que o Império era assim por mandato dos deuses. Os chefes religiosos com sede em Jerusalém, bem como os sumos sacerdotes e os escribas, na realidade eram os chefes políticos da Judeia e os aliados de Roma[137]. Por isso, o próprio Carter nos alerta que, quando Jesus chamou alguns pescadores galileus para segui-lo (Mt 1,16-20), a pesca e os pescadores estavam profundamente inseridos no sistema imperial romano. O imperador era considerado soberano em terra e mar, e sua soberania era manifestada nos contratos de pesca e nos impostos relativos à quantidade de peixes pescados. O chamado de Jesus feito a Tiago, André e Simão Pedro redefine a relação destes com o mundo de Roma e sua implicação com Ele[138].

Seguimento e totalidade da vida

Ao recordar estas coisas vemos que o seguimento de Jesus abarcava a vida em todas as suas dimensões, incluindo, obviamente, as públicas, com suas consequentes implicações econômicas e políticas. Optar pelo seguimento de Jesus pobre e humilde entre pobres e humildes e simultaneamente pertencer à burguesia ou estar instalado em instituições capi-

---

137. CARTER, W. *El Imperio romano y el Nuevo Testamento*. Op. cit., p. 12.

138. Ibid., 13. Para um estudo bíblico amplo sobre o *seguimento de Jesus* no NT, confira a importante bibliografia que oferece LUZ, U. Nachfolge Jesu. *Theologische Realenzyklopädie*, vol. 23, 1994, p. 686. Para a análise teológica, cf. SCHMELLER, T.; VIRT, G.; VAN OOL, P. Nachfolge Christi. *Lexikon für Theologie und Kirche*, vol. 7, 1998, p. 609-613.

tais cuja segurança se cimentava no sólido capital financeiro seria, portanto, uma contradição que inevitavelmente anularia ou marginalizaria o conteúdo central do Evangelho e apresentaria um "evangelho adulterado" em sua própria base. Sem dúvida, Jesus foi tão duro e taxativo em suas exigências sobre o seguimento pelo fato de ter visto claramente que sua Boa Notícia não interessaria às multidões se não fosse transmitida a partir do despojamento de todas as seguranças próprias de pessoas "seletas" e "respeitáveis" na cultura e na sociedade em que Ele viveu, e, para nós, naquela em que hoje vivemos.

Por isso Jesus chegou ao que perece ser um excesso ao exigir dos seguidores o rompimento inclusive com o que se considerava "a máxima de todas as boas obras": enterrar o próprio pai (Mt 8,21-22; Lc 9,59-60)[139]. Em última análise, o seguimento de Jesus representava e exigia a ruptura com a lei e com a moral convencionalmente estabelecidas pela religião oficial[140].

Porém, existe algo que parece mais excessivo ainda, e que ultrapassa todos os limites: quando Jesus anunciou pela primeira vez sua paixão e morte pelas mãos dos sacerdotes e mestres da lei, dirigindo-se aos seus discípulos (Mt 16,24), à multidão (Mc 8,34) e a todos (Lc 23), disse-lhes: "Se alguém quiser me seguir, renuncie a si mesmo, tome a sua cruz e me siga" (Mt 16,24; Mc 8,34; Lc 9,23). O seguimento de Jesus não é um chamado a escolhidos, seletos e privilegiados. É a condição, a forma de viver e o final esperado por todos para os quais a vida, o destino e a morte de Jesus é algo com o qual não apenas estamos de acordo, mas é o projeto de vida com o qual nos identificamos e segundo o qual orientamos a nossa vida.

O chamado ao seguimento

Uma das coisas mais estranhas, talvez a mais misteriosa, que encontramos nos evangelhos, é o próprio fato do chamado que Jesus faz ao interpelar alguém, qualquer pessoa, a segui-lo. Este chamado é tão simples e ao mesmo tempo tão misterioso que um teólogo da categoria de Bonhoeffer não encontrou outra formulação para explicá-lo senão dizendo: "Jesus, o próprio Cristo, Ele mesmo é o chamado ao seguimento"[141]. Por que um teólogo tão sério e profundo disse isso? Que sentido

---

139. HENGEL, M. *Seguimiento y carisma – La radicalidad de la llamada de Jesús*. Op. cit., p. 20-23.

140. Ibid., p. 20.

141. BONHOEFFER, D. *Nachfolge*. Op. cit., p. 28.

tem afirmar que uma pessoa (Jesus) é um chamado ou uma interpelação tão forte? (fato que veremos). Poderia uma pessoa, ao apresentar-se diante de outras tão somente com sua presença e palavra, ter suficiente poder de sedução para reorientar uma vida inteira? Além disso, aceitando que essa "pessoa" que chama tenha poder de sedução capaz de dar uma guinada tão grande e desconhecida na vida de outra pessoa, e inclusive de multidões inteiras, não estaríamos diante de algo mais estranho e inexplicável que o mais estranho e inexplicável dos milagres relatados no Evangelho?

Verbalmente, o chamado de Jesus – que é o próprio Jesus -- se reduz a uma palavra: "Segue-me". Nada mais do que isso. Mas, efetivamente, que conteúdo tem esse chamado? Jesus não apresenta um programa de vida, nenhum ideal, nenhum objetivo, nenhuma finalidade, nenhuma meta a alcançar. À pessoa chamada não lhe resta outra segurança senão a comunhão de vida com Jesus[142]. Neste sentido, o seguimento de Jesus não se reduz apenas à perda de toda segurança humana, mas engloba também uma ligação que associa e vincula a pessoa para sempre a Jesus[143]. Se efetivamente é assim, e se assim se vive, então estamos falando de uma experiência fortíssima. Tão forte que seguramente podemos afirmar que se trata da experiência mais profunda que, nesta vida, uma pessoa possa ter.

E, efetivamente, é assim mesmo. Sobretudo se considerarmos que o chamado de Jesus a segui-lo não admite condições, nem delongas, menos ainda limitações ou restrições. É que, como acertadamente já se afirmou, o seguimento de Jesus constitui a verdadeira essência da Igreja[144]. Isto significa, dito em outras palavras, que onde há autênticos seguidores de Jesus, existe verdadeira Igreja.

A Igreja autêntica, que tem sua origem em Jesus, e por isso mesmo no Evangelho, nasceu nos grupos de fiéis que fizeram seu aquele projeto de vida que consistia em seguir a Jesus. Portanto, não se trata do fato de que conhecendo a Jesus é possível compreender automaticamente o que é o seguimento, mas exatamente o inverso: só seguindo e através do seguimento é possível conhecer a Jesus e compreender o que Ele representa na teologia cristã. Por isso, ao falarmos dessa área da teologia chamada cristologia não estamos primordialmente insistindo em um saber, mas em uma práxis, isto é, em uma forma ou projeto de vida no qual descobrimos e conhecemos quem é Jesus. Daí por que, como já se afir-

---

142. Ibid., p. 29.

143. Ibid., p. 30.

144. LUZ, U. *El evangelio según san Mateo*. Op. cit. Vol. I, p. 247.

mou com precisão, "a práxis do seguimento pertence constitutivamente à cristologia"[145].

Neste sentido, sendo o próprio Jesus o chamado ao seguimento, e sendo o seguimento o elemento constitutivo fundamental da cristologia, fica mais fácil entender a razão pela qual, nos relatos dos evangelhos, quando Jesus chama alguém ao seguimento, tudo se reduz a um simples chamado sem explicações, sem tolerar condições. Tudo se reduz à concisa interpelação: "Segue-me" (*akoloúthe moi*). Interpelação que se repete surpreendentemente em diversos relatos dos quatro evangelhos (Mt 8,22; 9,9; 19,22; Mc 2,14; 10,21; Lc 5,27; 9,59; 18,22; Jo 1,43; 21,18.22). A resposta a esta interpelação deve ser sempre a mesma: abandonar tudo (família, casa, trabalho, riqueza, cargos, rendimentos, normas ou exigências religiosas...). As situações apresentadas por Mateus e Lucas (na chamada fonte *Q*; cf. Mt 8,18-22; Lc 9,57-62), isto é, abandonar a família e toda possível acomodação, no fundo nos diz que Jesus "fez em pedaços, de maneira soberana, as barreiras da piedade e da moral"[146]. O que não significa dizer que uma pessoa que segue a Jesus viva na imoralidade. Trata-se, ao contrário, de afirmar que quem leva a sério o Evangelho, cujo centro é o seguimento, não tem outra moralidade, ou "mais moralidade", ou deferente da moralidade de quem não segue a Jesus, mas o seguidor do Evangelho se sente no compromisso de viver como Jesus viveu, e o mais autenticamente possível.

Além disso, é de suma importância tomar consciência que, se o seguimento de Jesus for levado verdadeiramente a sério e às últimas consequências, isto implica colocar a segurança da própria vida somente em Jesus, ou seja, espelhar-se em sua forma de vida e buscar identificar-se maximamente com sua pessoa. Ter isto claro é fundamental e determinante, visto que frequentemente o seguimento de Jesus se camufla, se disfarça e se perverte. Como? Por quê? Simplesmente porque, na realidade, o que fazemos com muita frequência na Igreja, e em suas instituições, é trocar uma segurança por outra, e muitas vezes sem dar-nos conta. Abandonamos nossa família, nossa casa, nossa profissão, nossos bens... deixamos tudo isso para entrar numa instituição que nos impõe muitas renúncias, mas que nos dá um número maior de seguranças, se comparadas às que anteriormente tínhamos. O Sacramento da Ordem ou os votos religiosos podem dar-me – e dão – um *status* social e uma segurança econômica que talvez muita gente desejaria ter. O fato é que na Igreja tudo é

---

145. METZ, J.B. *La fe en la historia y en la sociedad*. Op. cit., p. 66.

146. HENGEL, M. *Seguimiento y carisma – La radicalidad de la llamada de Jesús*. Op. cit., p. 26.

organizado de tal forma que frequentemente o voto de pobreza dá mais segurança econômica que uma carreira universitária brilhante.

Não o esqueçamos jamais: a partir do momento em que a Igreja não se identifica com o Evangelho, o simples fato de identificar-se com ela não equivale a viver evangelicamente.

Por isso, para nós agora é mais fácil entender que o "jovem rico" (do Evangelho), ao dar-se conta de que, com toda seriedade, teria que distribuir tudo aos pobres e ficar sem nada, não conseguiu superar o abismo de insegurança em que se havia metido. A observância dos mandamentos da Lei de Deus preencheu e satisfez sua capacidade de religiosidade. Entretanto, a fiel observância da religião foi o empecilho que o impossibilitou de tornar-se cristão. Se os anseios e ambições do jovem rico se viam satisfeitos pela possessão do dinheiro (Mc 10,17-31; Mt 19,13-30; Lc 18,18-39), nele não sobrava mais espaço para Jesus e seu Evangelho. E foi por isso, e precisamente, que em outra ocasião Pedro pôde dizer a Jesus com toda firmeza, talvez carregada de orgulho, não obstante cheia de verdade: "Olha, nós abandonamos tudo e te seguimos" (*akolouthésamen soi*) (Mc 10,28). Efetivamente, aqueles homens haviam seguido a Jesus porque haviam abandonado tudo. Ali e naquele momento emergiu o problema mais profundo e de constante atualidade do cristianismo: o confronto direto com o sistema. Problema que no século V os seguidores de Pelágio souberam formular: "Nem o pobre nem o monge eram a viva advertência da consciência dos ricos, mas o próprio Cristo"[147].

Seguimento e anseio de justiça

Daquilo que acabamos de dizer se deduz que só pessoas livres são seguidoras de Jesus. Pessoas, portanto, que não se sentem sujeitas às amarras que as privam de liberdade nem têm uma liberdade limitada e condicionada. Entretanto, quando o sistema se encontra com tais pessoas, normalmente conflitos e violências são desencadeados contra aqueles que dizem e agem segundo o que pensam. É que se trata de pessoas que não se deixam subjugar, e muito menos seduzir, já que estamos falando de pessoas totalmente livres. Este é o significado e o conteúdo que se pode e se deve deduzir do verdadeiro seguidor de Jesus.

Isto explica também a razão pela qual Jesus não duvidou ao fazer o chamado mais forte e mais duro que existe nos evangelhos sobre o seguimento: "Se alguém quiser me seguir, renuncie a si mesmo, tome a sua cruz e me siga" (Mc 8,34; Mt 16,24; Lc 9,23). Infelizmente, com muita frequên-

---

147. BROWN, P. *Por el ojo de una aguja – La riqueza, la caída de Roma y la construcción del cristianismo en Occidente (350-550 d.C.).* Op. cit., 642.

cia, este texto fundamental foi lido, interpretado e explicado a partir dos critérios dominantes na Igreja: os da religiosidade e da espiritualidade. Se, por um lado, isto é perfeitamente compreensível, por outro, a partir do momento em que estas palavras de Jesus foram ou são lidas, interpretadas e explicadas por critérios hermenêuticos (ou de interpretação) que podem existir num convento ou numa paróquia, inevitavelmente elas são mutiladas, perdem sua força e se reduzem a conselhos de generosidade piedosa ou ascética, ou tentativas moralizadoras que não levam à parte alguma. Não seria digno de pena esbanjar tanta generosidade, como muitas vezes se esbanja em ambientes eclesiásticos e piedosos, para culminar em nada ou quase nada?

Tomemos a sério o conteúdo denso e forte do seguimento de Jesus, ainda que sua periculosidade nos assuste. Novamente lembramos as palavras de um bom estudioso do mundo imperial romano, o Prof. Warren Carter: "No mundo romano do século primeiro, ninguém imaginava a religião e a política separadas. Roma afirmava que seu Império era assim por mandato dos deuses. Os que eram considerados chefes religiosos com sede em Jerusalém, como os sumos sacerdotes e os escribas, eram na realidade os chefes políticos da Judeia e os aliados de Roma[148]. Esta mistura entre política e religião sempre deve estar presente no estudo dos evangelhos"[149].

Compreende-se assim a importância do chamado que Jesus fez quando, "dirigindo-se a todos" (Lc 9,23a), disse que quem quisesse segui-lo – ou seja, "estar com Jesus" – devia "carregar a própria cruz" (Lc 9,23b par.). O que é e em que consiste "carregar a própria cruz"?

Carregar a cruz

Para compreender o que significa carregar a cruz, a primeira coisa a ter presente é que o pior que podemos fazer com o Evangelho e o mais eficaz para marginalizá-lo de nossas vidas é reduzi-lo à vida privada, à intimidade secreta e ocultá-lo de nossos relacionamentos sociais. E não só isso. O Evangelho é totalmente marginalizado quando é colocado num templo, no sagrado, no piedoso, no religioso. Na Roma do Império não se crucificava alguém por ser "excessivamente" religioso. O que as multidões que ouviam Jesus na Galileia compreendiam é que "carregar a própria cruz" era um fato terrível, espantoso, humilhante e degradante. Por quê? Obviamente pela dor, pelo sofri-

---

148. JOSEFO, F. *Antig.*, 20.21.1.

149. CARTER, W. *El Imperio romano y el Nuevo Testamento*. Op. cit., p. 12.

mento e pela morte. Mas, acima de tudo, pela humilhação social que aquilo representava.

O que acabo de escrever não é uma arenga para leitores impressionáveis ou ingênuos. Não é isso. Trata-se de se inteirar, de uma vez por todas, de que a crucificação, da forma como Roma a praticava, era obviamente um meio de execução cruel[150], mas também uma forma de morrer que não podia ser aplicada aos cidadãos romanos[151]. Na cruz só podiam morrer os marginais sociopolíticos, como estrangeiros rebeldes[152], delinquentes que usavam da violência[153] e escravos[154]. Em uma palavra: pessoas que podiam colocar o sistema em perigo.

Daí por que "carregar a cruz" não era uma simples questão de delinquentes; era algo pior e mais ameaçador. O que o sistema mais temia – e teme – eram – e continuam sendo – os desestabilizadores. O sistema – todo sistema sociopolítico – fundamenta sua estabilidade no poder dos que mandam e na submissão dos que obedecem. Quando aparece alguém que responde aos anseios de justiça sofrida pelos subjugados, pelo fato de educar e cultivar a liberdade e a humanidade que resolve – ou, ao menos, alivia – o sofrimento da grande maioria da população, é justamente neste instante que o sistema se sente ameaçado. Isto, sem tirar nem pôr, é o que sentiu o sinédrio judeu nos tempos de Jesus, quando aqueles dirigentes religiosos viram que seria potencializar a vida que tinha – e continua tendo – o Evangelho (Jo 11,47-53), se não fosse aprisionado pela religião. Desta forma, ele ficaria reduzido a uma simples religião. O mesmo acontece quando a causa de Jesus se vê pervertida e invertida em religião, que passa então a agir como fator de legitimação social, como instrumento de controle; enfim, como instância de poder que, de fato, vem a ser uma traição à sua autêntica verdade, ao infinito anseio de justiça depositado e custodiado na causa de Jesus[155].

---

150. TÁCITO. *Ant.*, 15. 44. 4. • SÊNECA. *De ira*, 1. 2. • JOSEFO, F. *De Bell. Jud.* 7, p. 203. Cf. CARTER, W. *El Imperio romano y el Nuevo Testamento.* Op. cit., p. 498.

151. CÍCERO. *Pro Rabirio*, p. 9-17.

152. JOSEFO, F. *De Bell. Jud.* 2. 306. 308; 5, 449-453. • FÍLON. *In Flaccum.*, 72, 84. Cf. CARTER, W. *El Imperio romano y el Nuevo Testamento.* Op. cit., p. 498.

153. MARCIAL. *Sobre los espectáculos*, 9.

154. CÍCERO. *Verr.* 2. 5, 162. • JUVENAL. *Sát.* 6, p. 219-224. • TÁCITO. *Ant.* 13. 32. 1.

155. Cf. Juan José Sánchez, em sua excelente introdução à obra de Max Horkheimer: *Anhelo de justicia – Teoría crítica y religión*, Madri: Trotta, 2000, p. 21.

Renunciar a si mesmo

Este texto, porém, que é certificado pelo testemunho dos três evangelhos sinóticos, tem tamanha força que faz pensar em muito mais. A começar pela afirmação de Jesus a quem deseja segui-lo vida afora: o dever, acima de tudo, de rejeitar-se a si mesmo e desligar-se de si. É exatamente este o significado do verbo grego *aparnéomai*, usado nas fórmulas de juramento, e que expressava um fato categórico, ao menos na intenção de quem o enunciava, como foi o caso de Pedro quando, na Última Ceia, garantiu que jamais negaria a Jesus (Mt 26,35)[156].

Como um ser humano pode afirmar, com fórmula de juramento, que tomou esta decisão como projeto de vida? Simplesmente porque isto – sem mais nem menos – era "carregar a cruz" para poder seguir a Jesus. Sabemos, com efeito, que a cruz era uma imagem de vergonha, humilhação, dor e rejeição social, com a consequente marginalização e condenação à morte.

Aceitar e assumir o cristianismo como seguimento de Jesus, e não simplesmente como religião ou crença, é aceitar a existência vivida à margem, identificando-se com pessoas como os escravos, os estrangeiros, os fora da lei e os considerados malditos de Deus[157]. Não se trata, obviamente, de converter-se num destes apátridas, excluídos ou sujeitos perigosos. Trata-se de viver como próprios os problemas que estas pessoas têm que carregar, e resolver. Ou seja, tudo se concentra em remodelar nossa sensibilidade e nossas preocupações de forma que, nesta sociedade e nesta cultura que hoje temos, se encurtem as distâncias da desigualdade, da injustiça, das carências e sofrimentos que marcam grandes segmentos sociais deste mundo tão violento e bandido que juntos construímos.

Seguimento e mudança social

Que nada disso nos leve a pensar que se trata de uma simples linguagem atualizada para concluir dizendo o de sempre: que precisamos ser profundamente religiosos e pessoas mais espirituais. Nada disso! Tudo o que foi dito sobre o seguimento nos reafirma que o propalado seguimento de Jesus é a solução que o cristianismo pode aportar a este mundo tresloucado. E é a solução, não enquanto um programa econômico ou político, mas porque quem segue a Jesus, segundo o projeto e as exigên-

---

156. SCHENK, W. Das Praesens historicum. *NTS*, 22, 1975-1976, p. 464-475. Cf. SCHENK, W. In: BALZ; SCHNEIDER. *Diccionario exegético del NT*. Vol. I. Salamanca: Sígueme, 2005, p. 465-466.

157. CARTER, W. *El Imperio romano y el Nuevo Testamento*. Op. cit., p. 499.

cias apresentadas pelo Evangelho, muda radicalmente sua própria mentalidade, seus valores e, consequentemente, sua forma de vida. E, acima de tudo, quem segue a Jesus transforma por completo suas preocupações, seus interesses e os problemas pelos quais, se for necessário, dá sua própria vida. Quem faz tudo isso tem claro que o verdadeiro seguimento de Jesus exige tal atitude.

O já mencionado autor Warren Carter diz que Jesus oferecia um programa que desmantelaria o mundo caracterizado pela alta posição social dos poderosos e abastados dos tempos do Império[158]. Abandonar o próprio pai, a casa, a família, os bens, arrastava consigo, sem outra alternativa, um projeto de liberdade centrado na identificação com os que vão por este mundo carregando a cruz do desprezo, do ódio, do abandono, da solidão e, portanto, os "zé-ninguém" deste mundo. Ora, se alguém leva a sério o Evangelho e se compromete no seguimento de Jesus, esta decisão pode ser verificada na identificação com as necessidades, as carências e os interesses das pessoas maltratadas pelo sistema sociopolítico, tanto no Império dos tempos de Jesus quanto na atualidade. É evidente que em muitos aspectos nossa sociedade é totalmente diferente da sociedade do Império. Mas existe um tema capital que coincide em ambas as sociedades: antigamente 2 ou 3% da população concentrava a maior parte da riqueza do Império; mais de 90% da população, portanto, ou sua extragrande maioria, carecia de bens necessários à vida, e essas pessoas lutavam como podiam para manter a vida num nível de mera subsistência[159].

Ora, se o programa de seguimento fosse inserido em nossa sociedade, provavelmente fortalecendo e ampliando as classes médias, seguramente o mundo dos privilegiados e abastados se desmantelaria. E, certamente, com pessoas que estivessem dispostas a levar adiante esse projeto, inclusive dando a própria vida por essa causa, sem dúvida os direitos das pessoas, a convivência e, portanto, a situação de uma sociedade sobrecarregada de tanto sofrimento seria visto como "transformada" e voltada mais para as necessidades básicas de todos os cidadãos.

É sumamente urgente que a Igreja, seus dirigentes, e especialmente os teólogos, somados a outros cristãos, tomemos consciência do muito que está em jogo num tema concreto como este, que também é apresentado a nós como um problema teológico de primeira grandeza. As cartas de Paulo (e as Igrejas ou Assembleias que ele fundou em menos de dez anos) centraram a fé em Jesus Cristo. Por isso a cristologia, ao proclamar sim-

---

158. Ibid., p. 151.

159. Ibid., 149.

plesmente a morte e ressurreição de Jesus Cristo[160], acabou concentrando a atenção dos teólogos no problema da salvação do pecado, na justificação perante Deus e na conquista da vida eterna. Vinte anos mais tarde, depois do ano 70, os evangelhos, a começar por Marcos, introduziram na Igreja e em sua teologia uma mudança decisiva: a vida de Jesus de Nazaré como centro do Evangelho cristão. Com isso houve uma transformação radical na religiosidade, isto é, na natureza e na forma dos seres humanos relacionar-se com Deus, no modo de buscar a Deus e de manter a melhor relação possível com Ele.

Com isso chegamos a uma conclusão de consequências decisivas: a passagem da teologia de Paulo para a teologia dos evangelhos. Esta passagem foi e continua sendo a mudança e a transformação de nosso modo de entender e de viver a religiosidade. Trata-se de uma passagem que consiste fundamentalmente nisto: a teologia de Paulo centrou-se na fé em Jesus Cristo morto e ressuscitado, ao passo que a teologia dos evangelhos se concentrou mais na forma e no estilo de vida que Jesus de Nazaré viveu.

Destas duas teologias se deduzem duas formas de entender e de viver a religiosidade. A religiosidade que a teologia de Paulo necessariamente exige projeta seu centro de interesse para a "outra vida" (Paulo sempre traz *in mente* o Cristo que viu e experimentou no caminho de Damasco, o Ressuscitado), ao passo que a religiosidade que a teologia dos evangelhos necessariamente exige tem seu centro de interesse "nesta vida" (os evangelhos falam de Jesus Nazareno, que caminhava pelas aldeias da Galileia, o Jesus histórico). Obviamente, a teologia de Paulo não exclui a dos evangelhos, assim como a teologia dos evangelhos não exclui a de Paulo. O cristianismo, no fundo, inclui as duas teologias. E ambas se complementam. Também é evidente que destas duas teologias derivam duas cristologias, o que não é um problema meramente especulativo ou ideológico. Trata-se de duas formas de entender e de viver a cristologia e, consequentemente, de viver e de entender a religiosidade que, de uma forma ou de outra, incidem na totalidade da vida do cristão. A teologia de Paulo nos leva diretamente a uma teologia que não pode tornar-se vida se não for centrada na fé em Cristo. A teologia dos evangelhos nos leva necessariamente a uma teologia que não pode tornar-se vida se não for centrada no seguimento de Jesus. E as duas não são a mesma coisa. Isto o veremos a seguir.

A diferença prática consiste no fato que a teologia centrada na fé em Cristo (Paulo) reduz a religião a algumas crenças e práticas rituais e sagradas, ao passo que a teologia centrada no seguimento de Jesus (Evan-

---

160. AGUIRRE, R. *La memoria de Jesús y los cristianos*. Op. cit., p. 151.

gelho) entende a religião como uma forma de vida, um projeto que centra a vida e a maneira de viver na relação com Deus. Em última análise: numa ética. Ética sobre a qual, numa frase lapidar, Kant disse: "A práxis deve ser tal que não se possa pensar que não existe um além"[161]. Ou seja, se levarmos a sério que o centro do Evangelho é o seguimento de Jesus, então o centro do Evangelho reside numa práxis e não numa simples teoria aceita e assumida individualmente. O seguimento de Jesus consiste numa práxis tão radical e desconcertante que quem a vive se converte – por essa razão – numa pessoa que interpela. E, sobretudo, se constitui (sem pensá-lo nem pretendê-lo) numa pessoa que questiona e obriga a pensar. Quem se relaciona com essa pessoa não tem outra saída senão refletir sobre a existência de uma realidade última que nos transcende, um "além". É o inexplicável de uma vida assim vivida que obriga a pensar que deve existir o Transcendente, que nós cristãos denominamos Deus.

---

161. KANT, I. *Gesammelte Schriften* VII, p. 40, apud SÁNCHEZ, J.J. Introdução. In: HORKHEIMER, M. *Anhelo de justicia. Teoría crítica y religión*. Madri: Trotta, 2000, p. 39.

5
Fé e seguimento de Jesus

Fundamentalmente, o seguimento

Parece chocante e impressionante, como já acenei, que, quando os evangelhos se referem à relação de Jesus com os discípulos, o tema da fé não seja determinante nessa relação. O decisivo é o seguimento de Jesus.

De fato, quando os evangelhos sinóticos nos informam sobre o primeiro encontro dos discípulos com Jesus, eles não fazem nenhuma referência à fé daqueles homens, dentre os quais doze seriam designados por Jesus "apóstolos" (Lc 6,13)[162]. A nenhum deles – segundo os mencionados relatos – Jesus perguntou se tinha ou não tinha fé. Tampouco interessou-se em saber em quem acreditavam. E menos ainda se estavam firmes em suas crenças. O tema da fé esteve ausente naqueles primeiros encontros. Inclusive no Quarto Evangelho, quando João relata a primeira relação dos discípulos com Jesus, o que o evangelista destaca é que aqueles homens seguiram a Jesus (Jo 1,37.38.40). Concretamente, Jesus disse a Felipe: "Segue-me" (Jo 1,43).

Este era o mandato ou a exigência típica de Jesus, e representava o ponto de partida de sua relação com os discípulos. E é também o ponto-final de tudo quanto Jesus viveu e falou com aqueles homens denominados discípulos ou apóstolos. Com efeito, quando os relatos das aparições do Ressuscitado terminam, na última aparição nos deparamos com um diálogo com Pedro, que culmina com o mesmo mandato com que tudo começou: "Segue-me tu" (Jo 21,22). O seguimento de Jesus delimita, demarca e, sobretudo, define o que é e como deve ser vivida a relação dos discípulos com o Deus que nos foi revelado (e que nos deixa conhecê-lo) em Jesus.

---

162. Embora o termo "apóstolo" tenha sido introduzido no vocabulário cristão por Paulo, muitos anos antes, para justificar sua autoridade, e o use como cabeçalho em suas cartas, exceto em Filêmon e 1 e 2Tessalonicenses. Cf. BÜHNER, J.A. *Diccionario Exegético del Nuevo Testamento*, vol. I, 429ss. • HAHN, F. Der Apostolat im Urchristentum – Seiene Eigenart und seine Voraussetzungen. *KuD*, 20, 1974, p. 54-77.

O mandato do seguimento é o mesmo que inaugurou e marcou a relação de Jesus com os pescadores junto ao Lago da Galileia (Mc 1,18 par.), junto ao publicano Levi e os pecadores (Mc 2,14.15 par.), junto a desconhecidos aspirantes ao discipulado que pretendiam seguir a Jesus e fracassaram (Mt 8,18-22 par.), junto ao jovem rico (Mc 10,17-31 par.), em cujo relato fica evidente que para ter parte no projeto de Jesus, o Reino de Deus (Mc 1,15), não basta a integridade ética (aquele jovem cumpria a Lei de Deus, os mandamentos do Decálogo). Ou seja, para além disso, a exigência que define a relação de seguimento de Jesus só é possível quando o sujeito se liberta de todas as amarras, sobretudo aquela relativa ao dinheiro (a riqueza), que torna impossível a liberdade plena de quem aceita o Evangelho de Jesus com todas as suas consequências.

Entretanto, e aqui não resta margem de dúvida, o chamado ao seguimento mais universal e também o mais categórico de Jesus é o que consta nos três evangelhos sinóticos. Trata-se do chamado que completa o primeiro anúncio da Paixão, no qual Jesus propõe e apresenta a todo aquele que quer estar com Ele o seguinte: "E, dirigindo-se a todos, disse: 'Se alguém quiser vir após mim, renuncie a si mesmo, tome a sua cruz cada dia e me siga'" (Lc 9,23; Mc 8,34; Mt 16,24). Aqui já não se trata mais de um convite a escolhidos ou seletos, mas a todos. Quem quiser conformar sua vida com a de Jesus, levando a sério o Evangelho, só tem um caminho: renegar o mínimo necessário para que somente fique o essencial e o mais determinante na vida, isto é, o próprio seguimento. Explicarei mais adiante seu significado e suas exigências em nossa forma de vida e suas consequências em termos de futuro.

Fé e seguimento

Aqui é crucial lembrar que o seguimento de Jesus não nega a insubstituível importância da fé em Jesus e, definitivamente, a fé em Deus. Além do mais, "a fé que move montanhas" (Mt 17,20 par.; Lc 17,6; Mt 21,21 par.; Mc 11,23) é a expressão que nos leva a pensar que o crente em Jesus participa do poder ilimitado que imaginamos próprio de Deus. O contraste entre uma fé tão pequena ("como um grão de mostarda") e o efeito tão desproporcional e monumental que só pode ser próprio de Deus (do qual, segundo o pensamento religioso, procedem ou dependem as montanhas), faz-nos ver que semelhante fé, com a força que encerra, não tem sua razão de ser na condição humana ou em sua capacidade, mas é efeito da confiança ilimitada em Deus, que se faz presente em nós e revelado em Jesus[163].

---

163. BARTH, G. Pistis. *Diccionario Exegético del Nuevo Testamento*. Vol. II. Op. cit., p. 951.

Se esta confiança ilimitada em Jesus e os efeitos que ela produz mereceu a reprovação de Jesus, isto se explica no fato de que essa "fé-confiança" dependia (e continua dependendo) da resposta dos discípulos.

Não esqueçamos que, em última análise, a fé equivale a "confiar-se em" Jesus e, definitivamente, em Deus. Uma pessoa que não confia em Jesus, como poderia segui-lo?

Entretanto, por mais importante que seja a fé, o fato que decide a possibilidade ou a impossibilidade de ser discípulo de Jesus não é a solidez da fé em Deus, mas a integridade do seguimento de Jesus. Dito em outras palavras: a consequência provocativa em que desemboca a análise e a reflexão sobre a essência do Evangelho culmina nesta conclusão: para conhecer a Jesus e viver seu ensinamento e seu projeto de vida, o fato determinante não é a fé, mas o seguimento.

Que fique claro – caso se tenha sobre este tema outro ponto de vista – que a fé não tem nenhuma razão de excluir o seguimento, tampouco o seguimento exclui a fé. O que importa é colocar cada coisa em seu lugar. E o que interessa, tanto para a Igreja quanto para a teologia, é que os que querem ser fiéis ao Evangelho de Jesus precisam ter muito claro e fora de dúvida que a cristologia não é elaborada a partir da fé, mas a partir do seguimento de Jesus.

Este ponto de vista é capital, como o fez notar João Batista Metz: "A práxis do seguimento pertence constitutivamente à cristologia". Isto significa dizer que o conteúdo central e determinante da cristologia não se elabora, nem se organiza a partir das verdades da fé, mas a partir da práxis de quem se coloca no seguimento de Jesus, da vivência *com* e *como* Ele. O mesmo autor insiste neste ponto capital: "O saber cristológico não se constitui nem se transmite primariamente no conceito, mas nos relatos de seguimento; por isso também ele, da mesma forma que o discurso teológico dos cristãos em geral, tem um caráter narrativo-prático"[164].

Já falei que Jesus tolerou, como discípulos, homens que não tinham claro nem resolvido o problema da fé. Quanto ao seguimento, no entanto, Ele não admitiu condicionamento algum, nem mesmo quanto às acepções mais sagradas (como seria, para a mentalidade de então, a necessidade de enterrar o próprio pai ou ter uma casa, um trabalho, um lugar para passar a noite). Jesus, neste ponto, foi taxativo, pois viu nele uma questão intocável: dizer "segue-me" é o mesmo que dizer *liberta-te de tudo o que te amarra nesta vida, de tudo o que limita ou condiciona tua liberdade, de tudo o que te dá segurança à margem de tua relação comigo.*

---

164. METZ, J.B. *La fe en la historia y la sociedad*. Op. cit., p. 66-67.

João Batista Metz tem toda razão ao insistir que "o saber cristológico não se constitui nem se transmite primariamente" mediante ideias e conceitos, por mais exatos e ortodoxos que sejam. Metz sublinha esta convicção lançando mão de um texto forte e duro de Bonhoeffer: as fórmulas da verdadeira fé em Cristo são autênticas quando comportam verdadeira periculosidade. O perigo que atualiza a perigosa vida que levou Jesus à morte. Estamos lembrando uma mensagem que, quando os homens se dão conta dela, "se assustam e, não obstante, se submetem e obedecem à sua força"[165].

Isto parece óbvio. Basta perguntar como os discípulos conheceram a Jesus: teria sido lendo livros ou tratados de cristologia? Ouvindo conferências magistrais de teólogos especialistas neste complicado ramo do saber cristão? Esses discursos de saberes e teorias sobre Cristo de pouco serviriam para aqueles homens, assim como a ortodoxia de suas crenças não interessaram a Jesus. O mais importante era viver com Jesus e de acordo com seu projeto de vida. Foi somente assim que aprenderam e integraram em suas vidas a memória perigosa de Jesus. Memória da qual efetivamente "nos assustamos", a ponto de marginalizar o Evangelho. Isto porque intuímos, talvez sem dar-nos conta, que semelhante memória ou lembrança coloca em perigo a segurança de nossa vida e a da própria sociedade.

Cristologia e projeto de vida

De fato, a cristologia não é (e nem pode ser) um tratado teórico, visto que seu conteúdo central não é uma doutrina ou uma teoria. Ela tampouco pode consistir num conjunto de ideias, de especulações e saberes passíveis de serem exibidos em livros e tratados. O conteúdo central da cristologia tampouco pode ser uma biografia. Nem pretende sê-lo; nem pode sê-lo. Daí as contradições existentes em não poucos detalhes (alguns deles importantes), nos quatro grandes relatos evangélicos.

A cristologia se centra e se explica a partir de uma série de relatos que configuram o projeto de vida de um ser humano: Jesus de Nazaré. Projeto apresentado e explicado não mediante argumentos, teorias ou discursos racionais, mas numa série de fatos e gestos simbólicos que nos dizem o que queria e quer aquele homem chamado Jesus. Um homem que, sendo plenamente humano, foi e é também expressão, revelação e explicação de uma realidade que nos transcende, que não pertence à vida dos humanos.

---

165. Ibid., 210. Cf. BONHOEFFER, D. *Widerstand und Ergebung*. Munique, 1970, p. 328. Cito a edição alemã, que reproduz mais fielmente o texto original de Bonhoeffer.

Isto pelo fato que Jesus, tão radicalmente humano como foi, e como é, comporta em si mesmo o Transcendente.

Cristologia e originalidade do cristianismo

Segundo o que acabo de indicar, estamos tocando a originalidade própria do cristianismo. Como já foi dito, se Deus é fundamentalmente inacessível ao homem, se Ele foge a todo intento de conhecimento (e, por conseguinte, também de explicação), então, se quisermos que o ser humano o conheça, este deve abrir-se a Ele. Eis a razão pela qual só através da encarnação, de sua humanização, Deus se revela totalmente ao ser humano. Ou seja, a encarnação *é o próprio Deus explicando-se em um ser humano*. Desse modo, Jesus – em sua forma de viver – foi a exegese ou a explicação (*exegéomai*) de Deus, a quem "ninguém jamais viu" (Jo 1,18)[166]. Por isso Jesus pôde dizer a um de seus discípulos, depois da Última Ceia: "Felipe, quem me vê, vê o Pai" (Jo 14,9). Ver a Jesus era ver a Deus, pois Deus estava em Jesus. Assim – e não nisto –, é em um ser humano que Deus nos deixou conhecê-lo.

Só chegando a esta conclusão é que reunimos condições de compreender em que consiste a originalidade do cristianismo. Se tivermos presente e levarmos a sério que Deus não é uma "realidade humana", uma a mais, a mais sublinhe, solene, separada, infinita, superior, absoluta, ilimitada e eterna, que pertence ao âmbito do sagrado e, por isso mesmo, sua condição própria é o divino... o que significa toda essa terminologia? Na realidade trata-se de algo que muitos seres humanos religiosos ainda não se deram conta, tampouco se conscientizaram, isto é, não atinaram para o fato de que Deus não é a mais sublime das realidades ao nosso alcance, e que, por isso mesmo, poderíamos conhecer e explicar; nós, humanos, só podemos conhecer objetivando o que sabemos e dizemos. Nossos conhecimentos, portanto, são "objetos" mentais. Em nossa mente não cabem senão realidades objetivadas[167].

Deus, no entanto, não é um objeto de nossa mente. Nem o é, nem pode sê-lo. Isto porque Deus é Transcendente e, portanto, não está ao nosso alcance. Impossível conhecer a "Deus em si mesmo"[168]. O que está

---

166. ZUMSTEIN, J. *El evangelio según Juan*. Op. cit. Vol. I, p. 82-83.

167. Cf. RICOEUR, P. *De l'Interprétation – Essai sur Freud*. Paris: Seuil, 1966, p. 508-509.

168. Já foi explicado que "ser transcendente não significa ser 'infinitamente superior', mas simplesmente ser 'incomensurável' em relação a [...], ser de uma ordem distinta". NORDMANN, S. *Phénoménologie de la transendence*. Paris: D'écarts, 2012, p. 9-10.

ao nosso alcance é fazer-nos uma representação de Deus. Foi o que fizeram as religiões; todas elas. Neste sentido, Deus não é um elemento da religião. Toda religião é (e não pode ser senão) um meio de relacionar-se com Deus. Talvez o budismo tenha sido a única religião que compreendeu, desde suas origens, que Deus não está ao alcance de nosso conhecimento. E assim resolveu a questão inventando ou propondo uma "religião sem Deus"[169].

Entretanto, quando isto acontece, por defender um presumível pensamento unitário e monista e evitar assim qualquer possível paradigma dualista (coisa que atualmente parece tão em voga), os cristãos matutaram o indizível e propuseram um cristianismo sem Deus, por mais que se tente dissimular ou camuflar invocando a superação de qualquer possível dualismo mental. O Prof. Alfredo Fierro deu a resposta acertada: "Se se está tão disposto a abandonar qualquer imagem de Deus, que outra coisa senão um mito inconsciente pode obrigar a aferrar-se tão cegamente à idolatrada imagem de Cristo? Digamo-lo sem rodeios: a fé em Cristo sem Deus parece mais mítica do que a fé em Cristo com Deus; o cristianismo ateu, agnóstico ou ascético acerca da transcendência, manifesta traços muito mais mitológicos do que o cristianismo teísta, pois tira de Deus o pedestal do mito, para colocá-lo em Jesus"[170]. Ou acabam (os que pensam desta maneira) construindo em sua consciência uma tentativa de *Dharma*, do qual Buda disse que é "profundo e difícil de compreender, difícil de alcançar". Mas do qual podemos dizer que "sua iluminação é tranquilidade e silêncio, é excelente, transcende o campo da análise e das distinções; é sutil, é uma realidade que só pode ser conhecida pela sabedoria"[171].

Fé, religião e Evangelho

Já sublinhei neste livro que a experiência e o eixo central do Evangelho não é a fé, mas o seguimento de Jesus. Vale lembrar que nos evangelhos sinóticos fala-se da fé (*pistis*) 36 vezes. Quanto ao seguimento (*akolouthéo*), das 90 vezes encontradas no Novo Testamento, 73 delas falam em seguir a Jesus[172]. Somente em textos muito isolados nos evangelhos (Mc 9,38;

---

169. Sobre toda essa problemática, cf. a excelente exposição de ESTRADA, J.A. *Las muertes de Dios – Ateísmo y espiritualidad*. Madri: Trotta, 2018, p. 178-188.

170. FIERRO, A. *El crepúsculo y la perseverancia*. Salamanca: Sígueme, 1973, p. 96-97, apud ESTRADA, J.A. *Las muertes de Dios*. Op. cit., p. 196.

171. SUZUKY, K. El Buda histórico y el Buda eterno. *Teologías en entredicho*. Campo de Gibraltar: Uimp/GEU, 2011, p. 61.

172. SCHNEIDER, G. Akolouthéo. *Dic. Exeget. N.T.* Vol. I, p. 146.

14,13 par.; Lc 22,10; Mt 9,19; Jn 11,31; 20,6) o verbo *akolouthéo* não se refere a Jesus como pessoa e vida que devem ser seguidas. Tendo presente, aliás, que este verbo, no Novo Testamento, nunca aparece com o significado geral de aderir a, obedecer ou deixar-se guiar[173]. O seguimento a que Jesus convida tem um sentido e um alcance de totalidade. Ou seja, exige subordinar a vida inteira (incluída a relação com a família, a piedade, os costumes, os bens, a segurança total da vida...) a uma busca de libertação de qualquer amarra que possa impedir um encontro de identificação com aquilo que foi a pessoa e a vida vivida por Jesus[174]. Ou seja, o seguimento de Jesus é, em última análise, não o aprendizado de uma doutrina, mas a identificação com uma vida[175]. Insisto: *aqui* e *nisto* está o centro do Evangelho.

Esta centralidade do seguimento de Jesus pode ser mais bem compreendida se considerarmos que, no ensinamento dos evangelhos, a fé não é apenas mencionada menos vezes do que o seguimento, mas nesses relatos ela tem um significado que pode nos resultar surpreendente, tanto no que se refere ao substantivo *pistis* (fé) quanto no verbo *pisteúo* (crer).

Quando Jesus fala de fé Ele não se refere a crenças que aceitam doutrinas e leis, mas a comportamento de pessoas[176]. Sem dúvida, a fé, para o Jesus histórico, não é propriamente uma ortodoxia, mas exatamente uma conduta eticamente correta. Interpretação esta que coloca às claras a mentalidade de Jesus ao elogiar especialmente a fé de um comandante pagão que estava a serviço de Herodes na Galileia (Mt 8,10; Lc 7,9)[177], ao elogiar a fé de uma mulher cananeia, que obviamente era igualmente pagã (Mt 15,28), ao elogiar a fé do leproso samaritano que, diferentemente dos nove israelitas que foram ao templo, este "heterodoxo" da Samaria mostrou um comportamento humano de gratuidade por ter sido curado (Lc 17,19). É bastante significativo que, segundo o Evangelho, os samaritanos e os pagãos respondiam ao chamado de Jesus com maior fé do que os israelitas

---

173. LIDDELL-SCOTT, vol. II. • BAUER. *Wörterbuch*, p. 4. Cf. SCHNEIDER, G. Akolouthéo. Op. cit., p. 147.

174. HENGEL, M. *Seguimiento y carisma – La radicalidad de la llamada de Jesús*. Op. cit., p. 81-88.

175. LUZ, U. Nachfolge Jesu. Art. cit., p. 679.

176. LUZ, U. *El evangelio según san Mateo*. Op. cit., p. 36.

177. Sabemos com segurança que Herodes tinha, a seu serviço, tropas romanas. Cf. JOSEFO, F. *Antig.*, 18, p. 113s.

(Lc 14,16-24; At 13,46; 18,6; 28,25-28)[178]. Nestes relatos o Evangelho deixa claro que, para Jesus, o importante na vida não é a religião ou as crenças que cada pessoa tem, mas a conduta de bondade, de humanidade, de sensibilidade perante o sofrimento dos outros, de gratuidade diante de um favor recebido, enfim, é questão de honradez e honestidade. Eis o importante e o determinante na vida cristã.

Se analisarmos o tema da fé segundo o Evangelho, é imprescindível ter presente a abordagem que o Evangelho de João faz. Já sabemos que o Quarto Evangelho se refere ao tema da fé muito mais vezes do que os sinóticos (em 40 textos). Da mesma forma, em relação ao seguimento de Jesus, o Quarto Evangelho fala menos vezes do que os outros três (só 14 vezes). No entanto, neste caso, o simples dado estatístico não é o fator mais determinante. O importante é o surpreendente significado que o Evangelho de João atribui à fé em Jesus.

Nas bodas de Caná

Um texto eloquente sobre a fé está no final do relato das bodas de Caná. O relato termina dizendo que "este foi o início dos sinais de Jesus, em Caná da Galileia", onde "manifestou a sua glória e os discípulos creram nele" (Jo 2,11). O que efetivamente Jesus fez em Caná para que os discípulos acreditassem nele?

Se nos limitarmos a dizer que o que Jesus fez foi converter água em vinho (isso, e exclusivamente isso), na verdade não dizemos tudo o que aconteceu. Isto porque a água que Jesus converteu em vinho foi a que se utilizava para os ritos de purificação religiosa, da forma como estava organizado e disposto pelos fariseus[179]. A água enchia seis cubas de pedra, que continham uma quantidade que oscilava entre 500 e 700 litros[180]. A pedra e a quantidade de água ritual indicam, com todas as letras, o peso e a enormidade da religião a que aquela família tinha que se submeter, ao passo que o vinho abundante e excelente que Jesus lhes oferece simboliza o amor humano que preenche o anseio de felicidade (Ct 4,10; 5,1).

Ora, o sinal surpreendente de Jesus em Caná foi o de anular a pesada e enorme presença da religião e substituir semelhante enormidade e peso

---

178. BOVON, F. *El evangelio según san Lucas.* Vol. III. Salamanca: Sígueme, 2004, p. 194.

179. Cf. GALLING, K. *BRL.*, col. 321-322. • DEINES, R. *Jüdische Steingefässe und prarisäische Frömmigkeit* [WUNT II/5]. Tübingen, 1993. Cf. ZUMSTEIN, J. *El evangelio según Juan.* Vol. I, 121, n. 22.

180. BILLERBECK. Vol. II, p. 405-407. • BAUER. *Wörterbuch*, p. 45.

pelo júbilo, pela alegria e pelo sadio desfrute que o melhor vinho proporciona. E isto, exatamente isto, foi o *semeion*, o símbolo (Jo 2,11) que levou os discípulos a crer em Jesus. Portanto, se o Evangelho nos relata o projeto de Jesus, o que na realidade nos diz é que Jesus é encontrado não na submissão ao religioso, mas na alegria e na felicidade do ser humano.

Com a mulher samaritana

Segundo o Quarto Evangelho, Jesus entendeu e falou da fé de maneira a orientar as crenças não na direção da ortodoxia do sagrado, mas na direção da laicidade do que é profano, igualitário e comum a todos os seres humanos. Isto é o que fica evidente após o relato das bodas de Caná, quando o Evangelho de João volta a utilizar o verbo crer (*pisteuo*) na conversa que teve com a mulher samaritana. Jesus pede que ela creia nele (*písteue moi*) (Jo 4,21), isto é, que se fie nele, que confie naquilo que vai dizer. E o que Jesus lhe disse é que o tempo de adorar a Deus neste ou naquele templo acabou: seja o de Jerusalém (dos judeus), seja o do Monte Garizin (dos samaritanos). Jesus suprimiu o sagrado como espaço privilegiado para relacionar-se com Deus. Isso – segundo Jesus – acabou. Doravante Deus é encontrado na verdade, na retidão e na honestidade da própria pessoa[181].

Chegamos assim a uma conclusão decisiva: Jesus deslocou o ponto de encontro com Deus. Segundo o Evangelho, Deus já não está mais na ortodoxia do religioso, mas na honradez do humano. Isso obriga a perguntar-nos: Por que existe tanta gente mais respeitosa no templo do que na laicidade do encontro com qualquer ser humano, mesmo que seja um excluído, um preso, um estrangeiro, um pecador? (Cf. Mt 25,31-46.) É evidente que, na Igreja, marginalizamos o Evangelho. E, ao marginalizá--lo, também o colocamos à margem de nossas vidas e da sociedade.

O cego de nascença

A teologia da fé, em sua relação com a religião e com o Evangelho, tem um alcance muito mais profundo, que quase nunca levamos em conta e que, precisamente por isso, nos impede de compreender o significado e o alcance da fé em nossas vidas e na sociedade. Nos relatos da cura do cego de nascença (Jn 9) e da ressurreição de Lázaro (Jo 11), o Evangelho de João põe às claras a relação conflituosa entre religião e Evangelho. Isto nos leva a tomar consciência dos verdadeiros motivos que levaram tantos

---

181. ZUMSTEIN, J. *El evangelio según Juan*. Op. cit. Vol. I, p. 196.

cristãos e a própria Igreja a dar mais importância à religião e suas cerimônias do que ao Evangelho e suas exigências.

O detalhado episódio da cura do cego começa trazendo um dado interessante para a história da medicina. Jesus adverte os discípulos que a cegueira (e consequentemente qualquer outra enfermidade ou limitação corporal) não tem nada a ver com o pecado. Ou seja, não existe relação alguma entre a enfermidade e a boa ou má consciência que o enfermo tem perante Deus[182]. Isto significa dizer que Jesus secularizou a enfermidade e as limitações físicas. A religião não tem nada a ver com isso. Nem Deus castiga com doenças ou desgraças os pecadores.

O fato que centraliza todo o relato é a cura do cego. Jesus realizou esta cura em dia de sábado, isto é, mais uma vez fez o que era proibido pela religião, fato que motivou seu enfrentamento com os fariseus (Jo 9,14-15ss.). Mais uma vez a religião se confronta com o humano. E, a partir do momento em que acontece esse enfrentamento, o cego, recém-curado por Jesus, se vê e se sente só e abandonado na vida. Os vizinhos, os amigos, os pais, os irmãos, todos negligenciam aquele desamparado. É a força da religião. É a segurança que o sentir-se protegido pela observância religiosa oferece. Uma experiência que não passa de disfarce da covardia, a ponto de a dureza e desumanidade da observância religiosa culminar em desqualificação total. Os observantes religiosos o insultam, o humilham, e tudo terminou como costumam terminar os enfrentamentos fortes com a religião: "o colocaram para fora" (*exébalon autón éxo*) (Jo 9,34). Isto é, os observantes religiosos o expulsaram, o excomungaram[183].

E foi precisamente quando rompeu com a religião e a religião rompeu com ele que o cego curado por Jesus se prostrou diante de Jesus (utilizando o verbo *proskynéo*)[184] e fez sua afirmação fundamental de fé: "Creio, Senhor" (Jo 9,38). Se o Evangelho nos diz a verdade, então chegamos a uma conclusão grandiosa: a fé em Jesus e em seu Evangelho é possível e autêntica quando alguém se vê rejeitado e excomungado pela religião.

Desta forma fica mais fácil compreender a razão pela qual os homens da religião, sem ter consciência do que fazem, conseguem efetivamente marginalizar o Evangelho.

---

182. REIM, M. *Die Heilung des Blindegeborenen (Joh 9) – Tradition und Redaktion* [WUNT II/7]. Tübingen, 1995, p. 101-108.

183. Cf. ZUMSTEIN, J. *El evangelio según Juan*. Op. cit. Vol. I, p. 427.

184. Este verbo, na tradição dos LXX, designa normalmente a adoração do único Deus. Cf. GREEVEN, H. *ThWNT*, vol. VI, p. 764-765.

Quando dar vida é uma ameaça para a religião

Sem dúvida, o lugar em que o Evangelho de João aborda com mais força (e com mais graves consequências) a relação entre fé, religião e Evangelho é o relato de Lázaro, quando Jesus o faz voltar à vida. É o tema que perpassa integralmente o capítulo 11 do Quarto Evangelho. De fato, nesse capítulo fala-se oito vezes da fé (Jo 11,15.25.26.27.40.42.45.48). Um dado que nos indica a enorme importância que a fé tem nesse episódio. Mas não só a fé. Também a religião e o Evangelho são fatores determinantes nesse acontecimento.

Para compreender o que esse episódio nos quer ensinar é importante ter presente o momento e o lugar em que o Evangelho de João situa o acontecido. O fato ocorre em Betânia, muito próxima de Jerusalém; e às vésperas da paixão e da morte de Jesus. É importante lembrar estas circunstâncias porque são essenciais na compreensão do que aconteceu[185]. Basta lembrar que esse fato foi (como uma espécie de gota d'água) a origem do conflito decisivo e final que provocou a condenação à morte de Jesus decretada pelo sinédrio, reunido em regime de urgência. É possível dizer que, ao devolver a vida a Lázaro, Jesus apostou a própria vida. Isto porque é uma constante, no ensinamento e na atividade de Jesus, que onde e quando o Evangelho dá vida, ali e por essa razão a religião oficial a limita, a complica, a ameaça, chegando inclusive a destruí-la com a morte. É o que Jesus fez com Lázaro, e o que o sinédrio fez com Jesus. Vejamos como.

Os breves relatos dos evangelhos destacam de forma insistente que o que interessou e preocupou a Jesus foi sobretudo a defesa da vida, a plenitude da vida, a dignidade da vida, o desfrute da vida.

Por isso os relatos de curas, sobretudo nos casos em que Jesus devolve a vida a um defunto, o que menos importa é se o episódio aconteceu da forma como é relatado. O que interessa realmente nesses episódios não é sua historicidade, mas sua significação. E o significado constante é sempre o mesmo: para os homens da religião, o que vem por primeiro é a observância da religião, enquanto que para Jesus e o Evangelho o que vem em primeiro lugar é a vida, dar vida, remediar o sofrimento, curar a enfermidade e, se o problema já não é mais a enfermidade mas a morte, Jesus devolve a vida ao defunto, ainda que isto lhe custe o conflito mortal com os que, por defender a própria religião e o Templo, decidem matá-lo.

É exatamente isto que nos relata o capítulo 11 do Evangelho de João. Por isso se insiste tanto na fé nesse capítulo. É que a fé em Jesus, que é confiar e colocar nele toda a confiança, a segurança e a solução dos

---

185. MEIER, J.P. *Un judío marginal*. Op. cit., p. 914-917.

problemas (inclusive o problema insolúvel da morte), é uma ameaça tão grande para a religião que seus dirigentes se viram diante da disjunção de acabar com Jesus e seu Evangelho para não verem a si mesmos e a própria religião desaparecer[186].

Em suma: o decisivo nos evangelhos não é a verdade da história, mas o significado que cada relato tem para nosso projeto de vida, para nosso fiel seguimento de Jesus.

Por isso – já o afirmei – o Evangelho aqui insiste repetidamente na fé. O interesse principal de Jesus é que seus seguidores (discípulos) creiam (Jo 11,15): que tenham fé, isto é, que se fiem dele, que acreditem no tema da vida em toda a sua plenitude. Por isso Jesus não vai a Betânia quando as irmãs de Lázaro o chamam. Ele retarda tanto sua visita que chega a Betânia quando "já havia quatro dias que Lázaro estava no túmulo" (Jo 11,17). Por que este comportamento tão estranho de Jesus? Trata-se de algo intencionado e com uma finalidade concreta: deixar claro que a fé é fonte de vida, ainda que nos possa custar a própria vida.

Quando a vida (a forma de viver, o estilo de vida e a conduta em geral) daquele que transmite e contagia a fé representa um conflito para a religião e seus interesses, essa fé e essa religião não podem conviver. Este é o momento em que a vida do seguidor de Jesus e de seus seguidores representa uma ameaça à religião. Foi exatamente o que viram com clareza os membros do sinédrio que condenaram a Jesus, o sentenciaram e não sossegaram enquanto o procurador romano não o condenasse à morte. Ou seja, não se deram por satisfeitos enquanto não vissem Jesus terminando seus dias como um delinquente crucificado, morte vista pela sociedade como o ato mais horrível imputado a um indivíduo[187].

Quando uma pessoa ou uma instituição gozam de reconhecimento social e se dizem cristãs, necessariamente precisam perguntar-se seriamente se seguem ou não seguem a Jesus e ao seu Evangelho.

---

186. Para uma bibliografia recente sobre este episódio, cf. ZUMSTEIN, J. *El evangelio según Juan*. Op. cit. Vol. I, p. 494-495.

187. THEISSEN, G. *El movimiento de Jesús*. Op. cit., p. 53.

6
O seguimento de Jesus vivido e confundido

Um fato sociológico que já não teria mais atualidade?

Não sei por que em não poucos ambientes cristãos se difundiu (e foi aceita) a ideia segundo a qual o seguimento de Jesus deve ser entendido como um fato sociológico vivido pelo cristianismo primitivo e pelos diversos grupos de missionários itinerantes que, despojados de tudo (casa, trabalho, família, dinheiro etc.), pregaram a mensagem do Reino de Deus. Esta interpretação foi difundida sobretudo por Gerd Theissen em seus estudos sobre a sociologia do cristianismo primitivo e o movimento de Jesus[188]. No *urchristlichen Wanderradikalismus*, no radicalismo total (impossível?) do cristianismo primitivo, que teria sido vivido pelos discípulos de Jesus e inclusive pelo Apóstolo Paulo, ainda que Paulo fale em imitação (*Nachahmung*) (1Cor 11,1; 1Ts 1,6) e nunca em seguimento (*Nachfolge*)[189]. Por outro lado, o que é difícil de entender é que o mesmo G. Theissen, em seu excelente estudo sobre *O Jesus histórico*, qualifica o seguimento como autoestigmatização do discípulo de Jesus, ao mesmo tempo que o explica como uma participação nos poderes do próprio Jesus e como uma promessa de alcançar um lugar de honra em Israel[190].

Fé-religião, seguimento-conflito

Existe uma resposta inicial facilmente compreensível. A fé (em Deus, em Cristo...) se conecta tão diretamente com a religião e é em si mesma um ato religioso, ao passo que o seguimento é acompanhar as pegadas de um homem – e seu projeto de vida – que nunca foi visto par-

---

188. Ibid., p. 315-331, com bibliografia ampla e fundamental sobre este tema.

189. Cf. LUZ, U. Nachfolge Jesu. Art. cit., p. 682.

190. THEISSEN, G.; MERZ, A. *El Jesús histórico*. Salamanca: Sígueme, 2012, p. 245-246.

ticipando das celebrações e cerimônias do Templo, um tipo suspeito que os mais piedosos e observantes queriam matá-lo (Mc 3,1-6 par.; Jo 5,18; 7,1.19.20.25; 8,37.40; 11,53; 12,10). É evidente que seguir um indivíduo como este e identificar-se com seu projeto de vida devia ser (naquela sociedade) algo que provavelmente levaria diretamente a assumir e a carregar a cruz (Mc 8,34 par.).

Acrescente-se que Jesus teve enfrentamentos frequentes e duríssimos com os dirigentes da religião, tanto que foram eles que o condenaram à morte (Jo 11,47-53). E, além disso, para piorar a situação, Jesus andava com más companhias[191], era amigo de pecadores[192] e publicanos (Mc 2,15-17 par.; Lc 15,1-2). Tudo isto mostra que Jesus não era um homem da religião. Seu destino tampouco era um destino de glória ou sucesso. Nem podia ser um caminho de santidade que leva à glória dos altares. Convenhamos: "carregar a cruz", na sociedade em que Jesus foi educado e viveu, era aceitar a mais baixa condição que uma sociedade pode adjudicar: a de um delinquente executado[193]. A posição mais longínqua e inimaginável da fé religiosa.

Tolerância e exigência de Jesus

Ao que foi dito acrescente-se que Jesus tolerou, sem grandes problemas, aqueles homens (discípulos e apóstolos) que não confiavam plenamente nele: homens de pouca fé. O que Jesus não podia suportar era a covardia dos que não estão dispostos a seguir com Ele, Ele que esteve com todos, embora sua preferência tenha sido a de estar com os enfermos, com as crianças, com os pobres, com os samaritanos, com pessoas e grupos de má reputação. Isto supunha, naquela sociedade, renunciar de uma vez por todas às classes abastadas. Na sociedade do Império, na verdade, mal existia a classe média. Os próprios romanos reconheciam a separação

---

191. HOLL, A. *Jesus in schlechter Gesellschaft*. Viena, 2012. Este autor explica como, nos costumes e linguagem daquele tempo e daquela cultura, era possível falar da "criminalidade de Jesus" (p. 28-31). É atrevida e excessiva semelhante linguagem, mas ela oferece uma ideia do que provavelmente se penava e se dizia de Jesus em seu povo e em sua cultura.

192. É importante ter presente que os "pecadores" não eram as pobres pessoas do povo simples, mas "homens e mulheres que transgrediam ostensivamente os mandamentos de Deus" (BOVON, F. *El evangelio según san Lucas*. Vol. III. Salamanca: Sígueme, 2004, p. 33, n. 24). • VÖLKEL, M. Freund der Zöllner und Sünder. *ZNW*, 69, 1978, p. 1-10.

193. KNAPP, R.C. *Los olvidados de Roma – Prostitutas, forajidos, esclavos, gladiadores y gente corriente*. Op. cit., p. 12.

socioeconômica dos que formavam a parte da elite e os que não faziam parte dela ao denominar os extremamente ricos de *honestiores* (os mais honráveis) e o resto de pessoas livres de *humiliores* (seres inferiores), parcela que abarcava em torno de 99,5% da população[194]. Estes dados nos dizem que seguir a Jesus significava renunciar para sempre a aceder ao poder e à riqueza[195].

Na linguagem simbólica do Quarto Evangelho, o povo que seguia a Jesus (Jo 6,2) era na verdade o povo que viveu a dura experiência do deserto (Jo 6,49ss.) e que se libertou da escravidão e viveu a perigosa busca da liberdade. Nessas condições, Jesus se apresenta a si mesmo como "aquele que desce do céu" (Jo 6,33.41.50.51.58). E assim se faz pão que dá vida ao povo que busca na solidão, na escassez e na aridez do deserto a vida e a liberdade que nunca teve. Jesus dá vida "descendo" da glória do céu à insegurança do deserto, fazendo-se comida, alimento e vida para aqueles que, nesta vida, carecem de tudo.

Daí por que, suposto esse contexto, estudou-se minuciosamente a correspondência de Jo 6,67-71 com o texto de Mc 8,27-30, que é o texto mais original e mais forte sobre as exigências do seguimento, que supõe carregar a cruz[196]. Seguir a Jesus é descer de toda possível glória para identificar-se com os desclassificados e perdidos da história, até fazer-se pão e vida.

Por isso – e exatamente por isso – é que muitos de seus discípulos, ao ouvi-lo, disseram: "Estas palavras são duras! Quem pode escutá-las?" (Jo 6,60). E abandonaram o seguimento de Jesus. Então Jesus disse aos Doze: "Também vós quereis ir embora?" (Jo 6,67). Jesus nunca lhes disse algo semelhante nas vezes anteriores em que os viu inseguros na fé. Quando foi abordada a insegurança no seguimento, Jesus não teve senão uma proposta: se não está claro ainda, este é o caminho! Quem não quiser segui-lo pode abandonar-me.

Chave da cristologia

Pois bem, visto o que representa o seguimento de Jesus na proposta que o Evangelho nos faz sobre este tema capital, fica evidente o que é fazer uma cristologia. Assim como fica claro em que deve consistir essa cristologia ou projeto para conhecer a Jesus, o Cristo, na profundidade

---

194. Ibid., p. 12.

195. CARTER, W. *El Imperio romano y el Nuevo Testamento*. Op. cit., p. 14-15.

196. MACKAY, I.D. *John's Relationship with Mark – An Analysis of John 6 in the Ligth of Mark 6-8*. Tubinga, 2004.

de seu ser e naquilo que Ele nos quis revelar. A cristologia não pode ser construída limitando-nos ao chamado de fé dogmática ou confessional.

A fé proclamada e definida nos livros de teologia, nos catecismos, nos manuais de religião e até mesmo nos documentos do Magistério da Igreja não chega – e nem pode chegar – ao centro, à essência, ao próprio coração da cristologia. Não estou querendo dizer que o que as cristologias usuais nos ensinam não seja verdadeiro e necessário. O é! Mas igualmente afirmo que todo esse conjunto de doutrinas, teorias e afirmações de fé é insuficiente, e inclusive pode representar um perigo do qual mais adiante falarei.

Segurança e perigo da fé confessional

João Batista Metz, um dos teólogos mais criativos e profundos das décadas posteriores ao Concílio Vaticano II, o soube formular com singular força e acerto: "A fé dogmática ou a confessional é o compromisso com determinadas doutrinas que podem e devem ser entendidas como fórmulas rememorativas de uma reprimida e indomável, subversiva e perigosa memória da humanidade. O critério de seu genuíno caráter cristão é a periculosidade crítica e libertadora, e ao mesmo tempo redentora, com a qual é atualizada a mensagem rememorada, de sorte que os homens se assustem dela e, não obstante, sejam avassalados por sua força (D. Bonhoeffer). Mas não só isso. É necessário, ademais, reconhecer e aceitar o seguinte: as profissões de fé e os dogmas são fórmulas mortas, vazias, isto é, inadequadas para a mencionada tarefa de salvar a identidade e a tradição cristãs na lembrança coletiva, sobretudo quando os conteúdos que trazem à memória não colocam às claras sua periculosidade para a sociedade e para a Igreja; quando esta periculosidade se dilui sob o mecanismo da mediação institucional e quando, consequentemente, as fórmulas só servem para a autorreprodução de uma instituição eclesial autoritária que, como transmissora pública da *memória* cristã, já não enfrenta a perigosa exigência de tal memória"[197].

De fato, se realmente confiamos em Jesus e em sua forma de viver, isto teria que nos levar lógica e necessariamente a não nos preocuparmos – acima de tudo e não apenas e nem primordialmente – com o que Jesus foi ou é, mas com aquilo que Jesus fez, como viveu, o que mais o preocupou, por que e por quem se interessou, que valores ou que problemas determinaram sua conduta, suas relações com os homens e as mulheres, com os homens consagrados à religião e os leigos, com os governantes e os governados, com os ricos e os pobres, com os sábios e os

---

197. METZ, J.B. *La fe en la historia y la sociedad*. Op. cit., p. 210.

ignorantes, com os sadios e os enfermos, com os adultos e as crianças, com os cidadãos de seu país e os estrangeiros, com as pessoas exemplares e irrepreensíveis e com os desavergonhados dos quais as pessoas consideradas inatacáveis se afastam. Será que nossa fé em Jesus nos leva a viver de tal forma que tudo isto seja determinante em nossa vida?

Obviamente, precisamos fazer esta pergunta tendo presente o mais importante: Será que a resposta que dermos coloca em perigo nossa segurança, nossa respeitabilidade, e inclusive nossa dignidade? O que equivale a perguntar-se: Seguimos a Jesus de forma que nosso seguimento se torna uma ameaça à sociedade e à forma de vida que levamos? E, além disso, nos amedronta o seguimento de Jesus e seu projeto de viver conforme o Evangelho?

A fé religiosa estaria em perigo?

Certamente a dificuldade maior em responder com clareza e transparência às perguntas que acabamos de fazer reside na fé religiosa. A religião e seus dogmas, seus ritos e suas observâncias, suas normas e submissão às suas leis, consideradas sagradas, foram (e são) os pilares mais sólidos para a tranquilidade da consciência, da própria estima, da dignidade, da reputação e do reconhecimento social. Ao longo dos séculos, assim foi e foram sendo as coisas...

É bem verdade que, sobretudo desde o final da Segunda Guerra Mundial, a religião e suas práticas estão se deteriorando nas sociedades industrializadas, a ponto de um homem com a sinceridade e a clarividência de um Dietrich Bonhoeffer escrever, em abril de 1944: "Encaminhamo-nos para uma época totalmente arreligiosa. Os homens, tal como de fato são, simplesmente já não podem mais continuar sendo religiosos. Inclusive os que sinceramente se classificam como religiosos, efetivamente já não colocam mais isso em prática; obviamente, com a palavra religioso, eles se referem a algo muito diferente"[198].

No entanto, nas últimas décadas não foi possível dar totalmente razão ao categórico diagnóstico de Bonhoeffer. É fato que nas sociedades avançadas a religiosidade tem perdido força. Mas, por um lado, precisamos matizar distinguindo o que Bonhoeffer quis dizer e, por outro, entender o que realmente está acontecendo, se a situação for observada a partir de outro ponto de vista. E esta abordagem é fundamental.

---

198. BONHOEFFER, D. *Resistencia y sumisión – Cartas y apuntes desde el cautiverio.* Salamanca: Sígueme, p. 197.

Explico-me. Não há dúvida de que, nos países tecnologicamente mais avançados, a religião está em crise[199]. Neste tema candente é importante dar-se conta de que a crise afeta sobretudo as práticas religiosas e a respeitabilidade de seus dirigentes e de suas hierarquias. Mas, simultaneamente, enquanto a olhos vistos as crenças tradicionais e as organizações consolidadas vão perdendo seus fiéis, outro fato inegável nos é apresentado: aos poucos vão se intensificando e propagando as preocupações espirituais e os valores éticos relativos à justiça e aos direitos das pessoas[200].

A religiosidade está mudando

Se o que afirmamos acima é correto (e existem muitos indicadores que oferecem esta garantia), chegamos logicamente a uma conclusão de primeira grandeza: a religiosidade não está desaparecendo mas se transformando, ao passo que um deslocamento do sagrado ao ético está em curso. E, para concretizar mais esse deslocamento, o ético se valoriza cada dia menos pelas pressupostas relações de cada indivíduo com o divino, e cada dia mais pelas evidentes relações que todos temos com o humano. Ao mesmo tempo fica sempre mais evidente que à medida que regride a religiosidade tradicional (contrariamente ao que acontecia desde a Antiguidade), a justiça, mais do que a pureza, se converte em ponto cardeal da salvação, não importando qual tipo de salvação cada cidadão deseje, e pela qual lute, e se esforce para obter em sua vida[201].

Ora, outro incremento similar também nos é apresentado como fato surpreendente: nossa cultura e nossa sociedade estão retornando ao Evangelho, ou recuperando-o, sem inclusive ter consciência disso.

Não se trata aqui de uma ideia mirabolante, referida para simplesmente chamar a atenção. Tampouco é a primeira vez que, na história do cristianismo, algo semelhante acontece. O especialista em História das Religiões Frédéric Lénoir destacou – coberto de razão – que "a Inquisição foi abolida no século XVIII. Mas por quê? Teria sido pelo fato de a instituição (eclesiástica) ter tomado consciência de seu abominável comportamento, decidindo assim emendar-se? Não. O fez simplesmente porque já não dispunha mais dos meios exigidos por sua vontade de dominação; porque a separação entre Igreja e Estado (perfeitamente conforme à mensagem de Cristo) privou-a do 'braço secular' em que se apoiava para ti-

---

199. INGLEHART, R. *Modernización y posmodernización – El cambio cultural, económico y político en 48 sociedades*. Madri: CIS, 2000.

200. Ibid., p. 371-377.

201. DODDS, E.R. *Los griegos y lo irracional*. Op. cit., p. 150.

rar a vida dos hereges; porque os humanistas do Renascimento e os filósofos ilustrados haviam conseguido instaurar a liberdade de consciência como um direito fundamental de todo ser humano. Hoje estas ideias se impõem em todo o Ocidente, entre crentes e não crentes. Elas não foram implantadas através da Igreja, mas contra a Igreja, que lutou com todas as suas forças para conservar suas prerrogativas e poderes. O grande paradoxo, a ironia suprema da história, é que o surgimento moderno da laicidade, dos direitos humanos, da liberdade de consciência, enfim, tudo o que surgiu nos séculos XVI, XVII e XVIII contra a vontade dos clérigos, foi produzido através do recurso implícito e explícito à mensagem original dos evangelhos. Dito de outro modo: o que (segundo alguns) se denomina 'a filosofia de Cristo' e seus ensinamentos éticos mais fundamentais não chegaram aos homens pela porta da Igreja, mas pela janela do humanismo do Renascimento e do Iluminismo. Durante esses três séculos, enquanto a instituição eclesiástica crucificava o ensinamento de Cristo relativo à dignidade humana e à liberdade de consciência através da prática inquisitorial, Jesus ressuscitava em virtude dos humanismos"[202].

O conservadorismo marginalizou o Evangelho

É fato que a Igreja Católica Romana e boa parte dos cristãos, antiquados, apresentaram uma forte resistência às ideias e aos projetos do Iluminismo. Este é um tema tão conhecido quanto infeliz que, no tocante à cultura da Modernidade, deixou a Igreja defasada[203]. Defasagem que evidenciou consequências mais graves a longo prazo, sobretudo pelo fato de o Evangelho ter sido a tal ponto marginalizado na Igreja que muitos cristãos não se davam mais conta daquilo que Jesus realmente viveu, disse e fez.

Na realidade, se existe algo de evidente nos relatos evangélicos, é o fato que Jesus foi um homem profundamente (inclusive radicalmente) religioso. Sua relação contínua e constante, sobretudo com o Pai-Deus, e sua insistente e prolongada oração, nunca no Templo, mas sempre em lugares solitários e separados das pessoas, são o testemunho mais fidedigno da religiosidade de Jesus. Além disso, Jesus falou constantemente do Pai do Céu e do Reino dos Céus. Não deveria ser profundamente religioso

---

202. LÉNOIR, F. *El Cristo filósofo*. Barcelona: Planeta, 2009, p. 20-21.

203. Excelente estudo sobre esta questão está em CONGAR, Y. L'Ecclésiologie de la Révolution Française au Concile du Vatican, sous le signe de l'affirmation de l'autorité. In: NEDONCELLE, M. *L'Ecclésiologie au XIX siècle.* Paris: Cerf, 1960, p. 77-114.

um homem que falou como Jesus o fez e trabalhou sem cessar para que as pessoas fossem autenticamente religiosas?

Entretanto, tão certa quanto o que acabo de dizer sobre a radical religiosidade de Jesus é a constatação que ele não centrou essa religiosidade na repetição, com mais ou menos variantes, da religião ancestral presente desde a aparição do *Homo Sapiens*, o ser humano. Refiro-me à religião que os humanos praticaram desde há mais de 100 mil anos. Religião que se explica a partir do pensamento simbólico, que se embasa na capacidade simbólica do cérebro, código diferencial do ser humano[204].

Entretanto, não se imagine que, a partir do primeiro instante do fato religioso, a experiência vivida pelos seres humanos tenha sido uma incipiente relação com Deus. Disso não existe traço algum. Como já atinaram muito justamente os estudiosos deste assunto, "Deus é um produto tardio na história da religião"[205]. Provavelmente, quando os humanos começaram a pensar e a falar de Deus (ou dos deuses), a religião já tinha mais de 80 mil anos de vida. O mais provável é que esse fato tenha acontecido nos inícios do Mesolítico, há uns 10 mil anos, quando passou-se a descobrir vestígios de crenças no além e num ser supremo, que os mitos de gerações posteriores se encarregaram de ir descobrindo ou definindo[206].

Então: Quando é que a religião se fez presente neste mundo? O que foi por primeiro colocado em prática quando os humanos começaram a ser religiosos? Sabemos com certa segurança que a religião surgiu a partir do momento em que os humanos começaram a pôr em prática os "rituais religiosos"[207]. O que também podemos afirmar é que o sacrifício (de uma vida) é a forma mais antiga de ação religiosa[208]. E que, junto aos rituais de sacrifício, aparecem – desde a época Neandertal – os enterros de ossos, que os homens pré-históricos colocavam com sumo cuidado nas cavernas[209].

---

204. TEILLERY, J.C. *Antropología simbólica y neurociencia*. Barcelona: Anthropos, 2011, p. 190.

205. VAN DER LEEUW, G. *Phänomenologie der Religion* (1933), p. 87, apud BURKERT, W. *Homo Necans*. Barcelona: Acantilado, 2013, p. 125, n. 170. Aqui o autor lembra como esta posição provocou o protesto de Walter F. Otto (*Die Götter Briechenland [1929]*) e sua escola.

206. WUNN, I. *Las religiones en la Prehistoria*. Madri: Akal, 2012, p. 199-214.

207. BURKERT, W. *La creación de lo sagrado*. Op. cit., p. 223.

208. SCHMIDT, P.W. *Der Ursprung der Gottesidee*, VI, 1935, p. 444-454. Cf. BURKERT, W. *Homo Necans*. Op. Cit., p. 36, n. 50.

209. BÄCHLER, E. *Das Alpine Paläolitischikum der Schweitz* (1940). Cf. BURKERT, W. *Homo Necans*. Op. cit., p. 37, n. 51.

Em resumo: também deste ponto de vista a religião está vinculada (desde as suas mais remotas origens) a rituais relacionados com a morte.

E aqui reside o perigo que, para não poucas pessoas, a religião comporta. Pois, se efetivamente a religião orienta o interesse das pessoas para o problema da morte e centra nela – no fato inevitável da morte – o interesse dos humanos pela religião, obviamente esta religião orienta e coloca o centro da vida *no além*, fato que inevitavelmente desloca as preocupações das pessoas "desta vida" "para a "outra vida". É por essa razão que a religião pode tornar-se um tema perigoso, sobretudo quando centra as preocupações não em melhorar e humanizar esta vida, mas em desejar e fazer todo o esforço possível em vista da "outra vida". Ou seja, quando centra seus esforços numa vida esperada e presumida, mas que se resume numa promessa da qual nada sabemos (nem podemos saber) com certeza, ao passo que ao nosso redor, nesta vida, milhões de pessoas sofrem e aguardam muito mais do que é humanamente possível.

7
Evangelho, religião e tristeza

Quando a religião se antepõe à vida

Este fato – o fato religioso configurado a partir de rituais sagrados e relatos míticos – estava presente no povo, na cultura e na pátria de Jesus. Povo, por outro lado, profundamente religioso; povo, por conseguinte, que, com sua religião (templo, sinagoga, sacerdotes, leis, cerimônias...), estava educado a antepor os rituais religiosos, vinculados ao sagrado, à vida humana, sempre relacionada ao profano (laico). E Jesus – se nos ativermos aos relatos dos evangelhos – advertiu perfeitamente para o perigo que este modelo de religião comportava.

Vale lembrar que, em última instância, para uma pessoa fiel ao modelo religioso tradicional, o divino é mais importante e sobrepõe-se ao humano. Ocorre que – como bem o sabemos – entre o divino e o humano reside o religioso: o divino pertencendo à esfera da transcendência e o religioso ao âmbito da imanência. A religião, no entanto, não se resume a um conjunto de crenças. Além das crenças ela tem todo um sistema de práticas, normas, observâncias, convicções, costumes, promessas e ameaças... tudo regulamentado e dirigido por um poder hierárquico (bispos, sacerdotes, pastores de almas, rabinos, xamãs e tantos outros cargos) que, com poderes presumidamente sobrenaturais, exigem obediência e submissão e inclusive obrigando os humanos a submeter o mais íntimo de suas consciências.

Um sistema de hierarquias

Por isso a religião – toda religião, de uma forma ou de outra – é um sistema hierárquico ou, se quiser, um sistema de estratos sociais que implica dependência, submissões, subordinação a superiores invisíveis[210]. Tinha razão Maquiavel ao escrever: "Os príncipes e os estados que queiram manter-se incorruptos devem sobretudo manter incorruptas as ceri-

---

210. Cf. BURKERT, W. *La creación de lo sagrado*. Op. cit., p. 146.

mônias de sua religião, e ter sempre a religião em grande veneração, pois não existe maior indício da ruína de uma província do que ver nela se depreciando o culto divino[211].

Ocorre que a religião, sem se dar conta do que faz, se constitui em eficaz elemento protetor e colaborador da segurança e da estabilidade do sistema. Isto significa dizer que a religião produz um efeito sociopolítico que fortalece a consistência do sistema estabelecido, já que mantém as pessoas submissas e pacientes, aguentando o que os governantes lhe impõem. E essa mesma religião, como compensação, recebe a recompensa de não poucos benefícios e privilégios legais, econômicos, jurídicos etc. Ou seja, a religião cumpre assim um papel exatamente oposto ao que Jesus de Nazaré desempenhou em seu tempo. Não resta dúvida de que o sistema religioso-político do judaísmo se sentiu seriamente ameaçado pela bondade e pela consequente atividade de Jesus, que concentrou sua ação em dar saúde e vida aos que sofriam e inclusive morriam na Palestina do primeiro século. Isto é o que viram com clareza os dirigentes de Israel ao tomarem consciência dos efeitos que a atividade de Jesus produzia no tocante à defesa e à promoção da vida (Jo 11,47-53).

Por esta razão compreende-se que, desde a Antiguidade, a aliança entre a religião e o poder estabelecido é abertamente proclamada em todas as culturas nas quais se encontram vestígios da presença de alguma religião organizada. Esta questão foi amplamente analisada e documentada, de Políbio a Aristóteles. Ela também foi documentada por não poucos textos emprestados da Bíblia. Nas palavras de Assurbanipal: "Deus é para o governante o que o governante é para seus súditos"[212]. Em outro contexto e em outro momento, na Roma de Augusto, Horácio deu à grande capital do mundo antigo a mensagem que lhe correspondia: "Por te manteres subordinada aos deuses governas o Império" (*dis te minorem quod geris imperas*)[213].

Este processo de submissão ao fato religioso para alcançar a melhor relação possível com Deus produziu um resultado inesperado e contraditório: ao invés de encontrar Deus, o que realmente encontrou-se foi exatamente o que Jesus havia explicado e apresentado como o maior inimigo de Deus. Dito de forma mais clara: a exaltação e a fidelidade à religião

---

211. MAQUIAVELO, N. *Discursos sobre la primera década de Tito Livio*, II. Madri: Alianza, 2003, 71.

212. STRECK, M. *Assurbanipal und die letzen assyrischen Könige bis zum Untergang Niniveh's*. I-III. Leipzig, 1916, 300ss. Cf. BURKERT, W. *La creación de lo sagrado*. Op. cit., p. 174.

213. *Odas*, 3, 6, 5. Cf. BURKERT, W. *La creación de lo sagrado*, p. 176.

levaram a Igreja diretamente à exaltação e a fidelidade à riqueza, ao dinheiro, ao inimigo capital de Deus, caso o Evangelho tenha razão. Efetivamente sabemos que Jesus disse: "Não podeis servir a dois senhores... Não podeis servir a Deus e ao dinheiro" (Mt 6,24). A Igreja montou um imponente sistema religioso sem dar-se conta de que isso era (e continua sendo) um grande muro que separa a religião do Evangelho.

Religião e riqueza

De fato, quase tudo o que implica a religião (templos, pessoas sagradas, liturgias, cargos hierárquicos com suas reconhecidas vantagens, mosteiros e conventos...) necessita e movimenta dinheiro, e frequentemente muito dinheiro. Além disso, toda organização e gestão de uma religião exige dos poderes públicos, de muitas formas e com frequência, determinados privilégios aos quais os simples cidadãos não têm acesso. A relação entre religião e capital, ou, se preferirmos, entre religião e riqueza, é um fato inquestionável. Isto já se tornou evidente na história do cristianismo, quando a Igreja, sobretudo a partir do século III, se organizou e foi gerenciada pelo clero como grupo de homens consagrados e privilegiados.

Como resultado da conversão de Constantino em 312, as Igrejas cristãs do Ocidente conquistaram privilégios, embora não riquezas ainda[214]. Os ricos só começaram a entrar na Igreja em número sempre crescente a partir do último quarto do século IV, muitas vezes para exercer funções de liderança na qualidade de bispos e escritores cristãos. Mais do que a conversão de Constantino em 312, o que marcou o ponto de inflexão na cristianização da Europa foi a entrada nas Igrejas de riquezas e talentos novos, aproximativamente a partir do ano 370. Desde então, como membros de uma religião à qual se haviam somado os ricos e os poderosos, os cristãos puderam começar a pensar o impensável: a possibilidade de uma sociedade completamente cristã[215].

Compreende-se esta situação quando se considera que foi naqueles séculos – entre o ocaso do século IV e a aurora do século VI – que a Igreja implantou os fundamentos básicos de uma sociedade cristã. Sim, a Europa foi efetivamente religiosa, mas à base de alianças com os ricos e os poderosos e, por essa mesma razão, a partir dos interesses desses mesmos grupos de privilegiados. Dessa base emergiu uma Europa cristã, mas também capitalista e burguesa.

---

214. BROWN, P. *Por el ojo de una aguja – La riqueza, la caída de Roma y la construcción del cristianismo en Occidente (350-550 d.C.)*. Op. cit., p. 1.034.

215. Ibid.

No final do Império, a inesperada ruína das grandes fortunas leigas ao longo do século V fez com que, pela primeira vez, os bispos cristãos se convertessem em principais donos de terras, além de muitas Igrejas aumentarem rapidamente suas riquezas por herdarem as fortunas da aristocracia secular e leiga[216]. Assim, de meados do século V em diante, a quantidade de defensores eclesiásticos (advogados especializados na defesa dos interesses da Igreja) foi aumentando consideravelmente. Na época do Papa Gelásio (492-496), os defensores da Igreja eram tratados como se fossem membros do clero[217].

A conclusão importante que se deduz das numerosas investigações feitas sobre o rápido enriquecimento da Igreja na Alta Idade Média será apresentada logo abaixo.

A religião no lugar do Evangelho

Insistiremos agora num ponto sobre o qual anteriormente apenas fizemos rápida menção: a centralidade social da religião marginalizou o Evangelho. Por que isto aconteceu? Como foi possível tornar o Evangelho presente numa sociedade na qual os ricos e os poderosos se fizeram donos e senhores da Igreja? Poderia o Evangelho de Jesus estar no centro de uma sociedade dessas?

Este ideal de sociedade e de Igreja é evidenciado no ocaso do século V pelo Papa Gelásio em sua famosa carta do ano 494, endereçada ao Imperador Anastácio. Nela o papa diz: "Os dois princípios que regem este mundo são: a autoridade sagrada dos pontífices e a potestade real" (*Duo quippe sunt, Imperator Auguste, quibus principaliter mundus hic regitur: auctoritas sacrata pontificum et regalis potestas*)[218]. No fundo, o que Gelásio dizia era que, para garantir a salvação, os reis teriam que submeter-se aos sacerdotes[219].

---

216. PIETRI, C. Evergétisme et richesses ecclésiastiques dans l'Italie du IV à la fin du V siècle: L'exemple romain. *Christiana Respublica*, vol. II, p. 813-833. • SIMMONOT, P. *Les papes, l'église et l'argent – Histoire économique du christianisme des origines à nos jours.* 12. ed. Paris: Bayard, p. 161-166.

217. SOTINEL, C. Le Personnel épiscopal: Enquête sur la puissance de l'vêque dans la cité. In: REBILLAR, E.; SOTINEL, C. (ed.). *L'évêque dans la cité du IV au V siècle – Image et autorité.* Roma: École Française de Rome, 1998, p. 110-112.

218. Carta *Famuli*, c. 2 (Jaffé 632). • THIEL. *Epist. Roman. Pontif... a S. Hilario usque ad Pelagium II.* Braumberg, 1868, p. 350-351. • PL 59, p. 42-43. Cf. CONGAR, Y. *L'Église de saint Augustin à l'époque moderne.* Paris: Cerf, 1970, p. 31-32.

219. Ibid., p. 32.

Como é sabido, esta mentalidade eclesiástica se acentuou (se isso é possível) durante a época carolíngia, caracterizada pela simbiose entre Igreja e sociedade temporal, de forma que a sociedade se identificava (ou conformava) com as normas e finalidades da Igreja, da mesma forma que a Igreja foi paulatinamente se identificando com o modo de vida próprio à sociedade medieval. Com razão, referindo a esse tempo, descreveu-se a Igreja como "Sociedade cristã", ou "Cristandade". A bibliografia sobre esse fenômeno e essa época histórica é praticamente ilimitada[220], já que se trata do tempo que marcou com mais força a identificação efetiva da Igreja com a sociedade europeia. Dos grandes senhores feudais aos desamparados e desmilinguidos escravos, este amálgama de pessoas diferentes e estranhas amalgamadas pela religião e por suas práticas sagradas foi conformando suas vidas e a de suas comunidades a essa lógica, acreditando representar assim a presença do Evangelho neste mundo. Poderia haver coisa mais estranha e contradição tão evidente?

Clero e povo mutuamente distanciados

Daí o distanciamento que se produziu, naqueles anos precisamente, entre o povo e o clero, sobretudo por ocasião das celebrações litúrgicas. Naquela época (séculos VIII e IX), os fiéis já não compreendiam mais o latim da missa, e consequentemente não compreendiam o próprio Evangelho. A partir dos últimos anos do século VIII, o Cânon da missa era recitado pelo sacerdote em voz baixa, e dessa forma o povo não conseguia ouvir o que era somente audível e compreensível ao próprio sacerdote. Costume que se manteve vivo até o século XX. Além disso, desde o longínquo século IX, o sacerdote celebrava a missa de costas para o povo, os fiéis já não levavam mais as oferendas ao altar, e foram se multiplicando as missas individuais (recitadas pelos sacerdotes sem assistência de fiéis), sobretudo nos mosteiros. Por outro lado, o aumento dos clérigos foi tamanho que afetou inclusive a palavra *ecclesia*. Foi a partir dessa época que começaram a emergir listas de testemunhos identificando a Igreja com o clero[221]. Aliás, clero este, desde o século IV, cercado de honras e vantagens mormente representadas pelo *pallium*, pela *estola* e pelo calça-

---

220. Assim sublinhou Y. Congar. Cf. ibid., p. 151ss., com ampla e seleta bibliografia.

221. As investigações de Congar oferecem numerosos e eloquentes exemplos neste sentido: *Ecclesia quae in sacerdotibus maxime constat* (*Capitula*, PL 119, 432 C). Ou, igualmente: *Quia ecclesia nihil aliud est nisi populus fidelis, sed praecipue clerus censetur hoc nomine* (JUAN VIII. *Epist. 5: Inter dúbia;* MGH *Epist.* VII, p. 332). Cf. CONGAR, Y. *L'Église de saint Augustin à l'époque moderne*. Op. cit., p. 57, n. 9.

do, símbolos dos altos funcionários, favor habitualmente concedido aos poderes políticos[222].

Assim, pois, identificada com a estrutura econômica, social, jurídica e política da Europa, fica mais fácil compreender a transmissão pela Igreja de uma forma de religião praticada em quase todo o continente. Vale lembrar, no entanto, que, com essa forma de transmissão, também se pretendia transmitir o Evangelho de Jesus. Em tais circunstâncias, porém, seria realmente possível transmitir o que Jesus viveu e a forma de vida que viveu? Dito de outra forma: Seria possível transmitir o Evangelho numa sociedade na qual em sua grande maioria, em seu tecido social e em tantos aspectos e dimensões fundamentais da vida, vivia-se de costas para o Evangelho?

Na Europa cristã nasceram o capitalismo e a burguesia

É um fato incontestável que precisamente na Europa nasceram dois movimentos que marcaram de forma decisiva a Modernidade: o Iluminismo e os Direitos Humanos. Duas noções intimamente relacionadas entre si e vinculadas a convicções básicas do cristianismo[223].

Entretanto, para advertir a profundidade da contradição cristã em que vive a Europa, basta lembrar que foi precisamente nesse continente, onde nasceram o Iluminismo e os Direitos Humanos, que também surgiram o capitalismo e a burguesia. Dois grandes fenômenos culturais, sociais e políticos que o mundo globalizado em que vivemos está suportando à custa de enormes sofrimentos, desigualdades e humilhações para a sociedade em geral. Como se explica que no continente e na cultura em que por mais séculos perdurou o cristianismo, no continente a partir do qual o mesmo cristianismo foi exportado para o resto do mundo e onde reside o centro institucional do cristianismo e da Igreja tenha vindo à luz também o capitalismo e a burguesia, duas realidades às antípodas do Evangelho?

---

222. KLAUSER, T. *Der Ursprung der bischöflichen Insignien und Ehrenrechte.* Bonn, 1948, p. 18ss. • SALMON, D.P. *Histoire et Liturgie.* Roma, 1955, p. 24. Cf. CONGAR, Y. *Por una Iglesia servidora y pobre.* Op. cit., p. 96-100.

223. Para uma ideia básica sobre este tema, remeto ao estudo de Georg Jellinek (*La Declaración de los Derechos del Hombre y del Ciudadano.* Granada: Colmares, 2009), com o *Estudio introductorio*, do Prof. José Luis Monereo Pérez. Pode ajudar em algumas ideias o livro de J.M. Catillo: *La Iglesia y los derechos humanos.* Bilbao: Desclée, 2007.

1 Capitalismo

De fato, sabemos que o capitalismo nasceu na Europa. Tem razão Werner Sombart quando escreve: "Seja qual for a origem do espontâneo desenvolvimento do racionalismo econômico, o que está fora de dúvida é que ele encontrou um forte apoio nas doutrinas da Igreja, cujas aspirações quanto ao conjunto da vida coincidiam com a função que o espírito capitalista teria que desempenhar na vida econômica"[224].

Além disso, o próprio Sombart chega a dizer: "Estou convencido de que as teorias dos escolásticos acerca da riqueza e do lucro (sobretudo, como é natural, dos escolásticos da Baixa Idade Média), e em especial suas opiniões acerca da legitimidade ou ilegitimidade moral da cobrança de juros, não apenas não imaginaram essas realidades como obstáculos ao desenvolvimento do espírito capitalista, mas contribuíram para fortalecer e fomentar esse espírito"[225]. Das ideias duvidosas de Santo Tomás de Aquino[226] a autores como Antonino de Florença e Bernardino de Siena houve um passo decisivo: o dinheiro como "crédito" permanece estéril, mas, enquanto "capital", tornou-se altamente produtivo[227].

O pensamento e a lógica do discurso dos "economistas-filósofos" do último medievo, enquanto pura especulação escolástica, eram impecáveis. Entretanto, não há dúvidas de que aqueles homens não pensaram nas consequências que se seguiriam de suas elucubrações tão especulativas quanto afastadas dos efeitos e do modelo de sociedade e de vida que tudo aquilo iria produzir. Com certeza o capital é produtivo. Mas para quem? Obviamente, para quem o possui. Marx e Engels nos fizeram igualmente ver que "a sociedade, até aqui, veio se desenvolvendo sempre dentro de um antagonismo, que entre os antigos se dava entre escravos e livres, na Idade Média entre nobreza e serviçais, e nos tempos modernos entre burgueses e proletários"[228].

O mais preocupante, neste momento, é que, com o passar do tempo, a distância entre o capitalismo e o "pauperismo" assumiu tamanha dimensão que impressiona, assusta e constitui-se em constante ameaça. Reassumo novamente de Marx e Engels uma formulação que é de tirar o fôlego: "O pauperismo moderno assumiu um caráter político; enquanto

---

224. SOMBART, W. *El burgués – Contribución a la historia espiritual del hombre económico moderno*. Madri: Alianza, 1977, p. 247-248.

225. Ibid., p. 252.

226. *S. Th.* II-II, q, 78, a. 2.t

227. BERNARDINO DE SIENA. *Sermo XXXIV*, cap. III.

228. MARX, K.; ENGELS, F. *La ideología alemana*. Madri: Akal, 2014, p. 383.

o velho mendigo suportava sua sorte com resignação, vendo nela uma provação divina, o maltrapilho moderno se pergunta se é obrigado a andar miseravelmente pela vida porque o azar o atraiu para o mundo dos esfarrapados"[229]. Isto não é uma teoria. É um fato. E um fato, sobretudo, que está na origem das guerras que várias vezes assolaram a Europa. Orgulho dos capitalistas e desespero dos maltrapilhos: eis dois fatos brutais causadores de conflitos tão terríveis, como é o caso das duas guerras mundiais que a "Europa cristã" causou e suportou no século XX. E hoje, muitos de nós que fomos obrigados a viver e a suportar os horrores da Segunda Guerra Mundial, ainda nos obrigam a ouvir profetas de maus agouros anunciando a proximidade possível de uma terceira. Seja como for, as crises econômicas que de tempos em tempos nos oprimem, sem dúvida são condicionadas e determinadas por obscuros interesses do sistema econômico (o capitalismo) que nos foi imposto. Como poderia ser cristão um continente que desencadeou tanta violência e tanta barbárie? Isto só é possível numa Europa que inventou um cristianismo despojado do Evangelho. Que sentido ou razão de ser teria tudo isso?

2 Burguesia

E se ao invés do capitalismo nos fixarmos na burguesia, nos encontrarmos de novo com a Igreja – no sentido e alcance de uma instituição que promoveu este fato social e cultural.

Para uma documentação básica relativa a este tema é indispensável o excelente estudo que, há quase um século, publicou Bernhard Groethuysen sobre "A formação da consciência burguesa". Isto aconteceu sobretudo na França ao longo do século XVIII. Vale lembrar que os principais educadores da burguesia foram justamente os teólogos[230].

Como exemplo desta mentalidade, basta mencionar alguns dos abundantes textos do grande pregador Bourdaloue: "A vontade de Deus é que na sociedade humana haja diferenças de classe". Conclusão a que este importante orador religioso chegou depois de ter feito a seguinte reflexão: "Quando Deus criou o mundo, e foi sua vontade que nele se formasse uma sociedade de seres humanos que deviam conviver e destiná-los a manter um comércio recíproco, achou conveniente, em sua onisciência, que forçosamente nos leva à mais alta admiração, que houvesse diversas classes, e atribuir a cada uma delas determinadas funções e deveres. Em

---

229. Ibid., p. 187.

230. GROETHUYSEN, B. *La formación de la conciencia burguesa en Francia durante el siglo XVIII*. México/Madri/Buenos Aires: Fondo de Cultura Económica, 1943, p. 269-303.

razão do decreto da Providência Divina alguns são colocados nos postos mais altos, ao passo que os demais estão subordinados a estes primeiros, havendo situações cheias de brilho e glória e outras de grau inferior. Porém todas têm por regra a divina sabedoria"[231].

Em última análise, o espírito da mentalidade burguesa não fazia outra coisa senão justificar como algo querido por Deus a diferença entre ricos e pobres, poderosos e fracos. Isto é o que também argumentava, em seus sermões, o grande pregador da burguesia, o jansenista Nicole. Para este famoso especialista em sermões que recreavam os burgueses de um tempo: "O pobre é a figura de Cristo; por toda a sua existência é um símbolo do cristianismo católico. Mas esta dignidade lhe é, por assim dizer, apresentada sem que a tenha adquirido por si mesma; é por todo o seu modo de existir como um cristão, sem necessariamente ter consciência disso, isto é, sem que seu modo cristão de existir responda à sua própria vontade. Em contrapartida, o burguês seria o cristão consciente, o homem que se propõe como fim incorporar em sua própria pessoa os valores cristãos dentro da vida do século"[232].

Mas como era possível justificar tal forma de pensar que hoje nos escandaliza e é insuportável? Acima de tudo insistindo na necessidade de submeter-se à autoridade dos que mandam, que são obviamente os que têm em suas mãos o poder e a riqueza: na vida secular é preciso submeter-se à autoridade, mesmo quando em suas funções os dominadores abusem de seu poder. Entretanto, por que semelhante abuso de poder e submissão? "É o Espírito divino – escreve Quesnel – quem institui e mantém a autoridade legítima e simultaneamente regula seu uso; entretanto, o abuso que dela podem fazer aqueles a quem se lhes emprestou este poder não é motivo para sublevar-se contra ela. O homem que assim se submete à autoridade e às leis sabe igualmente que na realidade obedece a Deus"[233].

No fundo, o que se impusera na consciência das pessoas e no tecido social do sistema nada mais era senão as ideias que chegavam a todos os cantos daquela sociedade, que paradoxalmente era denominada cristã. Refiro-me às ideias difundidas por oradores como Massillon e Bossuet. Dois textos bastam para conhecer o pensamento destes dois autores. Massillon escreve: "Sim, meus irmãos – dizia este clérigo a seus fiéis, às famílias ilustres – não foi o acaso que vos fez nascer grandes e poderosos. Deus, desde a eternidade, vos destinou a essa glória temporal, vos mar-

---

231. Ibid., p. 282.

232. GROETHUYSEN, B. *La formación de la conciencia burguesa en Francia durante el siglo XVIII*. Op. cit., p. 278.

233. Ibid., 277.

cou pelo selo de sua grandeza, vos separou da gentalha pelo esplendor de títulos e distinções humanas"[234]. Ao que Bossuet acrescenta: "Não preciso dizer-vos que é Deus que institui os grandes berços, as grandes famílias... Não o duvideis, cristãos, Deus, em seu tribunal eterno, preparou as grandes famílias, que são a fonte das nações, e em todas as nações são as classes dominantes, de forma que são elas que devem ter as fortunas"[235].

Este era o espírito e a mentalidade da burguesia que o cristianismo difundiu desde a Idade Média até o Iluminismo. Trata-se do melhor serviço que a religião prestou àquela política de uso e abuso do povo simples e trabalhador, que suportava o peso da vaidade, do orgulho e dos privilégios dos poderosos e da Igreja. Aqui era (e continua sendo), literalmente, "a marginalização do Evangelho".

---

234. GROETHUYSEN, B. *Origines de l'esprit bourgeois en France – L'Église et la Bourgeoisie*. Paris: Gallimard, 1927, p. 169.

235. Ibid., p. 169.

8

Religião e Evangelho: são compatíveis?

O religioso, um perigo?

Sendo as coisas da forma como tentamos explicar, compreende-se o perigo que acarretava o religioso e que, sem dúvida, Jesus percebeu claramente, segundo os relatos descritos no Evangelho. Basta lembrar que sua vida e seu comportamento provocaram uma série de enfrentamentos e conflitos quase contínuos com as hierarquias religiosas (sumos sacerdotes e mestres da Lei) e os observantes ritualistas (fariseus). Conflitos que terminaram em uma condenação à morte, quando os responsáveis da religião chegaram a convencer que a religiosidade de Jesus e a que ensinavam e impunham os homens do sinédrio não eram apenas incompatíveis, mas aquilo que Jesus fazia e dizia era, para o sinédrio, um caminho extremamente perigoso. Via esta que (justamente por essa razão) devia ser urgentemente combatida.

Isto foi o que levou aqueles especialistas em religião a ver a necessidade urgente de uma decisão tão forte que chegou a ser brutal e definitiva. Esta decisão foi tomada a partir do seguinte raciocínio: se eles (os responsáveis e máximos beneficiários daquele sistema social, político e religioso) permitissem que Jesus continuasse, corriam o risco de ver-se destruídos e aniquilados, o que afetaria a eles mesmos, o lugar santo (o Templo) e a nação inteira (Jo 11,48). Por isso, sem maiores delongas, "a partir desse dia resolveram tirar-lhe a vida" (Jo 11,53).

Por quê? O que os homens da religião teriam visto na conduta de Jesus para sentir-se ameaçados (bem como o povo e o templo)[236] e em perigo iminente de desaparecimento se o deixassem fazer o que estava fazendo? (Jo 11,48).

---

236. O termo *tópos* pode designar Jerusalém ou, mais propriamente, o Templo. Mas na expressão "lugar e templo", conhecida do judaísmo antigo (cf. Mc 1,29; 5,19), a noção de "lugar" remete ao Templo. Cf. KÖSTER, H. *topos. ThWNT*, VIII, p. 198-199, apud ZUMSTEIN, J. *El evangelio según Juan*. Op. cit. Vol. I, p. 495-496.

Jesus, profeta, homem de Deus, humanização de Deus

Para responder corretamente a esta pergunta capital é necessário ter muito claro estes três conceitos:

1 Jesus, profeta

Existem duas passagens nos evangelhos sinóticos nas quais o próprio Jesus se atribui a qualidade ou a condição de profeta (Mc 6,4; Lc 35)[237]. As pessoas muitas vezes se confundiam, pensavam que Jesus era algum dos profetas (Mt 16,14; Mc 8,28; Lc 9,19) que havia voltado a este mundo, possibilidade que se atribuía a Jeremias[238]. Seja como for – segundo a tradição cristã original –, Jesus foi tido e visto como "um dos profetas". O que, em linguagem semítica daquele tempo, equivalia a dizer: "é um profeta" (Mc 6,15; 8,27-28 par.). Uma convicção que se repete também nos outros três evangelhos (Mt 21,11.46; cf. Lc 9,7-9; Jo 6,14-15; Lc 24,19). Portanto, a afirmação segundo a qual Jesus foi um profeta é atestada pelos quatro evangelhos[239].

2 Jesus, homem de Deus

Aqui a preposição "de" indica a relação preferencial e dominante que marcou a vida, a atividade e o próprio centro que explica não apenas a conduta de Jesus, mas, sobretudo, o Evangelho. Jesus não foi um mero pensador, tampouco um simples agitador social e, obviamente, jamais deu a impressão de ser um funcionário da religião. Nem foi, para seus conterrâneos, um *Rabbi*, ou doutor rabínico da lei. É bem verdade que, às vezes, Ele assim é denominado nos evangelhos (Mc 9,5; Mt 17,4; Mc 11,21; 14,45; Mt 26,49; Mt 23,7s.). Entretanto, neste aspecto, é importante saber que o tratamento de *Rabbi* não significava ainda, nos anos 30 do século primeiro, o mesmo que 100 ou 200 anos mais tarde. No tempo de Jesus, chamar alguém de *Rabbi* era um simples tratamento de respeito[240]. Podemos dizer que Jesus foi um homem inspirado, dentre os que surgi-

---

237. Cf. a análise destes textos em CASTILLO, J.M. Jesús, profeta de Israel. In: SICRE, J.L.; CASTILLO, J.M.; ESTRADA, J.A. *La Iglesia y los profetas*. Córdoba: El Almendro, 1989, p. 79-97.

238. LUZ, U. *El evangelio según san Mateo*. Op. cit. Vol. I, p. 603.

239. Cf. SCHILLEBEECKX, E. *Jesús – La historia de un viviente*. Madri: Cristiandad, 1981, p. 442.

240. Cf. HENGEL, M. *Seguimiento y carisma – La radicalidad de la llamada de Jesús*. Op. cit., p. 65-66.

ram em Israel em tempos de crise (1Rs 17–18; 21), de escassez, de fome, de seca, de tensões políticas e sociais... Era um daqueles homens que, como Elias e Eliseu, viviam em estreita relação com os oprimidos e com pessoas que habitavam a periferia social[241]. Tudo isso permite dizer que a mensagem de Jesus foi o anúncio do Reino de Deus (Mc 1,14-15), e que este anúncio foi o centro do Evangelho[242].

3 Jesus, humanização de Deus

Jesus não foi apenas (nem principalmente) um homem de Deus. Jesus é a presença de Deus neste mundo; Ele nos revela Deus e nos diz como é Deus. Este tema é capital. Por isso necessita de uma explicação, ao menos elementar.

A teologia cristã tem seu centro na encarnação de Deus, que é "o ponto-chave para explicar a unidade de Jesus com Deus"[243]. E, vale lembrar, quando falamos de Deus e de Jesus, estamos falando do Transcendente. Ou seja, falamos de uma realidade que não está ao nosso alcance e, por isso mesmo, daquilo que não conhecemos nem podemos conhecer. Jesus é, por isso, a "humanização de Deus"[244]. E, consequentemente, a presença de Deus entre os homens. Daí a surpreendente resposta que o próprio Jesus deu a um de seus apóstolos: "Felipe, quem me viu, viu a Deus" (Jo 14,9). Por isso é compreensível a conclusão que fecha o prólogo do Evangelho de João: "Ninguém jamais viu a Deus. O Filho único de Deus, que está junto ao Pai, foi quem no-lo deu a conhecer" (Jo 1,18). Portanto, Jesus, "Palavra de Deus" tal como o encontramos no Evangelho, é a "explicação de Deus"[245].

Ora, se é Jesus – o Jesus do Evangelho – quem nos explica como é Deus, o que Deus quer e o que rejeita, e, sobretudo, como podemos e devemos encontrar Deus, então descobrimos, como uma inesperada surpresa, uma série de fatos que provavelmente nunca havíamos imaginado. Refiro-me, pois, a fatos que estão claramente formulados nos quatro

---

241. SICRE, J.L. La compleja imagen del profeta. In: SICRE, J.L.; CASTILLO, J.M.; ESTRADA, J.A. *La Iglesia y los profetas*. Op. cit., p. 30-31.

242. CASTILLO, J.M. *El Reino de Dios* – Por la vida y la dignidad de los seres humanos. Bilbao: Desclée De Brouwer, 1999, p. 27-34.

243. PANNENBERG, W. *Fundamentos de cristología*. Salamanca: Sígueme, 1974, p. 143.

244. CASTILLO, J.M. *La humanización de Dios*. Madri: Trotta, 2009, p. 119-152.

245. BLANK, J. *Das Evangelium nach Johannes*, apud ZUMSTEIN, J. *El evangelio según Juan*. Op. cit. Vol. I, p. 83.

evangelhos. Fatos, além disso, que, com muita frequência, não nos entram na cabeça. De modo que, muitas vezes, quando alguém se atreve simplesmente a dizer o que Jesus disse, parece uma blasfêmia ou uma heresia às pessoas "mais religiosas". Os fatos mais significativos a que me refiro são os seguintes: Jesus e o Templo; Jesus e os rituais religiosos. Duas questões a mais que exigem a devida explicação.

Jesus e o Templo

Deus, tal como nos é revelado em Jesus, não necessita de templos, nem quer templo algum. O que equivale a dizer que Jesus desautoriza e suprime um elemento fundamental da religião tradicional: o espaço sagrado. A este respeito é importante dar-se conta de que nos evangelhos não existe um único relato em que se faça alusão a Jesus participando de cerimônias rituais do Templo ou simplesmente dirigindo-se para aquele lugar santo para rezar. Uma conduta que, no caso de Jesus, é estranha e inclusive contraditória, já que Ele mesmo também afirmou que o lugar (casa) de oração era o Templo (Mt 21,13; cf. Is 56,7; Mc 11,17; Lc 19,46). Entretanto, o próprio Jesus não titubeou em assegurar que os homens da religião haviam convertido a casa de oração em um covil de ladrões. Fazer negócio com os sentimentos religiosos das pessoas... que asco, que vergonha! Não seria isto – ou algo muito parecido – ao se cobrar "ingresso" em visitas a catedrais e monumentos sagrados, nos quais não poucos "ladrões" de hoje se disfarçam em clérigos de antanho?

Neste sentido é perfeitamente compreensível o episódio da expulsão dos mercadores do Templo (Jo 2,14-17; Mc 11,15-17; Mt 21,12-13; Lc 19,45-46). Embora tendo os sacerdotes de então tantas coisas, como realmente tinham, contra Jesus, o episódio determinante no julgamento religioso em que Jesus foi condenado à morte (Mc 14,57-58; Mt 26,61)[246], e que provocou zombarias dos homens da religião quando Jesus agonizava na cruz (Mc 15,29; Mt 27,40), e que de fato foi o acontecimento mais forte para esses "homens sagrados", foi precisamente o Templo. O grande tema do poder engendrado pelo dinheiro foi sem dúvida decisivo para tramar contra Jesus. E seus opositores não sossegaram enquanto não o viram agonizar e morrer como um subversivo que oferecia perigo para o Império. Sem esquecer o mais importante, que aconteceu no final desse episódio conflituoso: segundo o relato de João, a última pala-

---

246. É significativo que, tendo aqueles homens tantas acusações como tinham contra Jesus, a única que é lembrada como acusação decisiva foi precisamente o episódio do Templo. Cf. VANHOYE, A. *Prêtres anciens, prêtre nouveau selon le Nouveau Testament*. Op. cit., p. 24-27.

vra de Jesus dita aos dirigentes religiosos ("Destruí este templo e em três dias o reconstruirei") não se referia a um determinado edifício, mas ao próprio Jesus (Jo 2,19-21). Obviamente, Jesus não estava falando da purificação do templo, mas de sua "destruição"[247]. Onde encontrar a Deus então? Deus é encontrável em nossa relação com Jesus.

Entretanto, o episódio onde fica mais evidente o que Jesus pensava sobre o templo é seu colóquio com a mulher samaritana (Jo 4,4-42), e mais concretamente nos versículos 20-26. Como é sabido, o ponto de maior conflito entre judeus e samaritanos era motivado precisamente pelo verdadeiro templo, que para os judeus era o de Jerusalém e para os samaritanos o do Monte Garizin. Uma vez mais, a religião dividindo e indispondo indivíduos e povos! Aqui Jesus afirma com todas as letras que o verdadeiro culto desejado por Deus não é o prestado nesse ou naquele templo, mas o culto oferecido "em Espírito e verdade" (Jo 4,22). Esta afirmação sobre o culto que Deus quer se fundamenta na negação do culto que Ele não quer. E o resultado é que o culto que Deus quer não é o realizado nos templos[248].

Mais adiante deduziremos as consequências para a autenticidade da Igreja se os cristãos tivessem a liberdade e a audácia de levar a sério o Evangelho e ser fiéis ao que Jesus disse e fez. No momento basta lembrar que, no século III, de Tertuliano a Cipriano, os cristãos começaram a erigir igrejas e lugares de culto, que progressivamente foram crescendo em sua ornamentação, gastos e privilégios, fato este suficientemente documentado[249].

Jesus e os rituais religiosos

Segundo os evangelhos, com o Deus de Jesus não nos relacionamos mais mediante rituais sagrados, mas através de nossa conduta. Os rituais, de fato, foram – e continuam sendo – um fardo pesado para muitos cris-

---

247. SCHNELLE, U. Die Tempelbreinigung und die Christologie des Joahnnesevangeliums. *NTS*, 46, 1996, p. 75. • THEOBALD, M. *Herrenworte im Johannesevangelium* [HBS 34]. Friburgo, 2002, p. 231. • ZUMSTEIN, J. *El evangelio según Juan*. Op. cit. Vol. I, p. 129-132.

248. Cf. THEOBALD, M. *Herrenworte im Johannesevangelium*. Op. cit., p. 325. • THYEN, H. Eine altere Quelle im Hintergrund von Joh. 4? *Studien zum Corpus Johanneum* [WUNT 2/14]. Tübingen, 2007, p. 262. Cf. ZUMSTEIN, J. *El evangelio según Juan*. Op. cit. Vol. I, p. 196.

249. Cf. BROWN, P. *Por el ojo de una aguja – La riqueza, la caída de Roma y la construcción del cristianismo en Occidente (350-550 d.C.)*. Op. cit., p. 119-122.

tãos. E um fardo que, com frequência, as religiões costumam antepor à vida, isto é, à paz, à felicidade e à alegria de viver.

Isto é o que fica evidente no relato das bodas de Caná (Jo 2,1-12), o primeiro fato (primeiro episódio) simbólico (*semeion*) (Jo 2,11) narrado pelo Quarto Evangelho. Um episódio em que o autor indica que a casa de uma família modesta, que não tinha conseguido comprar vinho suficiente para a festa de casamento, armazenava cerca de 700 litros de água em grossas e pesadas talhas de pedra, que não eram para o uso comum da casa e da família, mas para os ritos de purificação que os fariseus haviam introduzido (Jo 2,6)[250]. O relato, portanto, traz um dado capital advertindo sobre o que Jesus pensava dos rituais religiosos e o valor que lhes dava. Para Jesus, de fato, o que vinha por primeiro era a alegria do vinho e da festa antes que a submissão aos ritos que a religião impunha.

Esta preferência de Jesus pela vida, pelo necessário à vida, pela dignidade e felicidade de viver com saúde e alegria, antepondo esta plenitude à observância dos ritos e submissão às normas que a religião impunha, se repete insistentemente nos contínuos conflitos que manteve com os mestres da Lei e, sobretudo, com os observantes fariseus. Este fato é tão central nos quatro evangelhos que, se ele não estiver muito presente e claro, não nos inteiramos realmente do que Jesus quis ensinar-nos sobre como encontrar Deus.

O que acabo de dizer é tão importante que nele reside a chave indispensável para compreender o cristianismo. De fato, quando o Evangelho de Marcos relata a cura de um aleijado na sinagoga em dia de sábado (Mc 3,1-6), Jesus faz ali uma pergunta decisiva: o que é permitido em dia de sábado... salvar uma vida ou matar? (Mc 3,4). O que Jesus perguntou exatamente foi: o que é mais importante para a religião, submeter-se às normas e aos rituais ou dar vida e aliviar o sofrimento? Os homens da religião não tiveram resposta à pergunta de Jesus. É que, como foi perfeitamente dito, o que Jesus fez ali "supõe uma ameaça ao *status quo*, pois as necessidades dos marginalizados e desesperados são mais importantes para Deus do que o controle dos dirigentes religiosos. Por outro lado, este relato da cura do aleijado abarca mais do que a questão imediata de tal cura. Esta visão do sábado é contrária a todo sistema que protege os interesses da elite e sua acumulação de riqueza e poder, que impede aos humildes a satisfação de suas necessidades"[251].

---

250. Cf. DEINES, R. *Jüdische Steinggefeässe und pharisäische Frömigkeit* [WUNT II/52]. Tübingen, 1993. Cf. ZUMSTEIN, J. *El evangelio según Juan*. Op. cit. Vol. I, p. 121, n. 22.

251. CARTER, W. *Mateo y los márgenes*. Estella/Navarra: Verbo Divino, 2007, p. 401.

Por isso compreende-se perfeitamente a irritação impaciente (*aganaktô*) de um chefe de sinagoga quando disse aos paralíticos e enfermos num dia de sábado: "Há seis dias em que se pode trabalhar. Nesses dias vinde curar-vos e não em dia de sábado" (Lc 13,14). Não lhe faltava razão ao chefe da sinagoga, segundo a lógica dos chefes da religião. O que os cristãos deveriam ter sempre presente – aos que supõem crer no Evangelho – é a lógica dos marginalizados deste mundo. Jesus explicou esta lógica aludindo que o dono de um burro ou de um boi lhe fornece o necessário para sobreviver sem se preocupar se é dia de preceito ou não (Lc 13,15). E a um ser humano que sofre, para remediar o sofrimento, o deixaríamos em sua dor ou em sua carência porque a religião e seus dirigentes estão interessados em manter intocado o fato religioso, com suas normas e suas cerimônias? Podemos sem exagero afirmar que Jesus disse ao chefe da sinagoga que a religião trata pior os desgraçados deste mundo do que costumamos tratar os burros e os animais em geral.

Jesus se deu conta deste despropósito enquanto pôs-se a explicar às pessoas o que representa a Boa Notícia, o Evangelho. Isto se torna patente na primeira recompilação dos episódios que Marcos, o mais original dos evangelhos, recolheu. Todo o capítulo segundo deste Evangelho é uma detalhada e extensa sequência dos primeiros enfrentamentos que Jesus teve com os dirigentes da religião. Concretamente, Marcos nos informa que Jesus perdoava os pecados à margem dos ritos oficiais da religião (Mc 2,1-13) e, além disso, chamou um odioso e odiado cobrador de impostos para que o acompanhasse no grupo de seus mais íntimos (Mc 2,14). Fato que se seguiu de um banquete (*simpósio*), de comunhão e amizade, o que já indica que Jesus andava na companhia de "más pessoas" (Mc 2,15-17; cf. Lc 15,1-2). A isto some-se que Jesus e seus discípulos não jejuava quando a religião o prescrevia (Mc 2,13-22). E, para escândalo de muitos, não observava as normas relativas ao descanso do sábado (Mc 2,23-27). Em relação ao fato religioso, Jesus chegava ao auge da liberdade ao defender clara e contundentemente que a plenitude da vida humana vem antes, e é mais importante, do que a observância das normas da religião (Mc 3,1-5). Isto foi o que moveu os zelosos dirigentes religiosos (fariseus) e os integristas políticos (herodianos) a tomar – a partir de então – a decisão de matar Jesus (Mc 3,6).

O problema central ficou claro na questão que Ele sugeriu na sinagoga ao perguntar o que era permitido fazer em dia de sábado: "É permitido fazer o bem ou o mal no sábado? Salvar uma vida ou matar?" (Mc 3,4). Pergunta simples, mas terrível: o central para a religião (ou, para o sábado), seria a submissão às normas e aos ritos religiosos ou seria a vida e a felicidade humana, seus direitos, sua dignidade e sua plenitude?

Falsificação e engano dos ritos religiosos

Foi o próprio Jesus que insistiu na argumentação crítica que se refere ao valor, à verdade, à origem e à efetividade dos ritos religiosos. Jesus disse sem titubear – argumentando inclusive com a autoridade do Profeta Isaías – que "o culto que me oferecem é inútil, pois a doutrina que ensinam são preceitos humanos" (Is 29,13, citado por Mc 7,6-7; Mt 15,8-9). O Deus-Pai, do qual nos fala Jesus (e nos é revelado nele), é um Deus que não quer ritos religiosos. Tampouco encontramos Jesus observando rituais sagrados. Segundo o Evangelho de Mateus, Jesus insistiu neste ponto capital, repetindo duas vezes o conhecido texto do Profeta Oseias: "Quero misericórdia e não sacrifícios" (Mt 9,13; Os 6,6). O fato é que, segundo os evangelhos de Marcos e Mateus, os rituais religiosos tradicionais, observados enquanto rituais ao pé da letra, só servem para enganar os fiéis observantes, para tranquilizar suas consciências. Mas, na realidade, são frequentemente utilizados para satisfazer meros interesses econômicos, tirando dinheiro de pessoas devotas em proveito econômico dos profissionais da religião, ao mesmo tempo que deixam os mais necessitados desamparados. Ao que Marcos acrescenta, para concluir o relato: "Anulais assim a Palavra de Deus com a vossa própria tradição; e coisas como estas fazeis muitas" (Mc 7,13). Pelo visto, estes comportamentos do clero judeu pareciam frequentes.

Significaria dizer, portanto, que Jesus teria pregado e pretendido uma religião sem ritos? O simples fato de apresentar esta questão é uma clara prova de ignorância quanto às origens do fato religioso, à sua pré-história, à sua história e, sobretudo, à sua estrutura e presença na cultura e na sociedade. Basta lembrar o que acertadamente escreveu o conhecido historiador da religião Walter Burkert: "Os ritos constituem um fator tão importante na sobrevivência das sociedades humanas que desde incontáveis gerações se converteram em fatores de seleção: quem não quer ou não pode adaptar-se aos ritos da sociedade não tem nenhuma possibilidade de prosperar nela; só os indivíduos integrados podem chegar a ocupar posições de influência"[252].

Entretanto, se dos "ritos em geral" passamos à investigação concreta dos "ritos religiosos", é elementar ter presente que o primeiro, o mais original e específico que conhecemos da religião não é a existência de Deus, mas a existência dos ritos. Os ritos, de fato, estão presentes na pré-história desde o momento em que se tem notícia do "ser humano (o *Homo Sapiens*), isto é, há mais de 100 mil anos. Entretanto, se nos reportamos ao Ser Transcendente, tal como Ele aparece – em suas múltiplas representa-

---

252. BURKERT, W. *Homo Necans*. Op. cit., p. 56-57.

ções humanas – na pré-história e na história, é inegável o que disseram os especialistas em história da religião: "Deus é um produto tardio na história da religião"[253]. E foi efetivamente assim. Sabemos que a expressão mais antiga da ação religiosa é o sacrifício ritual[254], ou os ritos de sacrifício. Sempre relacionados, obviamente, à morte ou aos cerimoniais religiosos.

Também é conveniente indicar aqui que a biologia entende por "rito" um esquema de comportamento desligado de sua função pragmática, mas que, no entanto, mantém uma função comunicativa[255]. Isto significa dizer que, no ser humano, além do pragmático, é fundamental e determinante o simbólico. Para todo ser humano, portanto, são decisivas na vida não apenas as ideias e os conhecimentos, mas, além disso (e de forma decisiva), as experiências simbólicas, mediante as quais expressamos nossos sentimentos mais profundos e nossas experiências mais determinantes. Nisto se fundamenta (apenas para dar um exemplo) a diferença entre o olho e o olhar. O olhar expressa algo – decisivo na vida e na convivência – que o olho, como simples órgão de nosso corpo, não tem. Os sentimentos mais decisivos da vida humana não podem ser comunicados senão mediante expressões simbólicas: um olhar, a expressividade de um rosto, um beijo, uma carícia... Por tudo isso existem – e devem existir –, em sociedade humana, os atos rituais.

Seja como for, um fato fundamental é que – infelizmente com demasiada frequência – os ritos (e rituais em geral), em razão de sua repetição rotineira, degeneram-se e ficam reduzidos à simples repetições de gestos com os quais o *homo religiosus* tranquiliza sua consciência, mas não transformam sua conduta. A experiência histórica o demonstra amplamente. Na Igreja estamos cansados, fartos e até mesmo escandalizados de repetir (ou ver que se repetem) rotineiramente os rituais religiosos dia após dia, semana após semana, ano após ano, de forma que até o próprio Evangelho e a vida de Jesus, que rejeitou os simples e concisos rituais religiosos, são repetidos ritualmente.

Daí a quantidade esmagadora de pessoas muito religiosas, observantes dos mínimos detalhes do ritual, que colocam sempre e ao mesmo tempo a condição de que não lhes mexam no bolso, que não lhes questionem

---

253. VAN DER LEEUW, G. *Pahänemonologie der Religion*. Op. cit., p. 87. Cf. NILSSON, M.P. *Geschichte der Griegischen Religion*, I. Munique, 1955, p. 36-67.

254. SCHMIDT, P.W. *Der Ursprung der Gottesidee*, VI, p. 444-454. Cf. BURKERT, W. *Homo Necans*. Op. cit., p. 36, n. 50.

255. HUSLEY, J. *Proc. Zool. Soc.*, 1914, p. 511-515. • LORENZ, K. A Diskussiom on ritualization of behaviour in animals and man. *Philos. Trans, of the Roy Soc. London*, n. 251, 1966, p. 247-526. Cf. BURKERT, W. *Homo Necans*. Op. cit., p. 51, n. 86.

a honradez, que ninguém coloque em dúvida o cargo que exercem ou o mérito de que desfrutam e, sobretudo, que ninguém coloque em perigo a segurança que lhes garante o sentimento de se sentirem enraizados no sistema e na sociedade em que vivem.

Isto é o que nos permite ver, todos os dias e por toda a parte, uma realidade tão real quanto escandalosa: refiro-me ao fato que, com demasiada frequência, os países mais religiosos são (muitas vezes) os países mais corruptos. E o que afirmamos a respeito dos países podemos dizer igualmente de não poucos políticos, grupos culturais e associações das mais diversas tipologias.

9

Sacramentos da Igreja e mandatos de Jesus

A teologia dos sacramentos em Trento

Primeiramente um importante esclarecimento: quando afirmei que Jesus não instituiu práticas rituais, esta afirmação afeta diretamente uma questão que geralmente é considerada "doutrina de fé". Refiro-me à afirmação do Concílio de Trento, segundo a qual os sete sacramentos que a Igreja administra foram instituídos por Cristo[256]. Isto é o que se diz na Sessão VII do concílio, concretamente nos cânones nos quais afirma-se que quem negar esta doutrina será castigado com um "anátema". Aqui, porém, é de suma importância saber que os anátemas de Trento se referem simplesmente às práticas que eram proibidas, não às doutrinas que eram condenadas. Por exemplo: no cânon da Sessão XIII se diz: "Se alguém defende que o sacerdote não pode dar-se a si mesmo a comunhão, *anáthema sit*" (seja condenado)[257]. É evidente que isso não pode ser motivo de uma heresia[258].

Por outro lado, convém ter presente que aquilo que se considerava heresia no século XVI não coincidia com o que atualmente se aceita na Igreja como uma doutrina herética. Por exemplo: pensava-se que era uma heresia o que não estava de acordo com os usos e costumes da Igreja antiga ou o que não coincidia com os ensinamentos dos Padres da Igreja na Antiguidade[259].

---

256. DH, 1601.

257. Ibid., 1660.

258. Cf. CASTILLO, J.M. *Símbolos de libertad – Teología de los sacramentos*. Salamanca: Sígueme, 1981, p. 326-327. • FRANSEN, P.F. Réflexions sur l'anathème au concile de Trente. *ETL*, 29, 1953, p. 658.

259. Analisei detalhadamente este assunto, com ampla documentação, em CASTILLO, J.M. *Símbolos de libertad – Teología de los sacramentos*. Op. cit., p. 333-341.

O decisivo neste tema concreto, porém, está no fato que, quando na Sessão VII de Trento levanta o problema da teologia dos sacramentos, o que se pediu aos padres conciliares foi que definissem se os cânones da mencionada sessão (nos quais se resume toda a teologia sacramental da Igreja Católica) refutavam heresias ou simplesmente erros. Pois bem, nas atas do Concílio está amplamente documentado que os padres conciliares não conseguiram pôr-se de acordo[260], e por isso não foi possível que o Concílio de Trento estabelecesse uma definição dogmática sobre a teologia dos sacramentos. Em consequência, nenhuma das afirmações apresentadas na Igreja acerca da teologia sacramental é dogma de fé. Outra questão se impõe, porém, se analisarmos mais detalhadamente os dois sacramentos maiores da Igreja: o Batismo e a Eucaristia.

Batismo

Quanto ao batismo, urge distinguir o batismo de João Batista do batismo de que Jesus nos falou. Existe uma distinção radical entre João Batista e Jesus. O batismo de João fala apenas em *"batizar com a água"*; o de Jesus é um batismo *"com o Espírito Santo"* (Jo 1,33). Isto quer dizer que o batismo de João é meramente ritual, que expressa apenas uma pureza ritual (Jo 2,6; 3,25; 13,10; 15,2)[261], ao passo que o batismo de Jesus consiste em um "nascimento novo", como o próprio Jesus o explicou a Nicodemos. E quem nasce de novo é como o vento: não se sabe de onde vem nem para onde vai (Jo 3,7-8). É o Espírito do "ser livre". Livre como o vento (*pneuma*); Espírito da liberdade; Espírito que Jesus "entregou" ao morrer na cruz (Jo 19,30). Por isso Jesus, ao longo de sua vida mortal, não podia batizar como João o fazia[262]. Só a partir da morte e da ressurreição de Jesus tornou-se possível não o simples ritual, mas o novo nascimento, o novo ser não submetido a cerimoniais, mas livre como o vento: um novo modelo de vida.

No cristianismo não tem mais espaço para a teologia clássica do pecado original, que é explicada a partir da teoria introduzida pelo Apóstolo Paulo: "Assim como por um homem entrou o pecado no mundo, e pelo pecado a morte..." (Rm 5,12). Quando Paulo fez esta afirmação não se tinha nem ideia da origem da vida nem da evolução das espécies. Além disso, Paulo confunde um relato mítico (o relato de Adão e Eva) interpre-

---

260. Cf. ibid., p. 326-333, com ampla documentação histórica e documental.

261. ZUMSTEIN, J. *El evangelio según Juan*. Op. cit. Vol. I, p. 174-175, n. 5.

262. DIETZFEFELBINGER, C. *Der Abschied des Kommenden* [WUNT 95]. Tübingen, 1995, p. 96-97.

tando-o como um relato histórico, e com ele constrói a teologia da salvação, que o cristianismo continua propondo, a partir de um engano que inevitavelmente se traduziu numa mentira. Obviamente, Paulo não podia apresentar as coisas de outra maneira se considerarmos os conhecimentos disponíveis naquele tempo. O lamentável não é Paulo ter dito o que disse. O verdadeiramente triste é que ainda hoje se continue defendendo estas afirmações como "Palavra de Deus".

O batismo cristão não é um rito que limpa o batizado de uma mancha que não existe. Segundo os evangelhos, ele tem outra significação. Os evangelhos sinóticos insistem na diferença radical entre o batismo de João e o batismo cristão. O de João era o batismo "com água", ao passo que o de Jesus é o batismo "com o Espírito Santo" (Mc 1,8; Mt 3,11; Lc 3,16). O batismo de João era um mero ritual de purificação para o perdão dos pecados (Mc 1,4 par.). O batismo cristão, tal como o apresenta Jesus, é o batismo do Espírito que comporta um "novo nascimento", como o próprio Jesus o explicou a Nicodemos. Quem nasce de novo (Jo 3,7) é outra pessoa, é um ser novo, porque é, obviamente, um recém-nascido. Ou seja, faz-se "como uma criança" e, consequentemente, vive de outra maneira.

A conclusão é clara: o cristianismo não se explica a partir de um ritual religioso de purificação, mas a partir de uma nova forma de viver, que só é possível pela força do Espírito.

Eucaristia

E esta nova forma de vida é o que Jesus nos deixou simbolizado na Eucaristia, sacramento central na vida da Igreja. Todos sabemos que a Eucaristia tem sua origem em uma ceia precedida do ato simbólico do lava-pés. Mas igualmente sabemos que aquilo que começou como uma ceia não demorou muito em converter-se num ritual sagrado, o santo sacrifício da missa, que chegou até nós e que continuamos repetindo, submetidos e ancorados a uma série de ritos religiosos que procedem de cultos e costumes que têm uma antiguidade de uns mil e quinhentos anos. Isto, inevitavelmente, dificulta a comunicação entre o altar e o povo. E assim, o deslocamento enorme da ceia para a missa fez com que os fiéis cristãos se tenham convertido em simples assistentes de um cerimonial sagrado (ou repetidores do mesmo), difícil de entender, e no qual, sem dúvida, Jesus jamais pensou. Além disso, este deslocamento da ceia para a missa não dificulta apenas o entendimento atual cerimonial da liturgia, mas, sobretudo, dificulta compreender o fato original do que Jesus fez e quis na Última Ceia.

Os três mandatos de Jesus

De fato, se tivermos presente (sem marginalizar nada) toda a informação dos escritos do Novo Testamento sobre o que aconteceu na ceia de despedia que Jesus quis ter com seus discípulos antes de sua paixão e morte, o que Jesus afirmou e apresentou aos seus seguidores não foi apenas um mandato relativo à Eucaristia, mas três mandatos: 1º) *O lava-pés*: vós também deveis lavar os pés uns dos outros (Jo 13,14); 2º) *O amor mútuo*: eu vos dou um novo mandamento (Jo 13,34-35); e 3º) *A Eucaristia, sobre o corpo e o sangue de Cristo*: fazei isto em memória de mim (1Cor 11,24-25).

Sem dúvida, trata-se de três mandatos que Jesus impõe à sua comunidade de discípulos. Três vontades firmes e fortes de Jesus, expressas com clareza mediante dois imperativos: *opheilete*, que impõe a obrigação de agir de uma determinada maneira: "deveis", "tereis que"[263], e *poieite*, que igualmente impõe o dever de "fazer". E, em Jo 13,34, introduz-se um preceito, um mandato: *entolé*.

Se levarmos a sério que a Igreja tem que ser fiel ao que Jesus disse, fez e ordenou, precisamente e sobretudo quando chegou a hora (Jo 17,1) definitiva de consumar o que veio realizar para que este mundo tivesse o devido conhecimento da presença e da salvação de Deus (Jo 17,1-3), então concordaremos que a Igreja tem a obrigação de ser fiel ao que o seu Senhor, Jesus de Nazaré, ordenou em sua despedida derradeira. Esta parece ser a conclusão mais lógica, coerente e razoável, se a Igreja quiser ser a expressão da Igreja de Jesus, o Senhor.

Vale ter presente que os três mandatos daquela noite se distribuem em dois grupos. Num deles Jesus concede um poder: "Fazei isto em memória de mim". É nada menos que o poder de presidir e tornar válida a Eucaristia. No outro, Jesus impõe dois deveres: a) Se eu, o Senhor e nosso Mestre, vos lavei os pés, também vós deveis lavar os pés uns dos outros; dei-vos o exemplo para que, assim como eu o fiz, o façais também vós. b) Dou-vos um mandamento novo: que vos ameis uns aos outros; assim como eu vos amei, vós também deveis amar-vos uns aos outros. Nisto todos conhecerão que sois meus discípulos: se vos amardes uns aos outros. O surpreendente, porém, é que o "poder" acabou sendo apropriado pelo clero, ao passo que os "deveres" passaram a valer para todos. Haveria alguma pista ou indício para que, nos relatos da Última Ceia, o poder se limitasse aos sacerdotes (termo que jamais se aplica aos discípulos de Jesus) e os deveres se aplicassem a todos na Igreja? Enquanto esta discri-

---

263. Este é o significado do imperativo do verbo *opheilô*. Cf. WOLTER, M. *DTNT*, vol. II, p. 655-659. • SCHULTZ, A. *Nachfolge und Nachahamen*. Munique, 1962, p. 303ss.

minação não for claramente resolvida na teologia e no Direito de nossa Igreja, nós, que cremos em Jesus, temos o direito e o dever de fazer outra abordagem e buscar outra solução para este problema fundamental. Sobretudo nestes tempos de escassez crescente de sacerdotes, fato que obriga muitos cristãos a privar-se da Eucaristia. Ou seja, veem-se privados de um direito que é (ou deve ser) central em suas vidas.

Existe, porém, algo mais desconcertante. Dos três mandatos que Jesus impôs à sua Igreja naquela noite, um deles (o mandato eucarístico) tem a categoria de dogma[264], e é considerado "fonte e auge" (*fons et culmen*)[265] de toda evangelização. Fato não apenas compreensível e verdadeiro, mas, sobretudo, inteiramente central na fé e na vida da Igreja. O surpreendente e desconcertante, porém, é que os outros mandatos permaneceram no Evangelho como lembrança do que aconteceu na ceia de despedida com seus discípulos. Ou seja, além dessas lembranças, o que mais restou no Magistério da Igreja sobre o lava-pés e sobre o mandamento último e supremo que Jesus impôs a seus seguidores? Sabemos perfeitamente no que deu tudo isso: simples textos que servem para a liturgia, sobre os quais poucos se preocupam; nem no Vaticano nem em nenhuma cúria diocesana (que saibamos) se incomodam se não forem observados ou lembrados.

De fato, existem conteúdos centrais e determinantes do Evangelho de Jesus que foram marginalizados pela Igreja, pela teologia da Igreja, pelo sistema organizativo e pela gestão do governo da Igreja. Em consequência, são palavras e desejos de Jesus que ficaram marginalizados também na forma de viver, dada a maneira em que fomos educados enquanto cristãos.

Lavar os pés dos outros

O primeiro desses mandatos fundamentais de Jesus a seus seguidores, teoricamente aceito e conservado, mas na prática marginalizado, é o dever de lavar os pés uns dos outros. Não se encontra em toda a Bíblia um episódio no qual o redator tenha colocado uma introdução tão solene quanto a que fez o autor do Quarto Evangelho em relação a este comportamento de Jesus e ao referido mandato. A soberania de Jesus é absoluta, posto que seu saber é absoluto (Jo 13,1-3)[266]. Ora, imediatamente após

---

264. Cf. DH, 1635-1661.

265. Vaticano II. *PO*, 5.

266. O verbo saber (*oída*), aplicado a Jesus, repete-se quatro vezes (Jo 13,1.3.11.18), o que indica sua soberania. Cf. ZUMSTEIN, J. *El evangelio según Juan*. Op. cit. Vol. II, n. 17.

esta introdução tão solene e esmerada, o relato se encurta bruscamente e passamos a compreender como Jesus se pôs a lavar os pés dos comensais daquela ceia (Jo 13,4-5).

O contraste do relato, da forma como é apresentado, é tão forte que nem mesmo nós, hoje, nos atrevemos a tirar as consequências que daí decorrem. É do conhecimento geral que, naquele tempo e naquela cultura, a tarefa humilhante de lavar os pés aos comensais em um banquete era trabalho de escravos. Inclusive entre os judeus[267]. Entretanto, com uma particularidade que fazia o trabalho ainda mais humilhante: o ponto de referência principal não era "rico *versus* pobre", mas "sábio *versus* estúpido", tal como se insinua em Eclo 10,23, ideia que, aliás, Sirácida critica[268].

O fato é que Jesus, antes de impor este mandato à Igreja, programou as coisas de forma que o primeiro a se fazer escravo foi Ele mesmo. Por isso o que fez, sobretudo na Última Ceia, foi cumprir com seu dever de escravo. Segundo os evangelhos sinóticos, quando Jesus rejeitou a ambição de Tiago e João, os filhos de Zebedeu, que queriam ocupar os primeiros postos – de poder e mando –, sobre os outros (Mc 10,15-45; Mt 20,20-28), Jesus lhes disse com firmeza que a vocação e o destino deles era o de comportar-se e viver como escravos, pois só assim podiam realizar a tarefa e o destino que Ele mesmo assumiu neste mundo (Mt 20,24-28; Mc 10,43-45).

Deus salva a partir de baixo – a partir do último e do mais baixo – fazendo-se escravo. É exatamente o que afirma a Carta aos Filipenses: assumindo a condição de escravo (*morphen doúlu labón*) (Fl 2,7), o que supõe renunciar sua categoria de igualdade com Deus. Porque, como consta no conhecido dicionário de Cremer-Kögel[269], o gnosticismo não teve influência alguma sobre Fl 2,6-11 (contra J. Jerwell)[270], bem como não o tiveram os papiros mágicos gregos. Com o termo *morphé* em Fl 2,6s., pensa-se precisamente não em qualquer forma mutável, mas na forma específica da qual dependem a identidade e a condição (destaco intencionalmente estes dois termos, já que se trata exatamente da identidade de

---

267. JEREMIAS, J. *Jerusalén en tiempos de Jesús*. Madri: Cristiandad, 1977, p. 323-327. • SMITH, D.E. *Del simposio a la Eucaristía – El banquete en el mundo cristiano antiguo*. Estella: Verbo Divino, 2009, p. 217-273.

268. Cf. Ibid., p. 229.

269. CREMER, K. *Biblisch – Theologisches Wörterbuch des neutestamentlichen Griechisch*. 11. ed. Stuttgart, 1923, p. 736. Cf. POHLMANN, W. *Diccionario Exegético del N.T.* Vol. II, p. 333.

270. JERWELL, J. *Imago Dei. Gen 1,26s. im Spätjudentum, in der Genesis und in den paulinischen Brierfen* [FRALANT 76]. Göttingen, 1960, p. 229.

Deus e da condição humana). Portanto, *morphé doúlou*, como insistem Cremer-Kögel (p. 736), é uma expressão que deve ser entendida como "a forma própria de um escravo enquanto expressão de sua condição", e *morphé theoú*, igualmente, como "a forma divina enquanto expressão da condição divina"[271].

Trata-se, finalmente, de compreender que Deus, em Jesus, não quis apenas fazer-se humano, mas algo muito mais extremo e radical. O despojamento de Deus, em Jesus, foi total. E por isso assumiu a condição e a forma de vida do último dos humanos, o escravo. Mas por quê? Porque nos últimos deste mundo não há poder, não há saber, não há mérito. O que existe então nesses últimos? Somente humanidade. Critério teológico fundamental que o Direito canônico não levou em conta. O que equivale a dizer que a Igreja não se fundamentou no exemplo e no mandato de Jesus, mas na desastrosa divisão de poderes e vantagens, títulos e potestades que separam poderosos de fracos, ricos de pobres, sábios de ignorantes. E assim, dito em linguagem religiosa, a religião separa homens de mulheres, sacerdotes de leigos, homens consagrados de homens profanos, hierarcas que governam as pessoas que se submetem e obedecem etc.

Esta realidade a estamos vendo e vivendo. Os homens de Igreja, deslumbrados pelo sucesso da religião, se afeiçoaram ao poder. E desta forma a instituição eclesiástica se fortaleceu a si mesma e se preocupou cada vez mais consigo mesma, ao invés de centrar-se em sua razão de ser e em sua finalidade primordial. O mandato de Jesus de ir pelo mundo lavando os pés das pessoas foi, em toda parte, por água abaixo. Já desde São Paulo e, portanto, antes da redação dos evangelhos, a Igreja se socializou no Império. Fez-se uma Igreja universal. Mas também é certo que, ao proceder assim, marginalizou o Evangelho.

O mandato novo do amor

O segundo mandato fundamental de Jesus na Última Ceia foi o mandamento novo do amor mútuo: "Eu vos dou um novo mandamento: que vos ameis uns aos outros. Assim como eu vos amei, amai-vos uns aos outros. Todos saberão que sois meus discípulos, se vos amardes uns aos outros" (Jo 13,34-35).

A novidade surpreendente que impressiona (para quem tem fé), reside no lugar e no momento que este mandamento, segundo o Quarto Evangelho, ocupa. Nos evangelhos de Marcos e Mateus (os mais antigos), o "relato da Eucaristia" se encontra entre o anúncio da traição de Judas (Mc 14,17-21; Mt 26,20-25) e o anúncio da negação de Pedro

---

271. POHLMANN, W. Morphé. *Diccionario Exegético del N.T.*, vol. II, p. 333.

(Mc 14,27-31; Mt 26,31-35). O Evangelho de Lucas antecipa a referência a este episódio apresentando-o como um complô satânico que marca todo o relato da Paixão de Jesus (Lc 22,1-6)[272]. Ora, o que chama a atenção é que o Evangelho de João, entre o anúncio do traidor Judas (Jo 13,21-31) e o anúncio da negação de Pedro (Jo 13,36-38), não menciona absolutamente a instituição da Eucaristia. Ao invés disso, o que o Evangelho de João faz é apresentar o "mandamento novo" do amor fraterno (Jo 13,34-35). Mas isso não significa, como sabemos, que o autor ignore o tema da Eucaristia. A este tema capital João lhe dedica todo o capítulo sexto[273]. Mas, afinal, o que nos diz esse mandamento novo?

Os quatro relatos da instituição da Eucaristia que chagaram até nós (1Cor 11,23-25; Mc 14,22-25; Mt 26,26-30; Lc 22,15-20) eram bem conhecidos nas diferentes Igrejas ou comunidades cristãs do século primeiro, quando, seguramente na última década daquele século, foi redigido o Quarto Evangelho[274]. O mandamento novo, como o designa o próprio autor deste Evangelho, parece (é o mais lógico) que vem completar algo que – segundo o evangelista – faltava aos quatro relatos já conhecidos.

Desde já é bom lembrar que o amor fraterno não substitui (ou deva substituir) a Eucaristia, na qual, ao comer e ao beber o pão e o vinho da Ceia do Senhor, comemos e bebemos o corpo e o sangue de Cristo, como ensina a Igreja. João não substitui a Eucaristia pelo amor fraterno. Não se trata, portanto (insisto), de uma substituição, mas de uma explicação, que não obstante complementar é fundamental. Trata-se, pois, de deixar muito claro que comer o pão e beber o vinho da Eucaristia sem a significação do mandamento novo do amor mútuo significaria não apenas falsificar, mas desfigurar a condição do discípulo de Jesus, condição daquele em quem se deveria ver uma pessoa realmente discípula e seguidora do Mestre. Mas isto merece uma explicação maior, já que é um assunto capital para o cristianismo e para a Igreja.

Ao despedir-se de seus discípulos Jesus diz: "Eu vos dou um novo mandamento" (*entolè kainè*) (Jo 13,34). O termo grego *entolè* significa (segundo a versão dos LXX) o mandato estabelecido pela Torá, a lei divina (Gn 26,5; Ex 15,26; Lv 22,31...). Significado que também se encontra no Evangelho de Lucas (1,6; 18,20; 23,56) e em todos os textos em que

---

272. BOVON, F. *El evangelio según san Lucas*. Op. cit. Vol. III, p. 241-251.

273. Ampla bibliografia atualizada em BEUTLER, J. *Comentario al evangelio de Juan*. Vol. I. Estella/Salamanca: Sígueme, 2016, p. 8-18.

274. FREY, J. *Die Herrlichkeit des Gekreuzigten* [WUNT 307]. Tübingen, 2012, p. 288. Cf. ZUMSTEIN, J. *El evangelio según Juan*. Op. cit. Vol. I, p. 44.

este termo aparece nos evangelhos de Mateus e Marcos[275]. Estamos, pois, diante da manifestação suprema da vontade de Deus.

Considerando que se trata de um mandamento novo (*kainè*), qual seria a novidade? Em que consiste esse "novo" que Jesus manifestou ao apresentar esse mandato? Os três evangelhos sinóticos dizem repetidas vezes que o amor de Deus e o amor ao próximo são inseparáveis (Mc 12,29-31; Mt 22,34-40; Lc 10,29-33)[276]. E nisto radica-se o primeiro e principal mandamento que nos manifesta a vontade de Deus. Ora, o Evangelho de João dá um passo a mais, um passo decisivo, que consiste no seguinte: o amor a Deus e amor ao próximo devem estar inseparavelmente unidos. O Quarto Evangelho já não faz mais referência a Deus. O que significa dizer que o mandamento supremo e novo consiste em amar aos outros, de forma que, amando ao próximo (seja ele quem for), estamos manifestando a forma com que amamos a Deus. Nisto consiste a incrível novidade e originalidade do Evangelho em sua plenitude, em sua totalidade. O Evangelho de João não evoca senão o amor que vincula os discípulos entre si[277]. Sem esquecer que este amor não deve menosprezar nenhum ser humano, ou seja, um amor universal[278]. E a esse amor, a essa bondade sem limites, nos remetem o amor e a bondade contidas no Evangelho.

Isto nos leva a uma conclusão que por ora limito-me a adiantar: o centro e a chave do cristianismo está, consiste e se resume na decência, na honestidade, na prática da justiça, da transparência da própria vida, na bondade para com todos, na coerência íntegra, na misericórdia, na responsabilidade no trabalho e na luta pelos mais desamparados deste mundo, na ternura para com todos e, sobretudo, para com os últimos e os que não pensam como eu, na capacidade de perdoar e fazer sempre o possível para transmitir felicidade. Este é o ser do cristianismo.

Isto equivaleria a um "cristianismo laico"? A condição humana não produz este comportamento em sua integridade e nas circunstâncias mais complicadas que a vida nos pode apresentar. Por isso podemos assegurar que o cristianismo (a mensagem de Jesus) não levara a uma prática – e mantê-la ao logo da vida – sem uma mística profunda, que

---

275. Cf. LIMBERCK, M. *Dic. Exeg. N.T.* Vol. I, p. 1.406.

276. MARCUS, J. *El evangelio según* Marcos. Op. cit., p. 967-969. • LUZ, U. *El evangelio según san Mateo.* Op. cit. Vol. III, p. 364-368. • BOVON, F. *El evangelio según san Lucas.* Op. cit. Vol. II, p. 113-116.

277. Cf. ZUMSTEIN, J. *El evangelio según Juan.* Op. cit. Vol. III, p. 67.

278. THYEN, H. *Stuedien zum Corpus Johanneum* [WUNT II/14]. Tübingen, 2007, p. 608-609.

logo mais explicarei. Trata-se da mística que envolve o terceiro mandato de Jesus transmitido à sua comunidade de seguidores – à sua Igreja –, da "memória perigosa" da qual depende o ser ou o não ser do cristianismo[279].

"Fazei isto para me terdes presente"

Assim chegamos ao terceiro dos mandatos fundamentais que Jesus impôs à sua Igreja, ou seja, ao mandato da Eucaristia como lembrança ou memória (*anámnesis*) do próprio Jesus: Fazei isto para me terdes na memória, isto é, para me terdes presente. Literalmente: "Fazei isto em memória de mim" (1Cor 11,24.25)[280]. Aqui é importante ter presente que, nos relatos da instituição que os evangelhos sinóticos nos apresentam (Mc 14,22-25; Mt 26,26-30; Lc 22,15-20), não se encontra o mandato lembrado por Paulo. O mandato de partir e compartilhar o pão e o vinho, que Jesus apresenta como seu corpo e seu sangue, para que assim a memória que nos torna Jesus presente nos acompanhe sempre na vida. Ou seja, para que a memória perigosa de Jesus, traído, negado, abandonado, julgado e condenado, nos acompanhe e nos guie sempre no mundo e na história.

Para compreender o que representa esta memória de Jesus é imprescindível ter presente a razão pela qual Paulo falou – e tão duramente – sobre este assunto, à comunidade (*ekklesía*) de Corinto, quando soube que entre eles havia divisões e conflitos. Literalmente cisões ou rupturas (*schísmata*) (1Cor 11,18). Ou seja, não havia unidade naquela igreja[281], fato que levava consigo uma consequência fatal, pois, em tais condições, por mais corretamente que celebrassem a Eucaristia (o cerimonial segundo as normas), de fato já não representava mais uma celebração da ceia do Senhor. Literalmente: *oúk estin kyriakon deîpnon phagein* (1Cor 11,21). Numa palavra: a comunidade de Corinto tornou impossível a Eucaristia.

A pergunta neste particular é lógica: Por que aqueles cristãos haviam tornado impossível a Eucaristia? Por ser celebrada sem pão e sem vinho? Por ser presidida por alguém que não era sacerdote? Pelo fato de ali serem ensinadas doutrinas proibidas? Nos textos não existe traço algum destes

---

279. METZ, J.B. El dogma, un recuerdo peligroso. *La fe en la historia y la sociedad.* Op. cit., p. 208-212.

280. Anamnesis. *Diccionario Griego-español del Nuevo Testamento.* Córdoba: El Almendro, p. 512-513.

281. CONZELMANN, H. *Der erste Brief an die Korinther* [KEK], p. 51-53. • RADL, W. *Dic. Exeget. NT.* Vol. II, p. 1.633.

problemas, ou de outros parecidos. Então, o que é que invalidava a Eucaristia ou a tornava impossível?

O problema residia na fratura e na divisão social, cultural e econômica, fratura tão presente na sociedade do Império no século primeiro que marcava igualmente a comunidade cristã, a *ekklesía* (assembleia cristã) de Corinto. Sabe-se, com efeito, que o Império Romano (concretamente no século primeiro) era um império aristocrata, termo que significa que o poder estava nas mãos de uma pequena elite constituída de aproximadamente 2 a 3% da população[282]. A classe média praticamente não existia[283]. E em moldes semelhantes se configurava a Igreja de Corinto, como o próprio Paulo o indica. Naquela comunidade havia poucos intelectuais, poderosos, pessoas de boa família. Ao contrário, o néscio deste mundo, o débil, o plebeu e o desprezado na sociedade: esse era o tipo de gente que constituía a maior parte dos membros daquela igreja (1Cor 1,26-29).

Ora, com uma configuração social tão heterogênea, a comunidade de Corinto celebrava a Eucaristia numa ceia denominada "ceia do Senhor" (*kiriakon deipnon*)[284]. Esta denominação é a que as comunidades fundadas por Paulo davam à Eucaristia[285]. Pelo fato de a Eucaristia, estando vinculada a uma refeição, da qual participavam pessoas de condição social muito diferente, inevitavelmente emergiu na comunidade cristã um problema que a qualquer um de nós pareceria estranho e escandaloso, que abaixo explicaremos.

Na sociedade greco-romana do Império, por ocasião de uma refeição ou ceia da qual participavam pessoas de origens diversas, não era incomum que os anfitriões daqueles jantares pagãos discriminassem determinadas categorias de convidados. Em breves palavras: os ricos comiam e bebiam esplendidamente, e até com excessos de escandalosa opulência, ao passo que as pessoas de condição mais humilde muitas vezes voltavam para as próprias casas sem ter ceado suficientemente e, consequentemente, passando fome e vergonha. O Prof. Rafael Aguirre, da Universidade de Deusto, recentemente publicou um excelente estudo sobre as origens da Igreja cristã. Neste estudo ele nos apresenta um texto de Plínio o Jovem, que relata ter sido convidado para uma ceia em que o anfitrião, um sujeito sórdido e presunçoso, fazia servir suculentos e generosos pratos para si

---

282. CARTER, W. *El Imperio romano y el Nuevo Testamento.* Op. cit., p. 14-15.

283. Ibid., 14.

284. SMITH, D.E. *Del simposio a la Eucaristía – El banquete en el mundo cristiano antiguo.* Op. cit., p. 301ss.

285. Inicialmente esta denominação era dada à refeição do meio-dia, mas não tardou a ser utilizada como o nome próprio da ceia. Cf. ibid., p. 49-50.

e seus amigos, ao passo que para os demais servia pratos de segunda categoria e menos generosos. Além disso, "fez dividir os vinhos em pequenas garrafas em três séries, não para que cada qual escolhesse segundo sua preferência, mas para que ninguém pudesse rejeitar o que lhe era oferecido; a primeira era para o anfitrião e para nós; a segunda, para os amigos de menor importância (seus clientes); a outra, para os libertos, tanto seus quanto nossos..."[286].

No entanto, existe algo mais a dizer sobre este tema. Não se trata apenas de diferenças entre os comensais em termos de alimentos e bebidas, mas, às vezes, havia enfrentamentos grosseiros entre os convidados em razão daquilo que cada um comia ou bebia. Na tradição filosófica grega debatia-se esse problema de forma desagradável. Por exemplo, Plutarco relata o seguinte: "Os que comem em demasia dos pratos comuns se indispõem com os mais vagarosos..., a desconfiança, a voracidade, a porfia de mãos e cotoveladas entre convidados, creio eu, não são um bom prelúdio para um banquete... E se o desfrute particular destas coisas – isto é, das porções – não chega a perturbar a convivência geral, isto se deve ao fato que as coisas comuns mais importantes e dignas de maior consideração são a conversação, os brindes e o companheirismo"[287]. Portanto, uma refeição comum era a que se caracterizava pela igualdade, ainda que houvessem diferenças entre os comensais. Isto é um fato. No entanto, quando falamos em igualdade estamos falando de um direito, que, nas questões fundamentais da vida, deve ser igual para todos[288].

Por outro lado, como já aludimos, os cristãos dos primeiros séculos – das comunidades fundadas por Paulo Império afora – não tinham nem templos nem grandes espaços ou propriedades da Igreja para reuni-los. Por isso a casa (de família) acabou sendo a estrutura básica do cristianismo primitivo[289]. As Igrejas, às quais Paulo se dirige em suas cartas, eram Igrejas domésticas. Ou seja, igrejas vinculadas a uma casa e, portanto, a uma família. Já se escreveu, por exemplo, que "nos tempos de Paulo e ao largo do século II, o principal lugar em que se realizavam

---

286. AGUIRRE, R. *Del movimiento de Jesús a la Iglesia cristiana*. Op. cit., p. 179, que cita Plínio o Jovem (*Ep.* 2,6). Cf. SÊNECA. *Ben.*, 6, p. 33. • JUVENAL. *Sátira* 5. Não nos esqueçamos que, como explica o *Dicionário da Era*, *libertos* eram escravos a quem se havia dado a liberdade.

287. PLUTARCO. *Quaest. Conv.*, 643F-644D, apud SMITH, D.E. *Del simposio a la Eucaristía*. Op. cit., p. 302-303, n. 38.

288. FERRAJOLI, L. *Derechos y garantías – La ley del más débil*. Madri: Trotta, 2001, p. 77-80.

289. AGUIRRE, R. *Del movimiento de Jesús a la Iglesia cristiana*. Op. cit., p. 83-114.

as reuniões era a sala de jantar da casa, local em que se celebrava a refeição comunitária"[290]. Ora, uma família que dispunha de uma casa com uma sala de jantar suficientemente grande para acolher toda a comunidade de uma cidade importante, como era o caso de Corinto (ou Tessalônica, Éfeso ou Roma), devia ser uma mansão cujo proprietário pertencia à classe alta daquela sociedade. Em Corinto, concretamente, o próprio Paulo batizou as famílias de Crispo, Gaio e Estéfanas (1Cor 1,14-16; cf. At 18,8 e Rm 16,23), que eram pessoas de prestígio social e gozavam de boa situação econômica[291]. Confirma-se, pois, que as primeiras comunidades cristãs se compunham de pessoas nas quais havia uma pequena minoria que pertencia à alta sociedade, uma parcela muito reduzida pertencente à classe média e uma notável maioria de trabalhadores manuais, pessoas pobres, inclusive mendigos e, como era lógico naquela sociedade, um grande número de libertos e escravos.

Sendo assim, sem dúvida eram inevitáveis as divisões, as situações humilhantes, as desigualdades sociais e econômicas, que afloravam sobretudo quando a comunidade se reunia para uma refeição compartilhada. Ou seja, como as próprias cartas de Paulo o afirmam, enquanto ricos se embebedavam, pobres e mendigos deixavam o local de refeição esfomeados. É o caso testemunhado por Paulo, ao afirmar aos coríntios que enquanto uns se fartam e se embebedam, outros passam fome (1Cor 11,21). Conclamando-os à unidade (*synergoménon... épi tò auto*)[292], Paulo diz: "O que fazeis não é comer a ceia do Senhor" (*ouk éstin kyriakon deipnon phageîn*) (1Cor 11,20). Ou seja, diz à comunidade de Corinto que, quando um grupo de pessoas está dividido, sobretudo em razão de alguns nadarem na abundância e outros se afogarem na miséria e, mesmo nessas circunstâncias, esse grupo pretende celebrar a Eucaristia, isso já não é mais, segundo Paulo, Eucaristia.

Consequentemente, segundo esses escritos, o que torna a Eucaristia inválida é a divisão e os enfrentamentos que se produzem entre ricos e pobres na Igreja. Uma Igreja dividida é uma Igreja incapaz de celebrar a Eucaristia, de fazer memória de Jesus, de viver o Evangelho. A Eucaristia não é invalidada pela não presidência do sacerdote; nem por descumprir essa ou aquela exigência canônico-litúrgica. A teologia, o direito e

---

290. WHITE, L.M. The Social Origins of Christian Architecture. *Harvard Theological Studies*, vol. I, n. 42, p. 119. Cf. SMITH, D.E. op. cit., 281, n. 6.

291. AGUIRRE, R. *Del movimiento de Jesús a la Iglesia cristiana*. Op. cit., p. 90. Cf. THEISSEN, G. *Studien zur Soziologie des Urchristentums*. Tubinga, 1979, p. 231-271.

292. Cf. ZERWICK, M. *Analysis Philologica Novi Testemento Graeci*. Roma: Inst. Bibl., 1960, p. 379.

a teologia do sacerdócio ainda guardam sua importância na Igreja atual. Mas existe algo muito mais forte e importante: se nós, cristãos, não superarmos nossas divisões, nossas desigualdades e nossos enfrentamentos, sobretudo os conflitos intermináveis entre ricos e pobres, se o Evangelho não nos une, a que serve participar de uma missa que tranquiliza nossas consciências rituais, mas que simultaneamente nos deixa com o espírito em paz para continuar tolerando e permitindo que nossa sociedade continue tão quebrada e tão fraturada?

Assim procedendo é difícil (para não dizer impossível) cumprir o terceiro mandato de Jesus proferido na Última Ceia. Por consequência, se os mandatos de lavar os pés uns dos outros, de amar ao próximo como mandamento novo e de fazer memória de Jesus não são realizados como quis e ordenou o próprio Jesus, então, obviamente, de que forma a Igreja poderia organizar-se e gerir-se senão buscando ser mais fiel ao clero e à sua religião do que a Jesus e ao Evangelho?

10

A morte de Jesus

A cruz marginalizada

Se a morte de Jesus na cruz é o acontecimento culminante de sua missão e exemplaridade no Evangelho, e é inevitável afirmar que se esse mesmo Evangelho – em seu conteúdo central, como projeto de vida – foi marginalizado na Igreja, com mais razão ainda podemos afirmar que também a morte de cruz não teve o devido tratamento entre os cristãos. Dito mais claramente: o que o cristianismo mais marginalizou foi o Jesus crucificado.

Com certeza muitos leitores não concordam com o que acabo de dizer. Isto porque parece evidente que, se existe algo enaltecedor entre os cristãos, e em quase todas as Igrejas, é precisamente a imagem do Cristo crucificado. De fato, imagens do Senhor crucificado e cruzes (das mais inimagináveis formas) existem em abundância e variedade em toda parte onde a Igreja está presente e onde existem crentes em Jesus Cristo. Essa é uma evidência.

Entretanto, o problema dessa onipresença da cruz reside em outros interesses que pouco (e às vezes nada) têm a ver com a paixão e a morte de Jesus de Nazaré, da forma como, segundo os dados que temos, aconteceu.

De fato, a arte, o poder e a estética (tudo isso em mãos do capital), são instâncias que se apoderaram do negócio e manipulam este desconcertante tema. Explico-me: sabemos que a imagem de Cristo crucificado foi (e é) tema e motivo de devoção, de obras de arte (sobretudo em escultura e pintura), de condecorações (cruzes de mérito e fama), de joias de valor inestimável..., das quais seria impossível elaborar um catálogo com pretensão de exaustividade.

Será que tudo isso não tem sido (e continua sendo) o procedimento mais dissimulado e incontrolável para marginalizar, na Igreja e em nossa vida, a "memória perigosa" de Jesus, procedimento que às vezes é feito com a mais dissimulada e inclusive elegante atitude meritocrática, sem esconder, obviamente, o mais tosco interesse capitalista? A presunção, o luxo, o poder, a fama, o dinheiro, e tudo o que a isso se relaciona, representam a deslumbrante eficácia do "poder e da glória", da "piedade" e da "religiosidade" que mais nos embelezam, mas que simultaneamente nos enganam. Se, com tempo e calma, contemplarmos de perto *La Pietá*, de Miguel Ângelo, "O Cristo" de Velázquez: Haveria algo mais sublime do que estas obras de arte? Entretanto, simultaneamente também é possível ver nelas algo de falsidade.

Lembro, uma vez mais, o que tantas vezes repeti: nunca deveríamos esquecer que, em sua morte, "Jesus aceitou a função mais baixa que uma sociedade pode adjudicar: a de delinquente executado"[293]. Quando os cristãos usaram a cruz para coroar a beleza e a grandeza de um monumento fabuloso, para enaltecer a testa de um imperador ou de um tirano, para determinar o peso da categoria de um dignitário, para embelezar com joias de espantoso valor a elegância sublime de uma dama, no fundo o que se faz é marginalizar o Evangelho. E subscrever que, nas coisas mais sérias da vida, cremos mais em tudo o que Jesus rejeitou do que nos critérios, valores e convicções que se traduziram na forma de vida e conduta que o levou diretamente à morte de cruz.

Quando os cristãos tinham que esconder o Crucificado

A imagem mais antiga que se conhece do Crucificado é relativamente tardia, e data, aproximadamente, do ano 200. Ou seja, ao longo de quase duzentos anos a Igreja não se atreveu a representar, em uma imagem, o Jesus morto numa cruz. E o pior deste estranho tema é que a gravura mais antiga que (até o dia de hoje) se conhece de um crucificado, é um *graffiti* que representa um "crucificado blasfemo", por tratar-se de uma figura ridícula na qual se vê um homem com cabeça de burro pendurado numa cruz e adorado por outro indivíduo prostrado diante do "homem asno" crucificado. Na parte inferior se lê, num texto em grego: *Alesamenos sebete theon*, que significa: "Alexandre adora a Deus". Isto apareceu pintado em um muro do antigo palácio onde o Imperador Augusto teve sua casa, e que posteriormente foi encorpado à Casa Áurea de Nero[294].

Logicamente, para nós, semelhante pintura desenhada num muro não passa de grotesca blasfêmia. Mas na sociedade romana anterior a Constantino devia ser algo bastante lógico. Por quê? Muito simples: porque, naquela sociedade, ninguém imaginaria que um crucificado pudesse

---

293. THEISSEN, G. *El movimiento de Jesús*. Op. cit., p. 33.

294. CROSSAN, J.D.; REED, J.L. *En busca de Pablo – El Imperio de Roma e el Reino de Dios frente a frente en una nueva visión de las palabras y el mundo del apóstol de Jesús*. Op. cit., p. 438-439. Cf. SNYDER, G.F. *Ante Pacem: Archeological Evidence of Church Life Before Constantine*. Macon: Mercer University Press, 2003, p. 60.

ser uma divindade. Vale lembrar que a morte de cruz, na cultura do Império, não era apenas uma morte cruel, mas, sobretudo, uma morte tão degradante que um cidadão romano não podia ser executado dessa forma. A cruz era uma condenação mortal destinada a escravos, a estrangeiros, a subversivos, e, portanto, a pessoas extremamente perigosas[295]. Por isso vale lembrar aqui que, segundo o texto de Mc 15,27 (par. Mt), não é correto dizer que Jesus foi crucificado entre dois ladrões. O texto grego diz que Jesus morreu entre dois *lestaí*, termo que o historiador Flávio Josefo, dentre outros, utiliza para designar rebeldes políticos e subversivos contra o sistema[296].

Neste contexto, quem poderia acreditar que alguém (ou que algum grupo religioso) podia atrever-se a dizer que o maior perigo para o sistema e para a ordem estabelecida seria nada mais nada menos do que Deus? Por esse motivo, o mais prudente e discreto que os cristãos podiam fazer era ocultar o Jesus crucificado, marginalizar a cruz, desconhecer o crucifixo e o Crucificado. Naquelas circunstâncias não havia outra saída. Ainda que seja duro reconhecê-lo, o cristianismo seguiu em frente porque se "automutilou" justamente no mais central e essencial de sua razão de ser e de sua presença neste mundo.

A solução deste problema e o vislumbre de um futuro melhor começou a desenhar-se quando, a partir do ano 311, o Imperador Constantino – sem ser cristão e sendo um homem duro e de poder –, após sua vitória sobre Magêncio na Ponte Mílvia de Roma, reconheceu o sinal da cruz como característico e decisivo dos cristãos[297]. A partir de então começou a ser ostensível o Crucificado. Em seguida nos deparamos, porém, com uma mudança, que foi determinante para não ter que viver escondendo o Jesus crucificado, mas que também foi o começo de uma mudança profunda que, com o passar do tempo, acabou sendo o fator que condicionou e pôs em marcha a instalação de uma Igreja na sociedade com a consequente marginalização do Evangelho de Jesus. Mais adiante falaremos deste assunto. Antes disso, porém, é indispensável esclarecer uma questão fundamental, que explica alguns problemas básicos que continuam insolúveis.

---

295. KNAPP, R.C. *Los olvidados de Roma – Prostitutas, forajidos, esclavos, gladiadores y gente corriente*. Op. cit., p. 351-352.

296. ALEGRE, X. Los responsables de la muerte de Jesús. Op. cit., vol. XIV, n. 4, 1997, p. 168-169. Cf. KUHN, H.W. Kreuz II. *Theologische RealtEnzyklopädie,* vol. 19, 1990, p. 717.
• KUHN, H.W. *Aufstieg und Niedergang der Römischen Welt*, II, 25/1, p. 726-727.

297. KÜNG, H. *El cristianismo – Esencia e historia*. Op. cit., p. 191.

A teologia que deformou a Igreja

Como já é suficientemente conhecido, os primeiros escritos, os mais originais e antigos do Novo Testamento, são as cartas do Apóstolo Paulo. Estas cartas não podem ser datadas com absoluta certeza nem exatidão. No entanto, o que sabemos com suficiente precisão é que Paulo escreveu suas cartas a partir do início dos anos 40 até pouco antes de 55[298]. Se considerarmos que os evangelhos, como já foi suficientemente demonstrado, foram escritos depois do ano 70[299], deparamo-nos com um problema tão patente quanto problemático, a saber: a cristologia de Paulo foi escrita por um homem que não conheceu pessoalmente Jesus, nem podia ter os conhecimentos suficientes do Evangelho para explicar sua mensagem, nem, e menos ainda, falar com autoridade do Deus que nos foi revelado na vida e nos ensinamentos de Jesus.

Entretanto, o que acabo de mencionar merece um esclarecimento importante. Na realidade o termo *euanggelion*, "Evangelho", aparece muito mais vezes nos escritos do Apóstolo Paulo do que nos evangelhos. Concretamente, das 76 vezes que se menciona a palavra "Evangelho" no Novo Testamento, 48 vezes estão nas cartas de Paulo (ou deuteropaulinas, 8 vezes). Em contrapartida, esta palavra só aparece 12 vezes nos evangelhos (4 vezes em Mateus e 8 em Marcos)[300]. Lucas e João sequer mencionam o termo. Entretanto, a realidade determinante neste tema está no fato de que Paulo, por não ter podido conhecer o Jesus histórico, tampouco seus ensinamentos, a vida que Ele levou, suas relações tensas e conflituosas com os dirigentes da religião, a razão pela qual e como tudo aquilo culminou na condenação à morte de Jesus como um delinquente subversivo, teve que buscar uma explicação para a morte violenta e humilhante de Jesus, sua razão de ser e sua finalidade.

Não esqueçamos que Paulo, na experiência que viveu no caminho de Damasco, não conheceu o Jesus terreno. Naquela experiência apareceu-lhe o Ressuscitado, fato que Paulo repete várias vezes (Gl 1,11-16; 1Cor 9,1; 15,8; 2Cor 4,6), e os Atos dos Apóstolos dão grande destaque (9,1-19; 22,2-21; 26,9-18). Ou seja, Paulo viu em Jesus "um ser de esfera divina"[301].

---

298. Um estudo fiável sobre esta questão está em VOUGA, F. Cronología paulina. In: MARGUERAT, D. (ed.). *Introducción al Nuevo Testamento*. Op. cit., p. 131-138.

299. COMBET-GALLAND, C. El evangelio según Marcos. In: MARGUERAT, D. (ed.). *Introducción al Nuevo Testamento*. Op. cit., p. 47-48.

300. STRECKER, G. Euanggelion. *Dic. Ex. N.T.* Op. cit. Vol. I, p. 1.638.

301. VIDAL, S. *Pablo: de Tarso a Roma*. Santander: Sal Terrae, 2008, p. 54. Cf. CASTILLO, J.M. San Pablo y los problemas de la cristología. Op. cit., n. 241, 2010, p. 21-23.

Eis a razão pela qual a primeira cristologia, conhecida e difundida na Igreja, não se referir nem focar o histórico (que nos afeta e nos interessa a todos nós seres humanos nesta vida e os problemas que todos temos em nossa sociedade e em nossa história), mas o escatológico (o "relativo aos rescaldos do além-túmulo" – *Dicionário da RAE*).

Desta forma o centro do Evangelho (Jesus, sua vida e sua morte), tal como o conheceu a Igreja que se expandiu e começou a organizar-se por quase todo o Império em seus primeiros trinta anos de existência, foi algo de que a maioria dos cristãos não teve notícia. Ou seja, foi uma Igreja que se organizou sem conhecer a Jesus, seus ensinamentos e, sobretudo, a razão de ser do próprio cristianismo.

Este fato marcou de tal maneira a teologia da Igreja que, até o dia de hoje, ensina-se, na pregação e na catequese, que Jesus Cristo foi sumo e eterno sacerdote. E que sua morte foi o supremo sacrifício, decretado por Deus, para a redenção de nossos pecados. Razão pela qual nossa esperança última e definitiva se tornou possível. Com isso chegamos ao próprio centro da cristologia, que determina e explica o "porquê" e o "para quê" da Igreja. Ou seja, sua razão de ser e sua finalidade. Trata-se de questões essencialmente necessárias para o devido conhecimento da Igreja.

Ocorre que este conhecimento da Igreja sempre corre o perigo de ver-se deformado. Ao extremo de perceber, acostumar-se e conformar-se, com toda naturalidade, com uma Igreja que marginaliza o Evangelho. Ou seja, uma Igreja que prescinde do Evangelho, e é até contra ele. Como e por que é possível fazer tal afirmação? É o que veremos a seguir.

Culto ritual e existência cristã

Em linguagem religiosa costuma-se falar com frequência entre os cristãos do "santo sacrifício" da missa, do culto sagrado e dos sacerdotes, que são os homens privilegiados e dotados de poderes divinos para o perdão de nossos pecados, para a celebração da Eucaristia e, em geral, para a administração dos rituais sagrados que nos comunicam a graça de Deus e, portanto, tornam possível a salvação eterna.

Pois bem, para entender devidamente esta linguagem, sua razão de ser e o que ela representa para a vida dos seres humanos, é indispensável ter muito claro que, de fato, a morte de Jesus, o Senhor, foi um sacrifício. Por mais certa que seja a afirmação do Evangelho de Mateus (9,13; 12,7; cf. Os 6,6; 1Sm 15,22; Is 1,10ss.; Sl 40,7), segundo a qual "Deus quer misericórdia e não o sacrifício", o fato é que no Novo Testamento nos ensina que Cristo nos salvou mediante o sacrifício (*thysía*) de si mesmo (Ef 5,2; Hb 5,1; 8,3; cf. 7,27; 9,9; 10,1; 11,4...). Ou seja, mediante o sacrifício de sua morte na cruz[302]. Se isto for lido a partir da tradição religiosa de Israel, sobretudo a partir da versão dos LXX, o sacrifício (*thysía*) foi a tradução dos termos *zebah* e *minhá*, que se haviam convertido em termos fixos para designar, em Israel, o culto sacrificial e ritual em seu conjunto[303].

O ponto principal deste tema, porém, é ter presente que o sacrifício pode ser entendido de duas maneiras distintas: 1) como sacrifício "ritual" e 2) como sacrifício "existencial". No caso do sacrifício ritual, quem acredita e pratica esse tipo de sacrifício pretende na realidade relacionar-se com Deus mediante a prática de determinados "rituais religiosos". Daí a razão pela qual esse indivíduo centra sua religiosidade e sua espiritualidade na submissão às normas rituais estabelecidas e na fiel observância de tais rituais. Este tema foi amplamente analisado pelos mais competentes estudiosos do fato religioso[304]. No caso do sacrifício existencial, a religião é entendida e vivida de forma completamente diferente. Neste caso, quem acredita e põe em prática este tipo de sacrifício centra toda sua relação e sua busca de Deus em sua própria existência, isto é, no conjunto e na totalidade de sua vida: sua conduta, seus critérios, suas convicções, sua forma de viver em todas as suas dimensões.

A questão-chave consiste em precisar como devemos entender o sacrifício de Jesus Cristo na cruz. Se especificarmos esta questão a partir do que os evangelhos nos relatam, a morte de Jesus numa cruz não foi, nem podia ser, um sacrifício ritual. Isto pela simples razão de que, naquela cultura, a condenação e a execução legal de um malfeitor, de um delinquente ou de um subversivo não podia ser entendida nem vivida como um ritual religioso. Não esqueçamos que um ritual religioso devia ser celebrado de acordo e segundo um cerimonial sagrado, e com alguns ritos muito específicos e concretos, celebrados num lugar sagrado (Templo) e presididos por sacerdotes. Sabemos que nada disso aconteceu com a morte de Jesus, que foi executado não apenas fora do Templo, mas inclusive fora das muralhas da cidade santa (*extra portam passus est*) (Hb 13,12), ou seja, Jesus teve que morrer laicamente, profanamente, no espaço secular, para santificar o povo. Foi dessa forma que Jesus consumiu seu sacrifício: executado por militares do Império e desdenhado pelos sumos sacerdotes, que zombaram dele até o fim.

---

302. VANHOYE, A. *Prêtres anciens, prêtre nouveau selon le Nouveau Testament*. Op. cit., p. 212-235. • THYEN, H. Thysia. *Dic. Exeget. N.T.*, vol. I, p. 1.917-1.925. • THEISSEN, G. *Untersuchungen zum Hebräerbrief*. Gütersloh, 1969, p. 79-83.

303. RENDTORFF, R. *Studien zur Geschichte des Opfers im Alten Israel* [WMANT 24]. Neukirchen/Vluyn, 1967, p. 149ss., 191s. Cf. THYEN, H. *Thysia*. Op. cit., p. 1.919.

304. BURKERT, W. *La creación de lo sagrado*. Op. cit., p. 155-165.

Definitivamente, o problema que o cristianismo nos coloca está no fato de apresentar-nos um Deus a quem o que realmente agrada é, assim como o próprio Jesus fez e viveu, que nos doemos uns aos outros. É o que diz a conclusão da Carta aos Hebreus: "Não vos esqueçais de fazer o bem e repartir com os outros, pois estes são os sacrifícios que agradam a Deus" (Hb 13,16)[305].

Seguimento e cruz

Neste livro repetimos com insistência que o centro do Evangelho não está na fé daquele que acredita em Jesus, mas em seu seguimento. O central da vida cristã, portanto, não se limita a tornar próprias as convicções da fé. Além de tais convicções, o que decide se somos cristãos é o seguimento ou o não seguimento de Jesus. O centro do cristianismo não reside em nossas ideias, em nossos critérios, em nossa maneira de pensar. Para além disso, o decisivo é nossa maneira de viver. Quando esta coincide com a maneira com que Jesus viveu, então estamos seguindo e vivendo o Evangelho.

Contudo, falta ainda dizer o mais importante: os evangelhos associam o seguimento de Jesus ao fato de levar (carregar) a cruz e morrer nela. Aqui relacionam-se e vinculam-se estreitamente o verbo *akolouthein* (seguir) e o substantivo *stauros* (cruz): seguir a Jesus e carregar a cruz. Uma afirmação dura e forte que se repete, de distintas maneiras e em momentos diferentes, nos quatro evangelhos (Mgt 10,38; Lc 14,27; Mc 8,34; 15,21; Mt 27,32; 16,24; Lc 9,23; cf. Mc 10,21; EvTom 55; convém ter presente também Jo 19,17)[306].

Mas, afinal, o que significa esta relação (ou conexão) inevitável que Jesus estabelece entre o seguimento e a cruz? Esta pergunta teve respostas tão diferentes que, às vezes, parecem contraditórias. Seja como for, o que deve ficar claro é que, se nos limitados enclausurados *na* e *pela* religião, não haveria outra resposta senão o martírio. Neste caso, seguir a Jesus equivaleria a estar disposto a morrer mártir. Seguimento e martírio viriam a ser duas realidades ridículas e pesadas, vinculadas uma à outra. O que, em última análise, seria uma forma refinadamente escolhida (e até selecionada) de marginalizar o Evangelho, já que são poucos e estranhos os cidadãos que estão dispostos a morrer mártires, independentemente

---

305. VANHOYE, A. *Prêtres anciens, prêtre nouveau*. Op. cit., p. 249-250.

306. KUHM, H.W. Stauros. *Dic. Exeget. N.T.*, vol. II, p. 1.476-1.485, com ampla bibliografia sobre o tema. Essa bibliografia é completada em BOVON, F. *El evangelio según san Lucas*. Op. cit. Vol. II, p. 633-634.

da forma de martírio. Isto tem acontecido muitas vezes na Igreja, e até mesmo sem ter-nos dado conta do que realmente estava acontecendo. Ou seja, às vezes se perde tempo pregando algo tão sublime, mas quase impossível de ser vivido, para não dizer inútil.

Jesus não falava absurdos às pessoas, tampouco bobagens. Ele dizia (e recomendava) aos outros o que Ele mesmo vivia e fazia. Seguir a Jesus não significava outra coisa senão vincular a própria vida ao seu projeto de vida. Enquanto homem livre, Jesus não se prendeu à sua família, nem à sua casa, nem ao seu trabalho, nem ao dinheiro, nem à fama, nem à religião (com seus dirigentes, rituais e normas). Jesus foi um homem radicalmente livre a serviço de uma humanidade radical. No concreto de nossa vida e de nossa sociedade, no entanto, quem opta por uma humanidade radicalmente livre opta efetivamente pela disponibilidade que lhe dá suporte, se necessário, para não ceder nem um milímetro em sua liberdade, para estar sempre disponível em seu empenho e luta pela humanidade. Humanidade em pé de igualdade para todos: ao nível do respeito, da dignidade, dos direitos, da felicidade, das convicções, dos anseios e desejos, da necessidade de bondade, de carinho e de bem-estar universais.

Na verdade, os evangelhos, em sua forma literária de relatos justapostos, não têm outra finalidade senão narrar o projeto de vida ensinado por um homem livre, inteiramente livre, a serviço de todos os escravizados deste mundo e desta vida, seja qual for a organização e a gestão do sistema político, econômico e religioso de quem lê tais evangelhos, se o fazem com ânimo, não simplesmente para inteirar-se do que dizem, mas, sobretudo, se pretendem organizar e gerenciar a própria vida em vista do "seguindo a Jesus".

11

A Igreja quebrada: os privilegiados e os esquecidos

Um exército de deserdados

Abundam os tratados de história da Igreja e de teologia cristã que, ao explicar as origens do cristianismo nos três primeiros séculos de sua história, dão seguramente mais importância àquilo que os cristãos acreditavam do que à forma como viviam. E uma das tendências mais frequentes da teologia cristã tem sido antepor as ideias à vida. Tentação que, tantas vezes, nós teólogos, não temos sabido superar. Por isso, em teologia, antepõe-se o ser ao dever, e com isso quebramos nossa capacidade – e inclusive nossa possibilidade – de compreender a Deus, a Jesus e o próprio Evangelho. Se existe algo que distingue e explica estas três realidades supremas é o fato que nelas o ser e o dever são inteiramente coincidentes. E se fundem em uma única realidade.

Por isso é compreensível que os tratados teológicos dos primeiros séculos do cristianismo tenham analisado minuciosamente os ensinamentos dos apologetas do século II, as heresias explicadas por Irineu de Lyon, as complicadas teorias do gnosticismo, as intermináveis digressões sobre o estoicismo dos Padres da Igreja desde Clemente de Roma a Clemente de Alexandria[307], as controvérsias de Orígenes contra Celso[308] ou a teologia de Ario e seus enfrentamentos com a ortodoxia oficial, que explicam a crise de Niceia e as inesgotáveis interpretações do *homousios* (em Deus, o Filho é da mesma natureza que o Pai)[309].

---

307. SPANNEUT, M. Le stoicisme des pères de l'Église, de Clement de Rome à Clement d'Alexandrie. *Patristica Sorbonensia*. Paris, 1957, p. 267-345. Cf. VILANOVA, E. *Historia de la teología cristiana*. Vol. I. Barcelona: Herder, 1987, p. 144.

308. Cf. VILANOVA, E. *Historia de la teología cristiana*. Op. cit., p. 168-173.

309. PAÑO, M.V.E. El cristianismo marginado: heterodoxos, cismáticos y herejes del siglo IV. In: SOTOMAYOR, M.; FERNÁNDEZ UBIÑA, J. *Historia del cristianismo –*

Sirvam estes exemplos (que poderiam ser multiplicados de forma impressionante) como indicadores de uma teologia da Igreja centrada em suas ideias e em seus dogmas, ao mesmo tempo que é difícil encontrar, nos manuais teológicos (e nos ensinamentos costumeiramente ensinados nos seminários e conventos), uma explicação documentada de como era e como vivia aquela Igreja e os cristãos que dela faziam parte. O que poderíamos dizer sobre este tema tão fundamental?

Essencialmente, como acertadamente sublinhou o Prof. E.R. Dodds, da Universidade de Oxford, o cristianismo foi visto, quase que desde a origem, "como uma fé pela qual vale a pena viver e morrer"[310]. É um fato reconhecido por personagens notórios daquela época, mesmo por aqueles que não simpatizavam tanto com a Igreja. É o caso de Luciano, Marco Aurélio, Galeno e Celso[311].

Por outro lado, esta "generosidade martirial" não se traduziu, propriamente falando, em fanatismo. E menos ainda em formas de conduta excludente. É possível afirmar que o cristianismo estava aberto a todos. Em princípio não fazia distinções sociais: aceitava trabalhador braçal e escravo, proscrito ou criminoso. A Igreja, ao menos até o século III, procedeu desta forma. Fato que foi reconhecido por autores como Arnaldo Momigliano, que não duvidou em deixar-nos testemunhos pesadíssimos sobre os conflitos entre a Igreja e a cidade no século IV[312]. O que não impediu que o cristianismo se mostrasse aberto a toda sorte de pessoas e de oportunidades[313], mais especificamente enquanto duraram as perseguições. É por isso que abundam os testemunhos de autores de então que, dentre outras opiniões, afirmaram que "o cristianismo era, em grande medida (embora com algumas exceções), um exército de deserdados"[314]. Sabe-se, com efeito, que inclusive no final do século terceiro o cristia-

---

Vol. I: El Mundo Antiguo. Madri: Trotta/Universidad de Granada, 2003, p. 421ss. Cf. WILLIAMS, R. *Arrio – Herejía y Tradición.* Salamanca: Sígueme, 2010.

310. DODDS, R. *Paganos y cristianos en una época de angustia.* Madri: Cristiandad, 1975, p. 173.

311. LUCIANO. *Peregr.*, p. 13. • ANTONIO, M. 11, 13. • WALCER. *Galen.*, p. 15. • ORÍGENES. *Contra Celso*, 8, p. 65. Cf. tb. EPITETO, 4. 7. 6. • DODDS, E.R. *Paganos y cristianos en una época de angustia.* Op. cit., p. 173 e nota 96.

312. MOMIGLIANO, A.D. *The Conflict between Paganism and Christianity in the Fourth Century.* Oxford: Clarendon Press, 1963, p. 9.

313. Ibid., p. 10-14. Cf. DODDS, E.R. *Paganos y cristianos en una época de angustia.* Op. cit., p. 174, n. 99.

314. A informação é de Dodds (ibid., p. 175). Fato, porém, que é endossado pelo testemunho de autores importantes como JUSTINO, *Apol.*, 10,8. • ATENÁGORAS.

nismo "era em grande parte formado por pessoas das classes médias e baixas, e que junto à aristocracia havia causado pouca impressão"[315].

Enfim, como teria sido aquela Igreja? Já foi dito, com todas as letras, que a Igreja oferecia todo o necessário para constituir uma espécie de segurança social: cuidava de órfãos e viúvas, atendia anciãos e incapacitados e os que careciam de meios de vida; dispunha de um fundo para os funerais dos pobres e um serviço para os períodos de epidemia[316]. Entretanto, o mais importante de tudo era o sentimento de grupo que o cristianismo estava em condições de fomentar, como acertadamente o afirmou o Prof. Dodds[317]. Mas, efetivamente, o que a Igreja teria conquistado, sobretudo nos séculos segundo e terceiro?

Epíteto deixou escrito o horrível desamparo que um homem pode experimentar junto a seus semelhantes[318]. "Devem ter sido muitos o que experimentaram esse desamparo: os bárbaros urbanizados, os camponeses chegados à cidade em busca de trabalho, os soldados aposentados, os rentistas arruinados pela inflação e os escravos libertados. Para todas estas pessoas, passar a fazer parte da comunidade cristã devia ser o único meio de conservar o respeito para consigo mesmas e dar à própria vida algum sentido. Dentro da comunidade experimentava-se o calor humano e tinha-se a prova de que alguém se interessa pelos outros, neste mundo e no outro"[319].

Cipriano de Cartago, no primeiro escrito que nos deixou depois de receber o batismo e ingressar na comunidade cristã, afirma com todas as letras: "Imediatamente aclararam-se as dúvidas de modo maravilhoso, abriu-se o que estava fechado, dissiparam-se as trevas, tornou-se fácil o que parecia difícil, fez-se possível o que parecia impossível"[320]. Ou seja, na

---

Leg., 11,3. • Taciano. *Orat.*, 32,1. • FÉLIX, M. *Oct.,* 8,4, 12,7. • ORÍGENES. *Contra Celsum* 1, 27.

315. MOMIGLIANO, A.D. *The Conflict between Paganism and Christianity in the Fourth Century*. Op. cit., p. 37.

316. Cf. sobretudo ARISTIDES. *Apol.*, 15. 7-9. • JUSTINO. *Apol.*, I, 67.6. Cf. DODDS, E.R. *Paganos y cristianos en una época de angustia*. Op. cit., p. 178, n. 110.

317. DODDS, E.R. *Paganos y cristianos en una época de angustia*. Op. cit., p. 178.

318. Cf. *Epict.* 3.13.1-3.

319. DODDS, E.R. *Paganos y cristianos en una época de angustia*. Op. cit., p. 179.

320. "Mirum in modum protinus confirmare se dubia, patere clausa, lucere tenebrosa, facultatem dare quod prius difficile videbatur, geri posse quod impossibile putabatur..." (SAN CIPRIANO. *Obras completas*. Ed. por J. Campos. Madri: BAC, 1964, p. 109).

comunidade cristã encontrou paz, acolhida, respeito, afeto e amizade que nos dão sossego, paz e esperança na vida.

A sorte que originou a desgraça

Os tratados de teologia que estudam os acontecimentos importantes para a Igreja do século IV analisam e explicam sobretudo os dois primeiros concílios ecumênicos (Niceia [325] e Constantinopla I [381]), seus ensinamentos centrais para a cristologia e a formulação definitiva do "Credo", que confessa a fé que nós cristãos professamos. Estes fatos são amplamente estudados e conhecidos na Igreja, já que se trata de acontecimentos de primeira grandeza.

Entretanto, tanto os teólogos quanto a Igreja em geral deveriam ter presente que os acontecimentos mencionados são fundamentalmente acontecimentos doutrinais. Fato importante, obviamente, embora nunca devamos esquecer que a Igreja, se apenas se limita a estudar e a ensinar uma doutrina, transmitirá uma teologia ortodoxa sim, mas não o Evangelho.

Evidentemente, o que acabo de dizer não deve ser generalizado. Todos sabemos que, na longa história da Igreja, tivemos (e continuamos tendo) fiéis exemplares e até mesmo heróis que nos deram exemplos de fidelidade íntegra e cabal ao Evangelho de Jesus. Este é um fato inquestionável.

No entanto, foi precisamente no século IV, entre os anos 312 e 374, que teve início a maior desgraça da Igreja. O que teria acontecido de tão grave naqueles anos? Insisto que aquele foi apenas o começo, o ponto de partida. Por quê? Convencionalmente, costuma-se datar no ano 312 a "conversão" de Constantino. Não pretendo discutir se, efetivamente, aquele imperador se converteu ou não à fé cristã, e exatamente naquele ano. O que importa é saber que foi a partir de então que o primeiro imperador "cristão" introduziu os bispos e o clero da Igreja cristã no grupo dos privilegiados da sociedade[321].

Entretanto, não foi naquele momento que os ricos se apoderaram do destino da Igreja. Isto teve início alguns anos mais tarde, a partir do ano 370 (e não em razão da denominada "conversão de Constantino"). Mas sabemos que Constantino já recompensava o clero cristão com privilégios adequados, pois eram os clérigos (e não o cristão mediano) os especialistas em rituais: eram eles que sabiam levar a bom termo o "culto do santo e celestial poder"[322].

---

321. Cf. BROWN, P. *Por el ojo de una aguja – La riqueza, la caída de Roma y la construcción del cristianismo en Occidente (350-550 d.C.)*. Op. cit., p. 95-96.

322. Assim consta em uma carta de Constantino ao bispo de Siracusa. Cf. EUSÉBIO DE CESAREIA. *História eclesiástica*, 10.5.21 [ed. esp.], p. 632.

Isto é o que afirma o grande historiador Peter Brown[323]. Mas vale lembrar também que os privilegiados da Igreja já existiam antes da chamada "conversão de Constantino", que ocorreu no século IV. O começo da divisão no interior da Igreja, com a consequente gradação de privilegiados e sujeitados, ou seja, o nascimento dos privilégios clericais começou (ao menos na Igreja do Ocidente), passou a existir ainda no século III. Foi quando, à custa de sérios conflitos, fez-se presente nas comunidades cristãs o clero com seus poderes, deixando em um nível inferior a plebe, subordinada desde então à *sacra potestas*. Já indico, entretanto, que a "sorte" do clero degenerou em desgraça para a comunidade dos crentes em Jesus, como logo abaixo explicarei.

Quando na Igreja se levava a sério o Evangelho

Os responsáveis pelas comunidades cristãs dos dois primeiros séculos tiveram o grande cuidado de evitar qualquer denominação que pudesse classificá-los como chefes ou encarregados oficiais de uma religião. Por isso escolheram denominações ou cargos que faziam referência a instituições laicas ou trabalhos seculares. Isto explica por que se autodenominaram "servidores" (*diaconoi*), "escravos" (*douloi*), "lideranças" (*presbyteroi*) ou "inspetores" (*iéreus*).

De fato, ao proceder dessa forma, os ministros da Igreja não fizeram outra coisa senão aceitar o Evangelho e tentar viver de acordo com ele. Lá se vão alguns anos desde que um dos teólogos mais conhecidos no século XX, Hans Urs von Balthasar, nos lembrou como os evangelhos proíbem, aos ministros das comunidades cristãs, o uso de tudo o que represente títulos que expressem mérito, honra ou preeminência sobre os outros. Assim, "Pai", "abade" ou "papa" (a mesma palavra em três línguas diferentes) estão proibidos em Mt 23,9; "mestre" em Mt 23,8; "doutor" em Mt 23,10; "senhor" (e logicamente também "monsenhor") em Lc 22,25; "excelência" e "eminência" não se enquadram com Mt 20,26-27; 23,11; Mc 9,35; 10,43-44; Lc 22,25; Jo 15,13-15[324]. E o que chama a atenção é que os homens do clero, ao longo dos séculos, vieram usando estes títulos (e outros semelhantes) como algo natural, algo que "tem que ser assim", e que é exatamente o que eu mesmo (aquele que escreve este livro), venho fazendo, orgulhoso de meus títulos acadêmicos. Aquele que escreve tudo isto vive na contradição de quem diz coisas que não vive. É algo demasia-

---

323. Cf. BROWN, P. *Por el ojo de una aguja – La riqueza, la caída de Roma y la construcción del cristianismo en Occidente (350-550 d.C.)*. Op. cit., p. 99.

324. Cf. VON BALTHASAR, H.U. *Ensayos teológicos*. Vol. II. Madri, 1964, p. 475-476.

damente forte na Igreja. Algo que vem – insisto neste dado – desde antes de Constantino.

Assim o fez notar Y. Congar: "Já antes da paz constantiniana é perceptível a tendência de buscar o prestígio por distinções honoríficas externas. Por exemplo, Paulo de Samósata fez-se erigir um trono elevado, e para depô-lo de sua sede de Antioquia os bispos tiveram que recorrer ao Imperador Aureliano, que era um pagão"[325]. Já despontavam, portanto, as pretensões dos servidores da comunidade, que pretendiam situar-se como senhores dos outros.

Isto vinha de longe. Já na *Tradição apostólica*, de Hipólito de Roma, aparece (seguramente pela primeira vez) a designação de bispo como *arjieréus*, "sumo sacerdote"[326]. Isto já se afirmava nos inícios do século III. E em um parágrafo, do qual só temos a tradução latina, afirma-se que o diácono *non in sacerdotio ordinatur*[327]. Expressão que confirma a ideia de que, já nos primeiros anos do século III, se utilizava o vocabulário sagrado e solene para referir-se aos ministros da Igreja. Aspecto que aparece muito mais claro em Tertuliano, que escreveu sua majestosa obra entre os anos 195 e 220[328], praticamente um século antes da chamada conversão de Constantino, em 312. Ora, Tertuliano utiliza 97 vezes o termo *sacerdos*, das quais 8 para designar os bispos[329].

Alguns anos mais tarde Cipriano de Cartago deu o passo decisivo no uso do termo *sacerdos,* empregado por ele 202 vezes, das quais 147 são usadas para denominar o bispo e, em um único caso, para referir-se a um presbítero[330]. Assim, pois, em meados do século III, os sucessores dos apóstolos e seguidores de Jesus já haviam alcançado, na valorização e estima da Igreja, uma qualificação que os considerava homens sagrados e consagrados. Ou seja, homens separados e postos em uma cate-

---

325. EUSÉBIO, VII, 30.9 e 30,19. Cf. CONGAR, Y. *Por una Iglesia servidora y pobre*. Op. cit., p. 97-98.

326. *Trad. Apost.* Ed. por B. Botte, p. 41 e 66.

327. Ibid., p. 39. Cf. GY, P.M. Remarques sur le vocabulaire antique du sacerdoce chrétien. *Études sur le sacrement de l'Ordre*. Paris, 1957, p. 142.

328. QUASTEN, J. *Patrología*. Op. cit., p. 546.

329. *De Bapt.,* XVII, 1. CC 291, p. 13-14. • *De Ieiun.*, XVI, 9. CC 1275, p. 15. • *De Pud.*, XX, 11. CC 1325, p. 60-61; XXI, 17. CC 1328, p. 79. • *De Exhort. Cast.*, VII, 5. CC 1025, p. 29; VII, 6. CC 1025, p. 30; XI, 2. CC 1031, p. 11; VII, 2. CC 1024, p. 15. No entanto, P.M. Gy, no artigo citado na nota anterior, diz: "Tertullien qui n'a paz 'sacerdos'..." Suspeito que Gy não leu Tertuliano ao fazer semelhante afirmação.

330. *Epist.* 40, I. Ed. de Hartel. *Csel*, 568, p. 9. Cf. tb. *Epist*. 61, 3. Ed. de Hartel. *CSEL*, 696-697, p. 1.

goria superior à dos simples leigos. O que a todo custo Jesus quis evitar ao instruir seus discípulos a irem pelo mundo lavando os pés uns dos outros, fazendo-se, portanto, escravos a serviço dos que sofrem e vivem na insegurança, justamente seus sucessores o fizeram, e não apenas colocando-se à margem dos outros, mas acima deles. E com vantagens e alguns poderes que Jesus (humanamente falando) nunca poderia ter imaginado.

A *Ordo* e o *clero* não foram inventos de Constantino

De fato, foi sobretudo durante o século III, muitos anos antes de Constantino, que na Igreja foram introduzidos dois conceitos (e seus conteúdos correspondentes) que implicaram uma mudança radical. A tal ponto que, uma vez aceita essa mudança, tornava-se cada vez mais difícil entender o Evangelho. E mais difícil ainda viver como nos deixou dito Jesus, a nós que queremos segui-lo. Os conceitos a que me refiro, por mais estranho que possam parecer, são *ordo* e *clero*.

1 *Ordo*

Na Igreja, como sabemos, existe o Sacramento da "Ordem", que é recebido mediante o ritual da ordenação ou da imposição das mãos do bispo, que desta forma consagra um fiel cristão e lhe transmite poderes sobrenaturais para administrar os sacramentos aos fiéis. Isto é o que a teologia sacramental da Igreja ensina, e o que se divulga entre os fiéis mediante os catecismos e a catequese em geral.

Na verdade, os termos relativos à ordem e à ordenação vêm de longa data. Ao que parece foi Tertuliano o primeiro autor a utilizar estes conceitos e aplicá-los à religião, concretamente à Igreja e aos cristãos[331]. Alguns anos mais tarde a terminologia relativa à *ordo*, aos *ordinati* e à *ordinatio* é utilizada com a maior naturalidade e frequência nos escritos religiosos do século III. Por exemplo, no epistolário de Cipriano[332]. E o mais surpreendente é que este vocabulário foi então utilizado (e ainda se utiliza) sem conceder mais importância ao assunto. Quando, na realidade, estes

---

331. Cf., p. ex., *De exhort. cast.,* VII. PL 2, p. 971. • VAN BENEDEN, P. *Aux origines d'une terminologie sacramentelle: Ordo, ordinare, ordinatio dans la littérature latine avant 313*. Lovaina, 1974. • BEVENOT, M. Tertullians thoughts about the Christians priesthood. *Corona Gratiarum – Miscellanea E. Dekkers*. Vol. I. Bruges, 1975, p. 125-137.

332. Foram recolhidas muitas referências às cartas de Cipriano no livro *Para comprender los ministerios de la Iglesia*. Estella: Verbo Divino, 1993, p. 51, nota 20.

termos (e o que eles encerram) são os testemunhos mais eloquentes do crescente distanciamento que, desde aquela época, estava ocorrendo entre a Igreja e o Evangelho.

De fato, os termos *ordo* e *ordinatio* foram conceitos-chave na organização e na gestão da sociedade e da cultura do Império[333]. Os estudos mais recentes de David S. Potter[334] e sua divulgação por Robert C. Knapp[335] nos oferecem pistas importantes para compreender o que realmente aconteceu, já na Igreja do século III, quanto ao crescente distanciamento entre a Igreja e o Evangelho de Jesus.

Para explicar isto de uma forma mais simples e breve, começarei dizendo que a *ordo* e a *ordinatio* não foram em suas origens conceitos bíblicos, nem religiosos. Eram termos usados pela sociedade romana para designar as três ordens (*ordines*) com que se dividia a seleta elite que regia o resto da população. Estas três ordens eram: a "ordem dos senadores", ou ordem senatorial; a "ordem equestre", ou ordem dos cavaleiros; e a "ordem do decuriado" ou "decurionato", que se estendia pelas cidades e povos do Império e cuja função era educar e manter as diferenças estabelecidas entre as ordens "senatorial" e "equestre"[336].

Não é fácil para nós fazer uma ideia correta do que isto representava naquele tempo. Basta ter presente, no entanto, que o número dos membros das três ordens não chegava a 100 mil (talvez 200 mil) pessoas. Trata-se, portanto, de menos de 0,5% dos 50 ou possíveis 60 milhões de habitantes que compunham a totalidade da população do Império[337]. Isto significa dizer que os ordenados (*ordinati*), sendo numericamente uma minoria, na realidade eram os donos e os senhores daquela sociedade e do Império em geral. Eles eram a elite do sistema, os que desfrutavam do resto da população, que era sua imensa maioria. A elite do Império situava-se no topo da pirâmide socioeconômica romana. Para aceder a ela, era necessário dispor de mais de 400 mil sestércios, isto se pretendesse fazer parte da *ordo equitum* (ordem dos cavaleiros). Se quisesse galgar ao

---

333. Para termos uma ideia deste assunto pode ser útil a leitura de PAULY-WISSOWA. *Realencyclopädie der Klassischen Altertumuswissenschaft.* Vol. XVIII/1. Stuttgart, 1939, p. 930-936. • FRANSEN, P. Ordo. Op. cit., p. 1.212-1.220.

334. POTTER, D.S. (1999). *Literary Texts and the Roman Historian.* Londres: Routledge, 1999.

335. KNAPP, R.C. *Los olvidados de Roma – Prostitutas, forajidos, esclavos, gladiadores y gente corriente.* Op. cit.

336. Ibid., p. 9-10.

337. Ibid., p. 9.

nível da *ordo senatorum* (ordem dos senadores), seu capital devia chegar a milhões de sestércios[338].

Sendo assim, e considerando as somas acima, é fácil entender que os romanos viviam em meio a uma enorme divisão, sobretudo pela distância entre os mais ricos e mais honráveis, os *honestiores*, e os *humiliores*, o resto da população, considerada como seres inferiores. Ou seja, os mais de 90% que formavam o resto da sociedade eram simplesmente parte integrante dos "esquecidos de Roma", dos que eram obrigados a viver submetidos aos poucos líderes que viviam espalhados pelo Império, mas que, na realidade, controlavam tudo. Desta forma também a Igreja ficou dividida, quebrada, partida.

Jesus manifestou seu desejo definitivo de "que todos sejam um" (Jo 17,12-15). Os dirigentes eclesiásticos, os ordenados ou clérigos, se encarregaram de quebrar aquela unidade que a partir dos "últimos" Jesus quis fundamentar (Mc 10,21 par.; Mt 19,30; 20,1-15; Lc 13,22ss.), invertendo a "des-ordem" deste mundo e seu sistema. Para Jesus, o mais importante não é a produtividade, mas a igualdade em dignidade e direitos[339]. Compreende-se, pois, que o clero (os seletos e privilegiados) foi o fator que colaborou, com a maior eficácia imaginável, para antepor a religião ao Evangelho e preparar assim o terreno e o ambiente para chegar a uma consequência fatal: a enorme dificuldade que a Igreja tem de transmitir o Evangelho.

Agora fica mais fácil compreender a terrível afirmação que pode ser lida num muro de Pompeia, já referida anteriormente: "Odeio os pobres. Se alguém quer algo em troca de nada, é um idiota. Deveria pagar por isso"[340]. Esta maneira de pensar era a consequência inevitável de uma sociedade quebrada, dividida e humilhada, e em sua grande maioria obrigada a submeter-se aos que possuíam os méritos propiciados por algumas das *ordines*.

Chegados até aqui, urge fazer uma advertência importante. Não pretendo, de modo algum, equiparar a *ordo* e as *ordines* da sociedade do Império com a *ordo* e a *ordinatio*, da forma como foi entendida e colocada em prática na Igreja. O ordenamento de uma sociedade não pode ser o

---

338. Ibid., p. 11.

339. SCHOTTROFF, L. Die Güte Gottes und die Solidarität von Menschen. In: SCHOTROFF, W.; STEGEMANN, W.W. (org.). *Der Gott der kleinen Leute*. Munique: Kaiser, 1979, p. 71-84.

340. *Corpus Inscriptionum Latinarum*. Berlim, 1863. Cf. KNAPP, R.C. *Los olvidados de Roma – Prostitutas, forajidos, esclavos, gladiadores y gente corriente*. Op. cit., p. 11-14.

mesmo de uma religião. Entretanto, tão certo quanto isto é o fato de que em ambos os casos (na sociedade e na religião) nos deparamos com o mesmo fenômeno: a submissão da grande maioria a um número reduzido de sujeitos privilegiados, situados num nível superior. Esta superioridade pode ser justificada pelo poder político (e suas diversas legitimações), ou pelo poder religioso (e os demais argumentos que explicam a religião como um sistema de classes ou castas que implicam dependência, submissão e subordinação a superiores invisíveis)[341].

O fato é que a comunidade de fiéis que se originou do Evangelho foi se organizando como uma instituição e como um coletivo no qual se estabeleceu uma separação e inclusive uma distância fundamental e notável entre os ministros da comunidade e a própria comunidade. Os que, segundo a vontade de Jesus (como consta no Evangelho), deviam ser os servidores da comunidade, acabaram se tornando os membros privilegiados de uma ordem (*ordo*), ou seja, os notáveis e os que, a partir de então, se impuseram e dominaram a própria comunidade.

Além disso, sem exagerar absolutamente, é possível afirmar que, nas Igrejas do Oriente, este excesso de domínio baseado na ordem sagrada alcançou níveis difíceis de imaginar e (sobretudo) de aceitar. Assim, o *Didaskalía* (um documento canônico-litúrgico de origem síria que foi difundido inclusive no Ocidente), na primeira metade do século III, enaltece o bispo tão fortemente que chega a compará-lo a Deus e situá-lo no lugar de Deus. As afirmações que este documento faz deixa qualquer um impressionado. Por exemplo: "O bispo [...] reina em lugar de Deus e deve ser venerado como Deus, porque preside em representação de Deus"[342]. Outra afirmação: "Estimai o bispo como sendo a bondade de Deus"[343]. E algo mais impressionante ainda: "Amai o bispo como pai, temei-o como rei, honrai-o como Deus"[344].

Que se dê a tudo isso o nome que se queira. Mas, já que estamos falando de ordem, de ordenação, ou do que quer que seja, o fato é que uma Igreja que pensa dessa forma, que assim se expressa e assim se organiza, nos obriga a perguntar: É possível, a partir dessa mentalidade, entender o Evangelho, compreender o que Jesus disse e, sobretudo, torná-lo vida em nossas próprias vidas? Uma instituição que se inspirou na ordem, e nas ordens, da forma como eram entendidas e vividas naquela sociedade,

---

341. Cf. BURKERT, W. *La creación de lo sagrado*. Op. cit., p. 146.

342. *Didaskalía*, XXVI, 4, p. 104.

343. Ibid., XXVIII, p. 9, 110.

344. Ibid., XXXIV, p. 5, 118.

poderia estar em condições de compreender e tornar presente o mesmo Evangelho ensinado por Jesus?

2 O clero

O termo grego *klêros* significa sorte, participação ou porção[345]. No Novo Testamento ele só aparece 11 vezes, com significados diversos, que só fazem referência à designação de ministério apostólico no relato que descreve a eleição de Matias, para substituir Judas (At 1,17.26)[346]. No século II, de acordo com a literatura cristã que chegou até nós, o termo não é frequente. Mas se generaliza no século III, sobretudo a partir de Cipriano, que em sua primeira carta dirigida a presbíteros e diáconos já utiliza indistintamente os termos clérigo e sacerdote[347]. Dito de outra maneira: os termos clero, clérigo, clerezia começaram a ser apreciados como sinal de distinção por aqueles que deles se orgulhavam bem antes de Constantino. Talvez porque, um século antes, ainda que as comunidades cristãs – dentro de uma sociedade em que praticamente não existia a classe média – fossem compostas em sua grande maioria por pessoas de condição popular e simples, quando não de desclassificados e pobres maltrapilhos, as Igrejas já haviam começado a ceder à tentação de assumir um aspecto senhorial[348].

O problema que não tardou a apresentar-se (e tal como o vemos agora) é que aqueles que mais se esforçaram para alcançar ou assemelhar-se ao que era do domínio senhorial foram precisamente os homens de Igreja. Ou seja, o clero. Um exemplo: bem antes da paz constantiniana houve clérigos que não tiveram o pudor de pôr-se em relevo, inclusive no sentido mais literal e elementar desta grosseira expressão. Foi o caso de Paulo de Samósata, que fez-se erigir um trono elevado ao qual se aferrou com tanto apego que, para destituí-lo de sua sede de Antioquia, os bispos limítrofes tiveram que recorrer ao Imperador Aureliano, um pagão, que acabou destronando o vaidoso bispo do "alpendre" que se havia construído para fazer seu brilho reluzir perante o povo[349].

---

345. Cf. FRIEDRICH, J.H. Klêros. *Dic. Exeget. N.T.*, vol. I, p. 2.348-2.351.

346. O texto de 1Pd 5,3 tem um significado duvidoso e discutível. Cf. FRIEDRICH, J.H. Klêros. Op. cit., p. 2.351.

347. *Obras de san Cipriano. Tratados, Cartas.* Ed. por Julio Campos. Madri: BAC, 1964, p. 365.

348. CONGAR, Y. *Por una Iglesia servidora y pobre*. Op. cit., p. 95-112.

349. CESAREA, E. *Historia Eclesiástica*, VII, 30. 9. Cf. CONGAR, Y. *Por una Iglesia servidora y pobre*. Op. cit., p. 97-98.

Por outro lado, temos notícia do tratado *De singularitate clericorum*, que combateu os abusos de alguns clérigos que viviam sob o mesmo teto com mulheres sem estar casados[350]. O que menos interessa, neste caso, é o conteúdo e os problemas de moralidade que este tratado apresenta, tampouco saber quem foi seu discutido autor. O importante para o presente estudo é frisar que já antes de Constantino o clero, seus privilégios e suas incoerências eram motivo de escritos que permaneceram para a posteridade[351].

Além do mais, a confecção ostensiva de tiaras, mitras, indumentárias, anéis de luxo, correntes de metais caros, cruzes de valor... passaram a desfilar nas Igrejas cristãs. Isto para não falar de ostentações mais claras e visíveis posteriormente introduzidas. Refiro-me a bispos vivendo em palácios residenciais, instalados em tronos, utilizando meios de transporte singulares e, às vezes, suntuosos, ocupando sempre os primeiros lugares... A literatura histórica sobre esta "feira das vaidades clericais" é abundante[352]. E sabemos que não poucas dessas ostentações tiveram sua remota origem nos três primeiros séculos da Igreja. A distinção e o mérito, como constitutivos que dividiram a Igreja, foram fenômenos antievangélicos que não tardaram muito a fazer-se presentes na complexa e agitada história do cristianismo.

---

350. Cf. QUASTEN, J. *Patrología*. Op. cit., p. 665.

351. Cf. VON HARNACK, A. *TU – Texte und Urtensuchungen*, 21, p. 3. Uma excelente recompilação de dados e testemunhos, neste sentido, foi otimamente elaborada e organizada pelo Prof. José Fernández Ubiña: "Conformación y poder del sistema episcopal em la Iglesia preconstantiniana". In: PUERTAS, A.J.Q.; RABANEDA, P.U. *La Iglesia como sistema de dominación en la Antigüedad tardía*. Granada: Universidad de Granada, 2015, p. 105-132.

352. Cf. SALOMON, D.P. *Étude sur les Insignes du Pontifice dans le rite romain. Histoire et Liturgie*. Roma, 1955. • SALOMON, D.P. Aux origines de la Crosse des évéques. *Mélanges M. Andrieu*. Estrasburgo, 1956, p. 373-383. • KLAUSER, T. *Der Ursprung der bischöflichen Insignien und Eherenrechte*. Bonn, 1948. • MUNTZ, E. *La tiara pontificale du VIII au XVI siècle*. Paris, 1898. • HOFMEISTER, P. *Mitra und Stab der wirklichen Prälaten ohne bischöflichen Character*. Amsterdã, 1962. • VON AMIRA, K. *Der Stab in der germanischen Rechtssymbolik*. Munique, 1908. • BRAUN, J. *Die liturgische Gewandung*. Friburgo, 1914. TREITTINGER, O. *Der Oströmischen Kaiser und Reichsidee*. Jena, 1938. • ULLMAN, W. *The Growth of Papal Government in the Middle Ages*. Londres, 1955. • SCHRAMM, P.E. *Herrschufts-zeichen und Staatssymbolik*. Vol. 3. Stuttgart, 1954-1956. • CONGAR, Y. *Por una Iglesia servidora y pobre*. Op. cit., p. 96-97.

Os bispos, defensores do povo

Também é verdade que, a partir do ano 312 – ano em que se costuma datar a chamada "conversão de Constantino"[353], quando, de fato, o que aconteceu foi uma mudança de política em relação aos cristãos – o imperador começou a privilegiar o clero e a Igreja. Mais adiante explicarei as consequências que se seguiram, para a Igreja, dessa nova política imperial.

Antes disso é importante destacar o que houve de positivo, e inclusive exemplar, nos esforços de honestidade e bom governo que não poucos bispos tentaram adotar. Y. Congar destacou a forma como aqueles clérigos de alto escalão, reconhecidos como os *illustri*, praticamente assemelhados aos senadores[354], se consideravam "os defensores da população", sobretudo dos pobres e dos fracos. Existem indícios que fazem pensar que aqueles cidadãos do Império se viam como "homens de Deus", inspirados na austeridade de vida que haviam assumido como monges do deserto[355], cuja nova forma de vida teve início no século III, no norte do Egito.

Vale lembrar que ao falarmos dos monges eremitas dos primeiros tempos não devemos esquecer a possibilidade dos possíveis muitos casos em que a *ànachóresis* não era uma fuga para a solidão do deserto a fim de entregar-se à "ascese" que busca a Deus, mas, muitas vezes, era uma fuga do "social", ou um abandono dos *negocia saecularia*, um afastamento do quadro administrativo por motivos não precisamente exemplares dos *biotikà prágmata*, ou seja, dos "assuntos temporais" (p. ex., problemas com a administração do Estado ou, como diríamos hoje, com o fisco)[356].

Seja como for, o que a Igreja queria destacar na vida de seus bispos e clérigos não era precisamente seus poderes, mas seus deveres. É o que consta no ritual latino da ordenação, que manifesta o desejo mais fundamental da Igreja a este respeito[357]. É uma questão de justiça ter presentes estas questões antes de enfrentar o problema de fundo que a Igreja viveu desde então, a ponto de ser possível afirmar que, des-

---

353. Cf. BROWN, P. *Por el ojo de una aguja – La riqueza, la caída de Roma y la construcción del cristianismo en Occidente (350-550 d.C.)*. Op. cit., p. 19.

354. GAUDEMET, J. *L'Église dans l'Empire Romain – IV-V siècles*. Cf. CONGAR, Y. *Por una Iglesia servidora y pobre*. Op. cit., p. 38-39.

355. STEIDLE, B. *"Homo Dei Antonius" – Zum Bild des "Mannes Gottes" im alten Monchtum, in Antonius Magnus Eremita,* 356-1956 (*Studia Anselmiana,* 38). Roma, 1956, p. 148-200.

356. Cf. NALDINI, M. Aspetti "culturali" nell'Egitto cristiano. *Augustinus*, 19, 1979, p. 79.

357. CONGAR, Y. *Por una Iglesia servidora y pobre*. Op. cit., p. 42-44.

de aquela época, começou-se a ver e viver outra Igreja que, em muitos aspectos (e importantes), já não era mais a Igreja nascida a partir da existência terrena de Jesus, mas, como o disse o especialista neste tema, Timothy D. Barnes, a Igreja que desde então passou a manter o "culto ao santo e celestial poder"[358].

O perfil social da Igreja

Por uma série de motivos que foram amplamente estudados, a queda do Império Romano esteve associada, em diversos pontos de vista, à exaltação do cristianismo e, portanto, à crescente estima e enaltecimento da Igreja[359]. Não me refiro à ingênua interpretação segundo a qual a Igreja substituiu (e inclusive suplantou) o Império. Ao contrário, o que aconteceu não foi a Igreja ter-se imposto ao Império, mas o Império, na pessoa do Imperador Constantino, ter privilegiado a partir do ano 313 os bispos e os clérigos com os mesmos favores e vantagens que os anteriores imperadores romanos haviam concedido a quem promovesse os objetivos culturais e religiosos da sociedade romana. Assim, o clero cristão uniu-se à extensa lista de personagens privilegiados pelo Império[360].

Importante é saber, no entanto, que os privilégios que Constantino concedeu à Igreja consistiam mais no reconhecimento e na vantagem das honras do que no enriquecimento ou no simples lucro econômico. Por exemplo: sabe-se que nem aos bispos – tampouco às Igrejas – foram concedidas isenções de impostos sobre a terra, que era o tributo principal que o Império impunha aos súditos[361]. Em suma: durante o mandato de Constantino, e nos anos seguintes do século IV até Teodósio, a Igreja foi privilegiada na honra, não no dinheiro. Foi reconhecida, mas não se enriqueceu. Isto aconteceu mais tarde, ainda que não muito tempo depois.

Assim, pois, é possível afirmar com segurança que, praticamente ao longo de todo o século IV, os cristãos, e concretamente os bispos e os homens do clero, foram conquistando autoestima e dignidade. É possível

---

358. Carta de Constantino (ano 312) ao bispo de Siracusa. EUSÉBIO DE CESAREIA. *Historia Eclesiástica*, 10. 5. 21, p. 632.

359. Um bom estudo, com abundante bibliografia, cf. HEATHER, P. *La caída del Imperio Romano*. Barcelona: Crítica, 2008.

360. Cf. BROWN, P. *Por el ojo de una aguja – La riqueza, la caída de Roma y la construcción del cristianismo en Occidente (350-550 d.C.)*. Op. cit., p. 103.

361. LIZZI TESTA, R. Privilegi economici e definizione di *status*. Il caso del vescovo cristiano. *Rendiconti dell'Accademia Nazionale dei Licei: Classe di scienze mortali, storique e filologiche,* serie 9, n. 11, 2000, p. 55-103.

inclusive dizer que eram apreciados não por estarem à altura dos ricos, mas sobretudo porque rezavam pelo Império e cuidavam dos pobres[362].

Em consequência, podemos concluir que a Igreja, em seus três primeiros séculos de história e até os primeiros decênios do século IV, situou-se em uma posição ambígua. Por um lado, manteve-se próxima dos pobres e ajudou com eficácia os mais deserdados. Ao mesmo tempo, porém, foi se integrando na sociedade do Império de forma que fez suas duas das tradições sociais daquela sociedade que tornaram mais difícil sua fidelidade ao Evangelho: a *ordo* (onde se integravam os pertencentes às ordens seletas) e o *clero*, rompendo assim a unidade igualitária dos seguidores (?) de Jesus. De modo que desde então os ordenados e os clérigos, uma vez que se mantivessem fiéis ao que representavam tais termos na sociedade de seu tempo, não tinham mais alternativas senão, em questões fundamentais, viver de costas para aquilo que foi a vida e os ensinamentos de Jesus e sua Boa Notícia.

---

362. *Codex Theodosianus* 16. 2. 14. Cf. FREU, C. *Les figures du pauvre dans les sources italiennes de l'antiquité tardive*. Paris: Boccard, 2007, p. 174-177.

12

A Igreja e o dinheiro

Quando a riqueza se fez presente...

Foi em meados do século IV que os ricos e suas riquezas começaram a ser determinantes nas Igrejas e, de forma preocupante, na Igreja como tal. Desde então começaram a aparecer fatos que, inclusive para nós hoje, parecem chocantes. Por exemplo: sabemos que no ano 343 os bispos reunidos em Sárdica (atual Sofia, na Bulgária) manifestaram sua evidente preocupação por algo que inclusive hoje nos é difícil de compreender. É que lá um homem rico, ou um jurista local, ou um antigo administrador podia ser escolhido como bispo sem pertencer ao clero[363].

No fundo, o convencimento daqueles cristãos e daquela igreja era que os ricos eram importantes por sua condição, e, por conseguinte, estariam qualificados para exercerem a função de bispos. O fato em si, na história da Igreja, não é estranho, pois, alguns anos depois, na Igreja de Milão, Ambrósio foi nomeado bispo enquanto catecúmeno ainda, ou seja, antes de ter sido batizado. Mas aqui se tratava do governador da cidade e de um senador notável. Ou seja, homem importante, rico e grande orador. Não era exatamente um mendigo, nem um marginalizado social. Reunia, portanto, as condições que a Igreja valorizava, ainda que soubessem, tanto os bispos de Sárdica quanto Ambrósio de Milão, que do ponto de vista social e econômico não cumpriam exatamente as condições que Jesus estabeleceu para ser apóstolo do Evangelho (Mt 10,5-10; Mc 6,7-8; Lc 9,1-3). Sem dúvida, desde aquela época o Evangelho vivido e anunciado por Jesus era em parte marginalizado na Igreja, a fim de que não fosse um estorvo quando se tratava de escolher bispos ou nomear clérigos.

E não foram apenas estes os únicos casos conhecidos. No ano 383, na Hispânia romana, Prisciliano foi eleito bispo de Ávila. E o foi gra-

---

363. Concílio de Sárdica, can. 13. • HESS. *The Early Development of Canon Law and the Council of Sardica*. Oxford: Oxford University Press, 2002, p. 220, 231. Cf. BROWN, P. *Por el ojo de una aguja – La riqueza, la caída de Roma y la construcción del cristianismo en Occidente (350-550 d.C.)*. Op. cit., p. 125-126.

ças ao apoio de fanáticos endinheirados[364]. Não é o caso aqui, nem é a pretensão do livro, lembrar eventos eclesiásticos da Antiguidade tardia que não apontam diretamente para o tema central deste estudo. O que interessa é deixar muito claro que, no século IV, a Igreja viveu a devastação e a grande desdita de não ver nem vivenciar o que Jesus deixou tão claro: que o Evangelho e a riqueza dos poderosos são duas coisas incompatíveis. A Igreja, no entanto, não apenas os tornou compatíveis, mas fez algo mais que foi (e continua sendo) determinante: a Igreja vê a riqueza como algo necessário para levar avante seu clero, sua liturgia e, sobretudo, seu apostolado.

A Igreja e a riqueza

Não é possível, num texto breve como este, englobar o que deveria ser dito sobre este tema para termos uma ideia medianamente completa da complexidade e profundidade de seu conteúdo. Basta pensar que um historiador tão competente como Peter Brown que, para estudar seriamente este problema num período relativamente curto, indo do final do século IV aos inícios do século VI, escreveu um livro (*Por el ojo de una aguja [Pelo buraco de uma agulha]*) contendo mais de mil páginas. Porém, devo confessar que, ao menos do ponto de vista da teologia, o estudo de Brown tem importantes lacunas. Não esqueçamos que este autor não é teólogo, tampouco pretendeu escrever um tratado de eclesiologia medieval.

Feita esta observação, superficial e logicamente discutível, devo dizer que a "Conclusão" do Prof. Brown projeta muita luz sobre o estudo – e a busca de soluções – a um dos problemas mais graves que perseguem a Igreja e o cristianismo em geral.

Primeiramente é importante lembrar que, desde o ano 312, "as Igrejas cristãs do Ocidente obtiveram privilégios, mas não riquezas"[365]. De fato, a Igreja foi reconhecida e os cristãos foram reabilitados como cidadãos livres pelo Imperador Constantino[366]. Não se passaram muitos anos até que os ricos passassem a engrossar as fileiras da Igreja em quantidades

---

364. ESCRIBANO, V. Herexy and Ortodoxy in Fourth Century Hispania: Arianism and Priscilianism. In: BOWES, K.; KULIKOWSKI, M. (eds.). *Hispania in Late Antiquity*. Leiden: Brill, 2005, p. 121-149.

365. BROWN, P. *Por el ojo de una aguja – La riqueza, la caída de Roma y la construcción del cristianismo en Occidente (350-550 d.C.)*. Op. cit., p. 1.034.

366. Para uma informação básica sobre este assunto, cf. UBIÑA, J.F. Constantino y el triunfo del cristianismo en el Imperio Romano. In: SOTOMAYOR, M.; UBIÑA, J.F. *Historia del cristianismo – Vol. I: El Mundo Antiguo*. Madri/Granada: Universidad de Granada, 2003, p. 347-397.

importantes. O fenômeno se acentuou a partir dos últimos trinta anos do século IV. Além disso, não apenas entraram muitos ricos na Igreja, mas muitos deles entraram para exercer funções de liderança, concretamente, como bispos e escritores cristãos. Com razão falou-se que "mais do que a conversão de Constantino no ano 312, o que marcou o ponto de inflexão na cristianização da Europa foi a entrada de riquezas e talentos novos nas Igrejas a partir do ano 370 aproximadamente. Desde então, como membros de uma religião à qual se haviam somado os ricos e os poderosos, os cristãos puderam começar a pensar o impensável: a possibilidade de uma sociedade completamente cristã"[367].

Uma Europa "completamente cristã"?

Teria sido realidade o cenário que os cristãos começaram a imaginar quando se viram com poder e dinheiro?

Constantino, seguindo a lógica "pagã-romana" de uma fusão entre o religioso e o político, já iniciou a transição para uma vida do Império cujo controlador seria o próprio imperador. A partir dessa lógica, o imperador, no uso de suas atribuições, não limitava seus poderes exclusivamente à ordem temporal, mesmo sob a autoridade espiritual dos sacerdotes. Não! Desde então a vida religiosa e a vida civil passaram a pertencer à mesma ordem, a do Império, estando o imperador sempre à sua frente, que por sua vez era simultaneamente considerado *iereus* (sacerdote) e *basileus* (rei)[368]. Assim eram denominados os imperadores dos séculos V e VI (Teodósio II, Marciano etc.). E tiveram esta denominação reconhecida não apenas pelos concílios, mas também pelos papas[369].

No fundo, estas ideias medievais herdadas da Antiguidade se baseavam na convicção segundo a qual devia existir e ser palpável uma tradução terrestre da monarquia divina. O Império devia ser e ter a mais profunda unidade possível. Entre o imperador e o clero não devia (não podia) haver oposição alguma. Eis por que chegou-se a afirmar: "O Imperador eterno (Deus) rege o mundo justamente com o imperador de

---

367. BROWN, P. *Por el ojo de una aguja – La riqueza, la caída de Roma y la construcción del cristianismo en Occidente (350-550 d.C.)*. Op. cit., p. 1.034.

368. Cf. CONGAR, Y. *L'ecclésiologie du Haut Moyen-Age*. Paris: Cerf, 1968, p. 348-349.

369. BATIFFOL, P. Sur le titre de "pontifex" des empereurs chrétiens des V et VI siècles. *Bull. Soc. des Antiquaires de France*, 1926, p. 222ss. Cf. CONGAR, Y. *L'ecclésiologie du Haut Moyen-Age*. Op. cit., p. 349, nota 103.

Roma (o papa)"[370]. Era o "mito do Império", como bem o reconheceram os historiadores melhor e mais bem documentados sobre esta idealização própria de teólogos mais especialistas em suas próprias ideias do que, na realidade, da Igreja no tocante à pretendida "Europa cristã".

Entretanto, estaria aquela Europa (ou aquele Império que estava se cristianizando) mudando e se configurando como uma sociedade completamente cristã? Se entendemos por cristão o movimento espiritual e social que se originou da vida e dos ensinamentos de um modesto e desconhecido galileu do século primeiro, estamos muito longe de poder garantir que a sociedade do Império, dos séculos IV ao VI, estava dando seus primeiros passos para ser uma sociedade completamente cristã. É verdade que, naquela sociedade, a Igreja foi conquistando uma presença sempre mais influente. No entanto, estudando o que sabemos sobre a história daqueles séculos, imediatamente nos damos conta de que dois fenômenos foram despontando, e que deram muito que falar: 1º) O Império Romano, em sua estrutura original, progressivamente foi se desintegrando[371]; 2º) O cristianismo, representado pela Igreja, consolidou-se ao ponto de ser um componente decisivo e determinante da nova sociedade que, a partir da queda do Império, foi se configurando.

Analisar detalhadamente as causas que provocaram a queda do Império Romano é uma tarefa que ainda não foi, com precisão e certeza, satisfatoriamente concluída. O que realmente aconteceu, sobretudo em suas causas mais determinantes, tem componentes que ainda nos são enigmáticos.

Seja como for, existem dois fatores importantes que podemos considerar seguros: 1º) No ocaso do século V, os líderes das Igrejas perceberam que, no fim das contas, ricas eram realmente as Igrejas e não os grandes proprietários de terras, leigos portanto, cujas fortunas até então haviam ofuscado a riqueza eclesiástica[372]. 2º) Também desde o final do século V, o mundo intelectual da Igreja da Alta Idade Média se converteu num compacto mundo de clérigos, coisa que não teria acontecido se os leigos tivessem continuado a receber uma educação equiparável à dos membros do clero[373].

---

370. TREITTINGER, O. *Die oströmische Kaiser und Reichsidee nach ihrer Gestaltum im höfischen Zeremoniel.* Iena, 1938, p. 34.

371. Cf. HEATHER, P. *La caída del Imperio Romano.* Op. cit. Este tema tem motivado uma quantidade enorme de publicações, e grande parte delas é indicada nesta obra.

372. BROWN, P. *Por el ojo de una aguja – La riqueza, la caída de Roma y la construcción del cristianismo en Occidente (350-550 d.C.).* Op. cit., p. 1.037.

373. Cf. HEATHER, P. *La caída del Imperio Romano.* Op. cit., p. 557.

A consequência destes fatos é bastante lógica: uma instituição que possui a riqueza e domina a chave do saber, obviamente se transforma na instituição dominante na sociedade e na cultura em que vive. Ora, quando falamos da Igreja que viveu e gerenciou esta situação desde o ocaso do século V, uma questão nos é imposta: Seria possível afirmar que ela conseguiu construir uma sociedade autenticamente cristã e evangélica?

Império-Igreja: unidade divina e humana

É um fato que já no século V a Igreja e o Império se haviam fundido numa união que, a partir de vários pontos de vista (alguns fundamentais), eram inseparáveis. Além disso, aquela união – tal como era vista e vivida – era considerada a mais conveniente, e, inclusive, indispensável, tanto para a Igreja quanto para o Império.

Aliás, a união entre a Igreja e o Império era vista como algo tão profundo e tão essencial que, na essência das ideias herdadas da Antiguidade, se traduzia numa visibilização terrena da monarquia divina. Dito de outra forma: "O princípio da unidade mais profunda do Império era a verdadeira fé cristã"[374]. Como acertadamente disse um importante especialista neste assunto, resumindo o pensamento daquela cultura, "o Imperador eterno (Deus) rege o mundo com o imperador de Roma"[375]. Ou seja, Igreja e Império chegaram a identificar-se.

Não estou exagerando sobre o que se pensava e tentou-se viver naqueles primeiros tempos da Alta Idade Média. Basta lembrar que, na última década do século V, o Papa Gelásio (492-496) escreveu uma carta ao Imperador Anastácio em que dizia: "Existem duas instâncias pelas quais se rege a primazia deste mundo: a autoridade sagrada dos pontífices e a potestade imperial" (*Duo quippe sunt, Imperator Auguste, quibus principaliter mundus hic regitur: auctoritas sacra pontificum et regalis potestas*)[376]. Os bons especialistas na linguagem do Direito romano explicam que a *auctoritas* designa um poder abstrato que garante a legalidade (de uma norma ou conduta) e é própria do magistério sacerdotal, ao passo que a *potestas* é fonte de obrigatoriedade no comportamento e é logica-

---

374. CONGAR, Y. *L'ecclésiologie du Haut Moyen-Age*. Op. cit., p. 354.

375. TREITTINGER, O. *Die oströmische Kaiser und Reichsidee nach ihrer Gestaltum im höfischen Zeremoniel*. Op. cit., p. 324, n. 124.

376. Trecho dessa carta, conhecida como *Famuli vestrae pietatis*, apud DENZINGER; HÜNERMANN. *Enchiridion...*, n. 347. • THIEL. *Epist. Roman. Pontif. a. S. Hilario usque ad Pelagium II*. Braumberg, 1868, p. 350-352. • *PL* 52, p. 42-43 (carta 8). Cf. GRACIANO. *Decrettum*, p. I, 96, c. 10.

mente a que determina o governo na sociedade[377]. Os teólogos, no entanto, davam mais importância à autoridade do que à potestade. De forma que especialistas do nível de W. Ullmann chegaram a afirmar que a *auctoritas* designa sempre uma superioridade moral na tomada de decisões, enquanto que a *potestas* se reduz ao poder de execução[378].

E onde ficou o Evangelho?

Em relação ao que acabo de apontar, os estudiosos da história medieval levantam uma infinidade de perguntas. Este livro, no entanto, não é uma investigação sobre a história da Idade Média. Com o que acabo de dizer temos o suficiente para compreender, sobretudo, as consequências visíveis relativas à importância e à imagem visível que aquela Igreja alcançou.

É evidente que, se efetivamente a Igreja chegou a situar-se no nível mais alto tanto de riqueza quanto de autoridade, ainda que o poder de execução recaísse sobre o imperador, a figura que finalmente tomava as decisões era o Sumo Pontífice. E isto, acima de tudo, devia manifestar--se em distinções externas honoríficas[379]. Já no tempo de Constantino se concedeu aos bispos importantes privilégios, honras e títulos senhoriais. Por isso, os que entraram na história como simples seguidores de Jesus, de repente se viram enaltecidos à Ordem dos *Illustri* do Império. E passaram então a ocupar postos de honra nas hierarquias do Estado, e utilizaram o *pallium*, a estola e o exclusivo sapato pontifício[380].

Além disso, a liturgia, até então simples e funcional, começou a desdobrar-se num cerimonial que, em grande medida, foi emprestado do cerimonial da corte: desfiles, procissões, vestes suntuosas, mobiliários e talheres de ouro e prata, tudo tão suntuoso como na corte imperial. Os modestos pescadores do Lago da Galileia se converteram em senhores feudais. Como aqueles homens não se deram conta de que uma coisa é o oposto da outra? Vale lembrar que vozes de alerta se levantaram, e

---

377. CORTESE, E. *Le Grandi Linee della Storia Giuridica Medievale*. Roma : Il Cigno CG, 2008, p. 36-37. Cf. LANZA, C. *Auctoritas principis*. vol. I. ROMA, 1996.

378. ULLMANN, W. *Principles of Gouvernement and Politics in the Middle Ages*. Londres, 1961. Cf. CONGAR, Y. *L'Église de saint Augustin à l'époque moderne*. Op. cit., p. 32-33.

379. Há uma bibliografia abundante sobre este tema em CONGAR, Y. *Por una Iglesia servidora y pobre*. Op. cit., p. 96-97.

380. KLAUSER, T. *Der Ursprung der bischöflichen Insignien und Eherenechte*. Bonn, 1948, p. 18-20.

inclusive protestos. São Jerônimo advertia: "Quando o poder chegou aos príncipes, em riquezas (a Igreja) se fez maior, mas em virtudes se apequenou"[381]. E Santo Agostinho, em suas reflexões sobre os Salmos: "Quando o cristão chegou ao ápice em altura, cresceu a hipocrisia, isto é, a simulação, de todos quantos, com o nome de cristãos, preferiram agradar mais aos homens do que a Deus"[382].

Não pretendo neste livro fazer um resumo da história da liturgia da Igreja ou de seus costumes gerais. A bibliografia que temos sobre este assunto é abundante e bem documentada. Ao chegar à transição dos inícios da Alta Idade Média (séculos V-VI) à época carolíngia, produziu-se um fenômeno que foi (e me atrevo a dizer que continua sendo) determinante para a Igreja. Quando o clero cresceu assombrosamente em honras e privilégios (já desde Constantino, nos inícios do século IV) e em riquezas (desde os finais do século IV aos inícios do século VI), aconteceu um fato previsível e seguramente inevitável: o clero cresceu em número de forma tão rápida e impressionante que, nos séculos VIII e IX, os homens de Igreja eram denominados o *verdadeiro corpo de Cristo*[383].

Ora, a consequência inevitável é que a Igreja passou a configurar-se e a ser gerenciada segundo os interesses e as conveniências do clero. Obviamente, isto não respondia às carências e às necessidades dos leigos. A partir de então (e descaradamente) passou-se também a pensar e a fazer o que se molda aos interesses do clericalismo e não ao que corresponde à forma de vida que o Evangelho nos ensina.

Não é difícil encontrar argumentos sérios que demonstrem claramente o que acabo de afirmar. Já no ano 827, no *Liber officialis* de Amalarico, indica-se que a Eucaristia (celebração central da Igreja) é uma oferenda que realizam, não tanto os fiéis, mas os sacerdotes, para o bem dos fiéis[384]. As consequências foram inevitáveis, fizeram-se presentes na Igreja ao longo dos séculos, algumas das quais até hoje.

---

381. "Postquam ad christianos principes venerit, potentia quidem et divitiis maior, sed virtutibus minor facta est (Ecclesia)" (JERÔNIMO. *Vita Malchi Monachi*, n. 1). Cf. *PL* 23, p. 55.

382. "Postquam in tanto culmine nomen coepit ese christianum, crevit hypocrisis, id est simulatio, eorum scilicet qui nomine christiano malunt hominibus placere quam Deo..." (*Ex. Ps.,* 7,9). Cf. *PL* 36, p. 103. • CONGAR, Y. *Por una Iglesia servidora y pobre*. Op. cit., p. 99.

383. CONGAR, Y. *L'Église de saint Augustin à l'époque moderne*. Op. cit., p. 55-56.

384. OPPENHEIM, P. Eucharistischer Kult und Messopfer. *Miscellanea Pio Paschini*. Vol. I. Roma, 1948, p. 237-268.

Basta trazer alguns dados para fazer-nos uma ideia da situação que desde então foi se acentuando. Concretamente: quando teve início o uso normal das línguas vernáculas, as pessoas que frequentavam as igrejas não entendiam o latim. Ora, bispos e clérigos mantiveram o latim como a língua oficial da liturgia. Ou seja, a língua com a qual as pessoas deviam entender-se com Deus era a língua do clero, não a do povo. Além disso, a partir do século VIII o Cânon da missa começou a ser recitado em voz baixa (as pessoas não ouviam nem compreendiam). E, como se não bastasse, a missa começou a ser celebrada de costas para os fiéis, que eram obrigados a assistir cerimônias das quais nada entendiam. Os cristãos ouviam o Evangelho em latim. E, logicamente, só entendiam o que o sacerdote explicava. Isso quando o Evangelho era explicado, já que não eram raros os casos em que se aproveitava a devida explicação do texto evangélico para falar de outras coisas, como tantas vezes temos ouvido, e até hoje ouvimos.

A situação chegou a tal extremo que até a palavra *ekklesía* (Igreja) mudou seu conteúdo: é nesse período que começa a surgir uma interminável lista de textos teológicos nos quais entendia-se, por Igreja, o clero (*Quia ecclesia nihil aliud est nisi populus fidelis, sed praecipue cleros censetur hoc nomine*)[385].

E, de fato, as coisas continuaram da mesma forma até hoje. Quando, por exemplo, transcorridos mais de mil anos desde os velhos tempos do Império Carolíngio, lemos ou ouvimos dizer que a Igreja tomou uma decisão, na verdade trata-se do que os bispos (e o clero) decidiram, isto é, de algo sobre o qual os homens da religião consideram mais conveniente. De forma que inclusive o Dicionário da RAE nos diz que o vocábulo *Iglesia* expressa não apenas a congregação dos fiéis cristãos..., mas também o conjunto do clero ou inclusive o governo eclesiástico geral do Sumo Pontífice, concílios e prelados.

O fato é que a Igreja se quebrou, se partiu em dois blocos: os que têm os privilégios e decidem (o clero) e os que se veem privados de privilégios e de capacidade de decisão (os leigos). Isto para não falar da passividade e da marginalização a que se veem submetidas as mulheres na Igreja. Uma Igreja assim dividida e quebrada não pode compreender nem viver o Evangelho. Como tampouco pode ensiná-lo ou comunicá-lo aos outros. De que forma poderia tornar presente o Evangelho quem vive de costas para ele e contra o que ele ensina? E consta que a "fratura antievangélica" na comunidade cristã é reconhecida e garantida pela autoridade papal.

---

385. JOÃO VIII. *Epist. 5.* • MGH. *Epist.* VII, p. 332. • FLORO DE LYON. Capitula. In: *PL* 119, 421 C: "Ecclesia quae in sacerdotibus maxime constat". Mais documentações em CONGAR, Y. *L'Église de saint Augustin à l'époque moderne.* Op. cit., p. 57, n. 8.

É o que afirma com vigor e clareza um dos papas mais prestigiados do século XX. Refiro-me ao Papa São Pio X, que deixou escrito o seguinte: "Somente na hierarquia residem o direito e a autoridade necessária para promover e dirigir a todos os membros para o fim da sociedade, enquanto que a multidão não tem outro direito senão deixar-se conduzir e, docilmente, seguir a seus pastores"[386]. Neste documento afirma-se o critério determinante da Igreja. Ao falar de seguimento já não se trata mais de seguir a Jesus, como nos dizem os evangelhos, mas de seguir os pastores, aos seletos da Igreja, dotados de privilégios e poder. Isto e o "Evangelho marginalizado" são, definitivamente, a mesma coisa.

Do Evangelho à religião

Se nos ativermos atentamente ao que aconteceu na Igreja desde Constantino até os tempos do Império Carolíngio, o que aparece com mais clareza é que o primitivo e original grupo de seguidores de Jesus perdurou, no espaço e no tempo, de tal forma que acabou se transformando numa imponente religião. A religião que se estendeu por toda a Europa e se fez presente de um extremo ao outro do continente, e que mais tarde expandiu-se para o resto do mundo. Além disso, não apenas se expandiu, mas enfrentou e marginalizou as outras religiões com suas convicções de superioridade e "única autenticidade". A que provocou (e continua provocando) tanta violência.

Como não podia ser diferente, uma vez que o cristianismo se organizou como uma imponente religião a Igreja passou a ser gerenciada como eram gerenciadas as outras religiões. Com razão escreveu-se que "a religião é geralmente aceita como um sistema de estratos sociais, que implica dependência, submissão e subordinação a superiores invisíveis"[387]. Por isso compreende-se que os termos clássicos utilizados desde a Antiguidade para designar senhores e governantes não tardaram a ser assumidos pelos dirigentes das religiões: *despótes, basileús, týrannos*; ou seja, todo aquele que apresentava a maior *krátos*, isto é, a maior força, era chamado e escolhido para governar em nome e com a autoridade dos deuses[388].

Na Igreja aconteceu o que há séculos vinha caracterizando as instituições e grupos religiosos. Por isso os cristãos se viram divididos dentro das próprias comunidades. De um lado, e acima de todos, estava o clero;

---

386. Encíclica *Vehementer Nos*, II-II, 1906, apud *ASS* 39, 1906, p. 6-9. Cf. CONGAR, Y. *Ministerios y comunión eclesial*. Madri: Fax, 1973, p. 14.

387. BURKERT, W. *La creación de lo sagrado*. Op. cit., p. 146.

388. Ibid., p. 147.

de outro, e num plano inferior, estava o laicato, os simples fiéis, sempre submissos e submetidos às decisões tomadas por aqueles que exerciam o poder, visto que o clero detinha a autoridade e os leigos não tinham outra alternativa senão submeter-se ao que o clero pensava e decidia.

Evidentemente, este sistema organizativo não podia encontrar justificativas nos relatos do Evangelho. Jesus não escolheu nem chamou seus discípulos e apóstolos para que fossem mundo afora para submeter as pessoas e para obrigar o povo a obedecer aos governantes religiosos. A missão dos apóstolos consistia em ser modelos de seguimento de Jesus. Daí a taxativa proibição que lhes impôs: não imitar os chefes das nações, isto é, não dominar; tampouco fazer como os grandes da terra, isto é, impor a própria autoridade. Jesus dizia: "Entre vós não deve ser assim" (Mc 10,42; Mt 20,25-26; Lc 22,35-36). Ao contrário, seus seguidores devem ser servidores e escravos. Como foi dito neste livro na análise dos três mandatos de Jesus na Última Ceia: os discípulos deviam lavar os pés uns dos outros, isto é, "fazer-se escravos" uns dos outros; deviam doar-se inteiramente, da mesma forma que Ele se faz comida e bebida para todos; deviam amar aos outros, viver sempre dessa forma, já que é nisto que se resume o amor a Deus.

Ora, se isto é o que deve distinguir os seguidores de Jesus e seus apóstolos, quem ordenou na Igreja a divisão entre clérigos, que mandam, e leigos, que não têm senão o dever de submeter-se e obedecer? Submeter o pensamento; submeter a vontade; submeter a conduta; submeter tudo o que é fundamental na vida... Quem fundou e fundamentou semelhante Igreja? Onde isto está escrito e quem teve a autoridade para impô-lo?

Foi um processo longo, uma história de séculos, que começou nas comunidades de fiéis que Paulo fundou antes que os evangelhos fossem conhecidos. Sabemos que nas assembleias fundadas e dirigidas pelo Apóstolo exigia-se mais obediência às diretrizes dele do que àquelas vividas e ordenadas pelo próprio Jesus. Ali e naquela época começou a sobrepor-se a religião ao Evangelho. Este processo se manteve no século II, se acentuou no século III, sobretudo com a emergência do *clero* e da *ordem*, duas instituições não mencionadas no Evangelho. Até que, no século IV, o Imperador Constantino passou a fomentar mais os privilégios e vantagens do clero e dos ordenados do que a fidelidade ao Evangelho de Jesus. Tudo isso já foi analisado nas páginas anteriores neste livro e pode ser conferido na abundante literatura histórica e teológica que existe sobre este tema capital.

O fato é que, mediante este processo que acabo de explicar resumidamente, a Igreja foi se deslocando sempre mais do Evangelho de Jesus para uma religião de clérigos ordenados e mestres da Lei (teólogos), a ponto de a Igreja deslocar o centro do Evangelho para a fiel observância da religião, na qual o saber e o poder são controlados pelo clero; e tornando – na prática – o mais importante da Igreja, tanto em sua presença na sociedade quanto no que diz e faz, na satisfação dos interesses do clero.

Neste deslocamento do Evangelho para a religião dois fatores foram decisivos: a riqueza, no século V, e o poder, no século XI. Estes dois fatores, na verdade, não apenas se relacionam entre si, mas se apoiam, se favorecem e se potencializam mutuamente.

Mas isto não é o mais importante. O que interessa destacar é a contradição que existe entre a religião, na qual se concentrou e se promoveu a Igreja, e o Evangelho que Jesus viveu e ensinou.

A religião contra o Evangelho

Os dois pilares que, no tempo de Jesus, davam estabilidade e consistência à religião eram a riqueza e o poder[389]. Esta era a realidade do Império. E assim também acontecia na religião de Israel[390]. Ter isso claro é absolutamente necessário para compreender a essência dos ensinamentos que o Evangelho nos oferece. Quem vive apegado ao dinheiro, ainda que inconscientemente, não pode inteirar-se do conteúdo central do Evangelho. E não apenas em relação a este tema concreto, mas também se quiser compreender o mais importante que Jesus quis ensinar: impossível compreender a Deus e relacionar-se com Ele vivendo apegado ao dinheiro e, de modo geral, à segurança, ao bem-estar e ao poder que a riqueza proporciona.

O uso que os evangelhos fazem dos substantivos *plousios* (rico) e *ploutos* (riqueza, abundância) demonstra amplamente que o bem-estar e a segurança que o dinheiro proporciona (e em geral o capital) produzem nos seres humanos um efeito do qual nem sempre temos consciência, a saber: a riqueza – e a segurança que implica – nos cega, nos torna incapazes de compreender a essência do ensinamento fundamental que o Evangelho nos transmite. O ensinamento segundo o qual quem se agarra e retém sua riqueza para si num mundo onde há tantos seres humanos na extrema miséria não pode entrar o "Reino de Deus" (Mc 10,21-25; Mt 19,23-24; Lc 18,24-25).

Isto não significa que o rico (ou quem vive bem-instalado) pode ou não pode entrar no céu ou na vida eterna. A palavra "Deus", na expressão

---

389. Cf. CARTER, W. *El Imperio romano y el Nuevo Testamento.* Op. cit. • ROHR-BAUGH, R.L. (ed.). *The Social Sciences and New Testament Interpretation.* Peabody: Hendrickson, 1996.

390. Fato que se torna patente no clássico JEREMIAS, J. *Jerusalén en tiempos de Jesús.* Madri: Cristiandad, 1977.

"Reino de Deus", está no genitivo. Trata-se de um genitivo explicativo, que diz que *o Reino de Deus é Deus*[391]. Portanto, o que Jesus afirma é que quem se aferra à sua riqueza, sofra quem sofra e morra quem morra, não se relaciona, não pode relacionar-se com Deus. O rico que não cede em seu apego à sua riqueza torna-se incapaz de relacionar-se com Deus. O rico que mantém intocável sua riqueza, caso seja uma pessoa religiosa, não se relaciona corretamente com Deus, mas com uma representação de Deus; representação do "Deus que lhe convém". Assim, aferrando-se à sua riqueza lhe é impossível relacionar-se com o Deus que nos foi revelado em Jesus, mediante sua vida e seus ensinamentos.

No tema da riqueza e de nossa relação com o dinheiro, o Evangelho é muito mais duro e exigente do que normalmente imaginamos, ou do que estamos acostumados a considerar. Para Jesus, quando se trata da relação com o dinheiro, o que cada um coloca em jogo é o verdadeiro culto a Deus. Além disso, coloca em jogo seu próprio ser (Mt 6,24)[392]. Ou seja, na relação com o dinheiro comprova-se o que cada um realmente é. Por isso compreende-se que os verdadeiros inimigos de Jesus fossem pessoas muito religiosas (fariseus), que pensavam e agiam como gente endinheirada. Pessoas tão religiosas quanto ricas (Lc 16,14; 11,39; 20,47)[393]. Sem dúvida essas são as pessoas que Deus despede de mãos vazias (Lc 1,53).

Mas, atenção! Jesus não é inimigo da riqueza; é inimigo da má repartição da riqueza. O que Jesus não suporta é que haja indivíduos e famílias com riquezas sobrando, pessoas que só olham para os próprios interesses, ao passo que pobres, mendigos, desclassificados e marginalizados não dispõem do mínimo para suprir suas necessidades básicas. A Parábola do Rico e Lázaro (Lc 16,19-31) e a do Grande Banquete (Lc 14,15-24; Mt 22,1-10) são dois exemplos eloquentes da mentalidade de Jesus e da mensagem fundamental do Evangelho: a salvação que Deus oferece e a solução para o mundo pertencem apenas aos que se identificam com os pobres, pertence aos que não se identificam com essa sociedade que montamos e gerimos segundo os interesses, as conveniências e os benefícios de alguns.

---

391. CHILTON, B.D. Regnum Dei Deus est. *ScotJTh*, 31, 1978, p. 261-270. Cf. MATEOS, J.; CAMACHO, F. *El evangelio de Marcos*. Vol. I. Córdoba: El Almendro, 1993, p. 109.

392. LUZ, U. *El evangelio según san Mateo*. Vol. I. Salamanca: Sígueme, 2001, p. 506-507.

393. HAUCK, F.; KASCH, W. *Ploutos ktl...* In: *ThWNT* VI, p. 316-330. Cf. MERKLEIN, H. *Dic. Exeget. N.T.*, vol. II, p. 1.017-1.018.

13
A Igreja e o poder

Tinha que justificar a riqueza

O significativo e rápido enriquecimento que a Igreja experimentou desde os finais do século IV aos inícios do século VI precisava de uma justificação. Sobretudo quando determinados cristãos, com mente limpa e coração puro, liam o Evangelho e se davam conta de que aquela riqueza persistia, se consolidava e até se incrementava. Como conciliar a leitura de tantos relatos evangélicos que relacionam Jesus com o sofrimento dos mais desamparados e a crescente acumulação de bens do clero e, sobretudo, a de seus mais altos responsáveis, convencidos de que aquilo era "o que devia ser feito"? Estaria todo mundo satisfeito com os rumos que a Igreja estava tomando?

Parece que não. Aliás, certamente não. Por exemplo: sabemos que já no século III, até o ano 270, antes que tomasse força o "crescimento capitalista" dos bispos, no norte do Egito, Antônio, um cidadão de Alexandria, tomou a decisão de abandonar sua casa, sua família e a fortuna que seu pai lhe havia deixado como herança. Abandonou tudo e retirou-se solitário para o deserto[394]. Antônio deu essa guinada em sua vida justamente quando leu o Evangelho do jovem rico e o chamado ao seguimento de Jesus, segundo nos informa o Bispo Atanásio, biógrafo de Antônio[395].

A experiência desse homem e a influência fulminante que teve em quase todas as Igrejas cristãs ao redor do Mediterrâneo é uma demonstração eloquente de que o triunfo econômico da Igreja, desde os finais do século IV, também evidenciou um fracasso evangélico, expresso no descontentamento de tantos e tantos cristãos que buscavam respostas aos seus mais nobres anseios. Cristãos que não encontravam essa resposta na instituição eclesiástica, tampouco em suas hierarquias, e, muito menos, em seus hierarcas mais importantes.

---

394. ATANASIO. *Vie d'Antoine*, 2,1. Ed. por G.J. Bartelink. Paris, 1994, p. 132.

395. Ibid., p. 133.

O fato é que, quando a riqueza se une ao poder, o resultado será positivo para tudo o que se queira, menos para uma coisa: para a memória viva e presente de Jesus e seu Evangelho. Aqui entra em questão a ambivalência entre o dever da Igreja e sua real forma de ser neste mundo. Diante de uma Igreja que se fez rica, como justificar tal riqueza? Seria compatível com o Evangelho?

A resistência dentro da Igreja

É evidente que uma instituição como a Igreja, cuja influência não é apenas religiosa, mas, além disso, política, cultural, social, diante do peso econômico que seus dirigentes (os bispos) foram adquirindo e consolidando nos quinhentos anos que transcorreram do século V ao século X, alcançou um peso e uma presença difíceis de analisar e explicar com precisão. Para compreender o que aconteceu não basta lembra o que fizeram seus governantes (bispos e clero em geral), mas é indispensável ter presente como viveram os crentes em Jesus diante do que estava acontecendo com aquela Igreja. E não apenas o que viveram aqueles cristãos, mas como o clero tornou própria aquela forma de viver a "memória perigosa" que o Evangelho de Jesus representa.

Primeiramente é preciso ter presente que, diante do crescente enriquecimento do clero, em seu interior se fizeram presentes não poucos movimentos de resistência que mostraram o constante desacordo – e até a rejeição – daquela forma de ser e de viver o cristianismo.

Sem pretender ser exaustivo num tema tão complexo, vou me fixar em dois fatos eloquentes: 1) A resistência de muitos cristãos a ordenar-se bispos, presbíteros ou diáconos; 2) A volta ou retorno ao estado laical de muitos clérigos. Dois fatos que se repetiram com insistência naqueles séculos. Fatos que, por sua significância, falam por si mesmos.

Os cristãos que não queriam ser clérigos

Na Igreja do Ocidente, entre os séculos IV e VI, justamente quando acederam ao episcopado os mais ricos e, com frequência, os mais ambiciosos, repetem-se os relatos nos quais o indivíduo que devia ser ordenado clérigo (sobretudo em se tratando de um bispo) rejeitava de antemão a ordenação e as consequentes vantagens que a Igreja lhe concedia[396]. Estes

---

396. CONGAR, Y. Ordinations invitus, coactus de l'Église Antique au canon 214. *Rev. Sc. Phil. et Theol.*, 50, 1966, p. 169-197, esp. p. 187. Para este tema, a partir do ponto de vista teológico e litúrgico, cf. THOMASSIN, L. *Vetus et nova Ecclesiae disciplina circa beneficia et beneficiários*. Tomo II. Parte II. Venise, 1760, p. 423. • HALLIER, F.

casos eram tão sérios que a legislação imperial afirmava que uma ordenação que forçasse uma pessoa ou exercesse sobre ela verdadeira violência não tinha validade: *Coactus non potuit ordinari*, afirma Majorien[397]. E, sem chegar a tal extremo, é bem conhecido o caso de Gregório Magno (dentre outros), que opôs forte resistência à sua eleição em vista da ordenação ao episcopado[398]. Casos semelhantes se repetem na literatura eclesiástica daqueles séculos. É o que consta na *Concordia*, de Graciano, cuja frase mais característica é eloquente: *Locus regiminis, sicut desiderantibus est negandus, ita fugientibus est offerendus*[399] [a ordenação deve ser negada aos que a desejam, assim como deve ser oferecida aos que fogem dela].

Por essa razão, dada a abundante legislação eclesiástica daqueles séculos sobre este tema, compreende-se que o tema das "ordenações" forçadas e recebidas com resistência tenha sido um dos problemas que a teologia escolástica tratou com verdadeiro interesse[400].

Todo este complexo problema, no entanto, não é visto da mesma maneira – e tampouco nele são apreciadas as mesmas consequências – quando, por um lado, é tratado por teólogos e canonistas eclesiásticos ou, por outro, é considerado por historiadores leigos. A diferença entre ambos reside no fato que os homens de Igreja o analisam a partir do ponto de vista das contribuições das crenças religiosas, sem levar em conta (muito frequentemente) outros fatores que foram determinantes.

Por exemplo: O que realmente aconteceu na Igreja e na vida dos cristãos daquela sociedade medieval? Esta interrogação brota do fato que naqueles séculos (ocaso do século IV em diante), o clero foi privilegiado de forma notável, flagrante e visível pelos imperadores e autoridades civis. Este é um fato. Mas outro é que os ricos, os notáveis e os poderosos foram precisamente os que mais frequentemente e mais rapidamente chegaram ao episcopado. Este assunto foi mais bem estudado e melhor analisado, em suas consequências sociais e políticas, pelos mais competentes his-

---

Traité des eléctions et des ordinations, 1636, p. I, apud GAUDEMET, J. *L'Église dans l'Empire Romain – IV-V siècles*. Op. cit., p. 107-111.

397. Novelle XI, 28 marzo 460. Cf. GAUDEMET, J. *L'Église dans l'Empire Romain – IV-V siècles*. Op. cit., n. 1, p. 109. • CONGAR, Y. Ordinations invitus, coactus... Op. cit., p. 109.

398. Assim consta numa carta que Gregório Magno enviou a Leandro de Sevilha: *Reg.* V, 53. Cf. MGH. *Epist. I.* Ed. por Ewald, p. 354.

399. *Concordia*, canon 9, q. 1 C. VIII (col. 592). • CONGAR, Y. Ordinations invitus, coactus... Op. cit., p. 180-181.

400. P. ex., é típico o caso de Tomás de Aquino: *Quodlib. III*, 9 e *V*, 22. Cf. *XII*, 17; *IV Sent.*, d. 29, a. 4 ad 4; *II-II*, q. 185, a. 1 e 2.

toriadores leigos. Além disso, com abundante literatura sobre o problema que tudo isso representou em seu momento histórico e atualmente. Assim o estudou detalhadamente, e como já foi dito, o volume de Peter Brown, *Por el ojo de una aguja* [Pelo buraco de uma agulha], com mais de cem páginas de bibliografia e detalhadas fontes de documentação[401].

Um clero pervertido?

Quando se estuda um trabalho teológico e canônico tão eximiamente elaborado e redigido como o excelente artigo de Y. Congar sobre as *Ordenations invitus, coactus*, na Alta Idade Média, chega-se à conclusão de que é Deus mesmo que designa os que devem ser ordenados bispos[402]. Esta consequência procede do estudo de alguns documentos que são, quase todos, decretos, escritos, conselhos e reflexões cuja origem é a própria teologia presente nos escritos de papas, bispos e teólogos. Quase sempre a teologia tem sido elaborada dessa forma. Por isso esteve – e permanece – bloqueada em si mesma. O que não deixa de ser um perigo para a própria teologia e, obviamente, para os teólogos. O perigo de imaginarmos que estamos analisando a realidade, quando na verdade quase sempre analisamos nossas crenças, visto que essas mesmas crenças agem como um filtro que nos impede de ver o que realmente acontece na vida. Além disso, um filtro que nos obriga a ver a vida, o mundo, as pessoas e as situações não como são, mas como chegam até nós, isto é, filtrados por nossos interesses e conveniências.

Sabemos que desde os últimos anos do século IV foram os ricos, os mais ricos, que tiveram acesso mais direto e mais rápido ao episcopado. Ao extremo (inconcebível hoje) de (em não poucos casos) alguns daqueles ricaços serem considerados dignos do episcopado antes mesmo de serem batizados. Foi o que aconteceu com Ambrósio, o governador de Milão, eleito bispo quando mal havia iniciado o processo catequético, fato que acontecia também nas Igrejas de Roma e nas Gálias[403].

---

401. Consultei a edição espanhola (Barcelona: Acantilado, 2016, p. 1.042-1.149).

402. CONGAR, Y. Ordinations *invitus, coactus...* Op. cit., p. 194-195.

403. No ano 343, os bispos latinos reunidos em Sárdica (atual Sofia, Bulgária) expressaram sua inquietação pelo fato de um rico ter sido nomeado bispo sem sequer ter sido clérigo. Cf. Concílio de Sárdica, cânon 13. Cf. tb. *The Early Development of Canon Law and the Council of Sardica*. Oxford: Oxford University Press, 2002, p. 220 e 232. • BROWN, P. *Por el ojo de una aguja – La riqueza, la caída de Roma y la construcción del cristianismo en Occidente (350-550 d.C.)*. Op. cit., p. 126. • SALZMAN, M.R. *The Making of a Christian Aristocracy: Social and Religious Change in the Western Roman Empire*. Cambridge: Harvard University Press, 2002, p. 69-137, 178-199.

Logicamente, uma Igreja governada não pelos pobres seguidores de Jesus, nem pelos homens mais exemplares e defensores da justiça, mas pelos ricos que deviam ajustar-se à mentalidade e às convicções do imperador, inevitavelmente seria uma Igreja que se identificava mais com a religião do imperador do que com o Evangelho de Jesus.

Por isso não é estranho que cristãos, talvez muitos, não quisessem ser clérigos ou relutassem em sê-lo. Estes, sem dúvida, tinham motivos fortes para rejeitar qualquer forma de pertença ao clericalismo ou a cargos que pudessem representar essa forma de ser cristãos.

Clero e aristocracia secular

Sendo esse o caso, compreende-se o que Peter Brown disse: "Em seu conjunto, os bispos tendiam a depender menos das grandes propriedades do que dos privilégios fiscais e legais que os imperadores cristãos lhes haviam concedido... Até o final do Império, inclusive as Igrejas mais prósperas do Ocidente, continuaram à sombra dos enormes conglomerados de riquezas leigas. Somente a inesperada ruína das grandes fortunas leigas ao longo do século V fez com que, pela primeira vez, os bispos cristãos se convertessem nos principais proprietários de terras de cada localidade"[404]. Além disso, sabemos que muitas Igrejas aumentavam sua riqueza porque herdavam a fortuna da aristocracia secular[405].

Sem dúvida, na Igreja também havia (naqueles séculos) bispos exemplares e clérigos coerentes e generosos. Eles foram os que colaboraram com os fiéis mais autênticos para sustentar a Igreja e a solidez de sua fé. Mesmo assim, é um fato demonstrado que o clero vigiava com mais atenção o uso que os bispos faziam da riqueza da Igreja, o que indica que o ambiente de apreensão e desconfiança era muito forte nas Igrejas cristãs, sobretudo a partir do século V.

Prova do que acabo de sublinhar é o dado que se encontra num escrito anônimo do século V, no qual se relata literalmente o seguinte: "Hoje em dia, porque a avareza se desenvolveu na Igreja tal como o

---

404. PIETRI, C. Évergetisme et richesses ecclésiastiques dans l'Italie du IV à la fin du V siècle: L'exemple romain. *Christiana Respublica*, vol. 2, p. 813-833, apud BROWN, P. *Por el ojo de una aguja – La riqueza, la caída de Roma y la construcción del cristianismo en Occidente (350-550 d.C.)*. Op. cit., p. 967.

405. SIMMONOT, P. *Les papes, l'église et l'argent – Histoire économique du christianisme des origines à nos jours*, apud BROWN, P. *Por el ojo de una aguja – La riqueza, la caída de Roma y la construcción del cristianismo en Occidente (350-550 d.C.)*. Op. cit., p. 967.

fez no Império Romano, os indivíduos que tiram vantagem do poder e da influência associada ao nome do bispo... reduzem toda a ordem de diáconos ao seu próprio uso... ao passo que os desditosos clérigos saem a mendigar pelas ruas"[406]. É que, ao que parece, o desavergonhado bispo havia imposto a seus sacerdotes o congelamento do ordenado.

Tudo isso indica com bastante clareza que a vida e a convivência do clero iam se tornando sempre mais insuportáveis. Como o indicam os sínodos locais das Igrejas daquele tempo, "os sacerdotes preferiam permanecer nos oratórios e nas aldeias da nobreza senhorial, ou seja, nos casarões dos poderosos, a fim de manter distância dos conselheiros do bispo e evitar a participação de suas cerimônias na cidade"[407]. É que "o conflito entre o bispo e seu próprio clero não reproduzia simplesmente a luta interna dos membros do conselho, mas era exacerbado pelos mecanismos das eleições episcopais"[408].

Sendo este o ambiente no interior da convivência eclesial, não é estranho que as autoridades da Igreja tivessem que decretar o que antes destacamos: que as ordenações deviam ser concedidas, em não poucos casos, aos que se viam obrigados (*invitus* e *coatus*), já que o ambiente e a convivência, em não poucas dioceses, não convidavam nem atraíam as pessoas verdadeiramente honestas a aceitar cargos, trabalhos e formas de convivência que às vezes se tornavam decididamente insuportáveis. Entrar no clero não parecia ser, em muitos casos, uma carreira de vida brilhante. Nem a melhor maneira de optar por ser uma pessoa exemplar ou exercer um trabalho verdadeiramente apostólico e para o bem dos outros.

Os clérigos que eram expulsos

Como foi dito acima, em muitos casos era necessário obrigar determinados cristãos a aceitar sua incorporação ao clero. Este fato indica

---

406. PSEUDO-JERÔNIMO. De septen ordinibus ecclesiae. *PL* 30, 154 B, apud BROWN, P. *Por el ojo de una aguja*. Op. cit., p. 957, nota 27.

407. Assim o testemunham os sínodos locais daquele tempo. P. ex.: *Concilia Galliae*. Vol. 2: a. 511-a. 645. Ed. por C. de Clercq. Turnhout: Brepols, 1963 (CCSL 148 A), p. 106. • *Orleans* (541) c. 26, p. 139. • *Macon* I (581-583) c. 10, p. 225. • *Chálon* (647/653), c. 14, p. 306. Cf. BROWN, P. *Por el ojo de una aguja – La riqueza, la caída de Roma y la construcción del cristianismo en Occidente (350-550 d.C.)*. Op. cit., p. 961, nota 33.

408. BROWN, P. *Por el ojo de una aguja – La riqueza, la caída de Roma y la construcción del cristianismo en Occidente (350-550 d.C.)*. Op. cit., p. 961.

que a pertença ao clero era, na vida e na gestão da Igreja, um assunto complicado e, às vezes, envolto em espinhosos problemas e dificuldades. Além disso, ao longo do primeiro século também existiu no cristianismo a saída forçada, isto é, a expulsão do estado clerical. De forma que quem fosse castigado por tal expulsão era rebaixado ou despojado do ministério recebido, isto é, privado de suas funções sacerdotais. Em consequência, os que haviam sido clérigos voltavam ao estado laical. Esta legislação (e a teologia a ela subjacente) se manteve praticamente uniforme até os inícios do século XIII[409].

Além disso, é importante saber que, quando falamos do *caráter sacramental* vinculado aos sacramentos do Batismo, da Confirmação e da Ordem, significa que estes três sacramentos não podem ser repetidos (*unde ea iterari non possunt*), segundo o que afirma o próprio Concílio de Trento[410]. Ou seja, cada indivíduo que recebe os três sacramentos mencionados, só pode recebê-los uma vez na vida[411]. Daí por que a invocação *Sacerdos in aeternum*, aplicada aos presbíteros ordenados, não deve ser interpretada como um selo (marca) indelével ou eterno. O adjetivo *aiônios* não se refere a uma duração indeterminável, mas ao que representou na época tardia do Império, quando "se converteu no âmbito de honra do poder imperial"[412]. Não é um qualificativo de duração, mas de dignidade.

Por isso, em toda a Idade Média, a Igreja praticava a redução ao estado laical. Os clérigos, bispos incluídos, que cometiam determinadas faltas, eram castigados com a expulsão do clero ou do ministério

---

409. VOGEL, C. Laica communione contentus – La retour du presbytre au rang des laïcs. *Rev. Sc. Rél.*, 47, 1973, p. 56-122. • SERISKI, P.M. *Poenae in iure byzantino ecclesiastico ab initiis ad saeculum undecimum.* Roma, 1941, p. 47-64. • HERMAN, E. Absetzung und Abdankung der Patriarchen von Konstantinopel (381-1453). *L'Église et les Églises.* París, 1954, p. 281-307. • HINSCHIUS, P. *System des Katholischen Kirchenrechts* I, 1869, p. 296ss. • KOBER, F. *Die Deposition und Degradation nach den Grundsätzxen des kirchlichen Rechts.* Tübingen, 1867. • HOFMANN, K. Absetzung. *Reallexikon für Antike und Christentum* I, 1950, p. 38-41. • CASTILLO, J.M. La secularización de obispos y sacerdotes en la Iglesia latina antigua. *Revista Catalana de Teología*, VIII/1, 1983, p. 81-111.

410. Assim constam nas Atas do Concílio: *CT*, vol. 5, p. 44ss. Cf. análise detalhada em CASTILLO, J.M. *Símbolos de libertad – Teología de los sacramentos.* Op. cit., p. 45-455.

411. Ibid., p. 455.

412. BALZ, H. *Aiónios. Dic. Exeget. del N.T.* Vol. I, p. 139, que remete a *Orientis Graeci Inscriptiones Selectae*, vol. II, p. 580.

que exerciam[413]. Esta legislação se manteve até os inícios do século XIII[414].

Ora, se durante mais de 800 anos a Igreja manteve e fez uso desta legislação, no momento presente, e da forma como ela está hoje, será que não seria conveniente – e inclusive premente – analisar a fundo a importância de restaurar aquela antiga lei para os abundantes casos de bispos e sacerdotes que cometem abusos graves, dos quais nos informam com frequência os meios de comunicação, com detrimento igualmente grave para as vítimas desses abusos e para toda a Igreja?

Durante muito tempo a Cúria Romana impôs severamente o silêncio e o ocultamento a muitos desses delitos. E o que frequentemente se fazia com os clérigos delinquentes (e se continua fazendo) era transferi-los para outras cidades ou, nos casos mais complicados, fechá-los em um convento. É evidente, porém, que, com tais medidas, os abusos e escândalos não eram e não são resolvidos. É mais do que lógico que as autoridades civis devem intervir e impor as penas correspondentes segundo a legislação de cada país. Mesmo assim a Igreja deve ser mais radical. E também mais coerente, aplicando o mesmo critério que qualquer empresa costuma aplicar a um empregado ou funcionário delinquente. No mínimo, expulsá-lo. Não me refiro à excomunhão. Estou falando em secularização: o clérigo que comete determinados escândalos, que seja posto na rua. E que busque sustentar-se como qualquer trabalhador honesto e competente. Além dos danos que causam às vítimas, essas pessoas fazem mal também à instituição que lhes dá trabalho, o necessário para viver e privilégios.

A solução não é o poder

Já sublinhei, mais de uma vez, que o critério e o princípio mais presentes na opinião pública é que o capital e o poder são as duas forças determinantes da estabilidade e do crescimento das instituições, dos in-

---

413. KOBER, F. *Die Deposition und Degradation nach den Grundsätzen des kirchlichen Rechts*; cf. nota 412. • HINSCHIUS, P. *System...*, IV, p. 188, 726-740, 806-809. • FINDLAY, S.W. *Canonical Norms governing the Deposition and Degradation of Clercs*. Washington, 1941. • ZIMMERMANN, H. *Papstabsetzungen des Mittelalters*. Graz/Viena/Colônia, 1958. • HOFMANN, K. *Absetzung...*, nota 412. • VOGEL, C. Les sanctions infligées aux laïcs et aux clercs par les conciles gallo-romains et mérovingiens. *Revue de Droit Canonique*, II, 1952, p. 5-28. • VOGEL, C. *Laica communione contentus...*, p. 70-81.

414. Cf. CASTILLO, J.M. *La secularización de obispos y sacerdotes en la Iglesia latina antigua*, p. 82ss.

divíduos e da sociedade em geral. Também já mencionei que o dinheiro, a riqueza e tudo quanto denominamos capital, deu efetivamente à Igreja fortaleza, segurança e crescimento. Entretanto, tão certo quanto isso, o dinheiro e a riqueza também tiveram um efeito desastroso para a Igreja, pois, quanto mais ela se aproximava da riqueza, mais foi se distanciando do Evangelho. Tanto ganhou em fortalecimento político quanto perdeu em autenticidade evangélica. Um exemplo eloquente disso: São Bernardo de Claraval escreveu ao Papa Eugênio III (papa desde 1145 até 1153): "Quando o papa, revestido de seda, coberto de ouro e pedras brilhantes, avança cavalgando num cavalo branco, escoltado por soldados e criados, parece mais o sucessor de Constantino que o sucessor de São Pedro"[415]. A Igreja fez-se tão forte em poder econômico quanto débil em sua exemplaridade evangélica.

As desastrosas consequências, para a unidade, coerência, exemplaridade ou simplesmente para a humanidade da Igreja não tardaram. Tanto que seria uma ingenuidade pretender apresentar uma espécie de catálogo das contradições evangélicas em que a Igreja incorreu. Não faria mal, no entanto, lembrar alguns fatos que ocorreram precisamente quando a Igreja passou a acumular tanto poder.

Comecemos pela falsidade e pelo ridículo das *pseudodecretales* (falsas decretais) que encontraram boa recepção em Roma a partir de outubro do ano 864. O autor deste estranho documento foi o Pseudo-Isidoro, que atribuía aos papas mártires da Antiguidade uma coleção de falsos documentos segundo os quais todo o *corpo* da Igreja depende do *caput* (cabeça), que é a Igreja romana. Assim, concedia-se a Roma e ao papado um poder divino tão irrefutável quanto ingênuo[416]. Com falsificações e dissimulações da verdade, à base de pseudônimos e trapaças, não se aporta nem verdade nem vida a este mundo. O afã de poder ou a confiança nele carregam consigo estas consequências.

Por isso não demorou muito a acontecer na Igreja outro desastre, igualmente por apetite de poder. Refiro-me à ruptura da Igreja Oriental com a Igreja de Roma[417]. Os dados e os limites desta ruptura estão bem resumidos e documentados no citado estudo de Y. Congar. Definitivamente, e por apetite de poder, duas correntes se enfrentaram: uma de

---

415. BERNARDO DE CLARAVAL. *De consideratione*, IV, 3, p. 6. • *PL* 182, p. 776. Cf. CONGAR, Y. *Por una Iglesia servidora y pobre*. Op. cit., p. 107.

416. O texto se encontra em PL 130, que reproduz a edição de Merlin (1523). Cf. HARTMANN, G. *Der Primat des römischen Bischofs bei Pseudo-Isidor*. Sttutgart, 1936. • CONGAR, Y. *L'Église de saint Augustin à l'époque moderne*. Op. cit., p. 62-63.

417. Há um bom resumo do fato e de suas consequências em ibid., p. 67-87.

independência eclesiástica, outra de intervenções imperiais na vida dos partidários da mencionada independência[418]. A partir destes elementos compreende-se o enfrentamento havido entre a concepção bizantina, de um lado, e o primado romano, de outro. Não pretendo repetir a abundante e documentada história eclesiástica medieval que analisa em detalhes essas tensões e enfrentamentos. O que pretendo ressaltar é que, no fundo, sempre esteve em jogo o mesmo tema: o problema do poder. Problema que nunca encontrou solução. E nem podia encontrar, pois, na Igreja que teve origem em Jesus e seu Evangelho, o poder nunca foi solução, mas princípio e causa de conflitos e problemas insolúveis.

Gregório VII: a mudança decisiva na Igreja

O mais importante historiador da eclesiologia que conhecemos, o Prof. Y. Congar, deixou escrito que o Papa Gregório VII (eleito em abril de 1073), "traçou as linhas de uma eclesiologia jurídica dominada pela instituição papal. Sua ação (de governo) determinou a virada mais decisiva que a eclesiologia católica conheceu"[419]. O que, efetivamente, Gregório VII veio nos ensinar é isto: "Obedecer a Deus significa obedecer à Igreja, e isto consequentemente significa obedecer ao papa e vice-versa"[420]. Sem dúvida, o mais impressionante e o mais eloquente que Gregório VII legou à posteridade foi seu famoso *Dictatus Papae*, um escrito de 27 pontos com a descrição jurídica mais clara do primado de dominação do papa no mundo inteiro. Nesses pontos percebe-se um "ilimitado poder consecrativo, legislativo, administrativo e judicial", totalmente concentrado no papa[421]. Ou seja, o papa é "o senhor do mundo". Aqui basta sublinhar algumas das afirmações e normas indiscutíveis que Gregório VII deixou para a posteridade: somente o papa tem o direito de usar as insígnias imperiais (n. 8). Só o papa tem direito a que lhe beijem os pés todos os príncipes (n. 9). Ao papa lhe é permitido depor o imperador (n. 12). Nin-

---

418. Cf. De sacris ordinationibus. *PG* 155, p. 430-443. • CONGAR, Y. *L'Église de saint Augustin à l'époque moderne*. Op. cit., p. 77, nota 77.

419. CONGAR, Y. *L'Église de saint Augustin à l'époque moderne*. Op. cit., p. 103. Uma bibliografia atualizada pode ser encontrada em KÜNG, H. *El cristianismo – Esencia e historia*. Op. cit., p. 858-859.

420. CONGAR, Y. Der Platz des Papstums in der Kirchenfrömmigkeit der Reformer des 11 Jahrhunderts. In: DANIÉLOU, J.; VORGRIMLER, H. (ed.). *Sentire Ecclesiam – Das Bewusstsein von der Kirche als gestantelde Kraft der Frömmigkeit*. Friburgo, 1961, p. 215.

421. KÜNG, H. *El cristianismo – Esencia e historia*. Op. cit., p. 392.

guém tem direito de renegociar sua decisão; ele é o único que tem direito a renegociar as decisões de todos os outros (n. 18)[422].

É importante advertir (para as pessoas pouco versadas em teologia) que estas afirmações de Gregório VII não são definições dogmáticas que devemos aceitar pela fé. Ou seja, não precisamos crer nelas como se expressassem a vontade divina. Estas sentenças papais são decisões canônicas e administrativas que foram redigidas com a pretensão de concentrar todo o poder religioso num único homem, o Sumo Pontífice. Desta forma o papa também destituiu os bispos de muitos de seus poderes, apropriando-se deles e delegando-os aos seus sucessores.

E assim foram emergindo, nos séculos posteriores, problemas mais sérios. Não diretamente de Gregório VII, mas de homens como Inocêncio III (1198-1216), ou Bonifácio VIII (1294-1303), só para citar dois nomes seguramente importantes.

No governo e nos ensinamentos de Inocêncio III, qualquer pessoa compreende as graves consequências que derivaram de sua interpretação da *plenitudo potestatis*, o poder pleno e sem limitações do papa, impostas pelo IV Concílio de Latrão (1215) aos que pregavam sem a devida permissão da Santa Sé. Esses pregadores não apenas eram excomungados, mas "castigados com outra sanção relevante"[423]. A partir de semelhante afirmação foram criados os tribunais da Inquisição, fato que deu origem à comparação da aparência dos inquisidores com as "checas", a polícia política secreta dos primeiros momentos da Rússia revolucionária, cujo objetivo não se limitava a reprimir, mas melhorar a sociedade; entre o idealismo e o sadismo uma linha muito tênue parece existir. Sabemos que uma parte fundamental da tarefa da Inquisição era impor penitências, como as impostas no confessionário por um sacerdote a um penitente, ainda que as inquisições se tenham convertido pouco a pouco em prisões nas quais impunha-se na prática a clausura religiosa. Entre 1249 e 1257, de um total de 306 penitências decretadas pelos inquisidores, somente 21 incluíram a fogueira; os tribunais seculares eram muito mais propensos que os inquisidores a impor penas de morte[424]. Não pretendo explicar aqui a patética história da Inquisição na Espanha, que adentrou o século XIX afora, com o retorno de Fernando VII e restabeleceu o Absolutismo

---

422. A lista completa das 27 afirmações do *Dictatus Papae* pode ser facilmente encontrada na internet. Cf. tb. KÜNG, H. *El cristianismo – Esencia e historia*. Op. cit., p. 394.

423. DH. *Enchiridion Symbolorum*, n. 809.

424. Cf. McCULLOCH, D. *Historia de la cristiandad*. Barcelona, Instituto de Cultura, 2011, p. 446.

na Espanha[425]. Trata-se da terrível história que relacionou a Igreja com o poder e o medo, e não com o Evangelho.

Quanto à Bonifácio VIII, é eloquente a conclusão avassaladora da bula *Unam sanctam*: "Submeter-se ao Romano Pontífice, o declaramos, o dizemos, o definimos e o proclamamos como totalmente necessário para a salvação de toda humana criatura"[426]. Este texto pontifício fala por si mesmo. Como bem observou o Prof. González Faus, o poder atribuído a Bonifácio VIII é um "poder divino", que atinge a todos os humanos, e que não pode ser julgado por ninguém, já que o humano não pode questionar ou rejeitar o divino[427]. Que consequências de tamanha divindade e tanto poder se seguiram para a Igreja? O já citado González Faus o disse muito claramente: "Bonifácio VIII deixou como herança para a Igreja o desterro dos papas de Avignon e o 'cisma do Ocidente' que se seguiu"[428]. Ou seja, o efeito e a consequência de tanto e tamanho "divino poder" foi a destruição da unidade da Igreja. Três concílios foram necessários (Constança, Basileia e Florença)[429] para tentar deixar claro "quem é o sujeito de suprema potestade" na própria Igreja, que aquele poderoso papa, com seus pretensos poderes divinos, pretendeu dominar e deixar resolvido para sempre. Entretanto, nem mesmo os três mencionados concílios puderam deixar definitivamente esclarecido o problema teológico (com consequências práticas de enorme importância para o governo da Igreja) de onde e em quem reside a suprema potestade da Igreja: Ela só pertenceria ao papa? Ou ao papa e ao episcopado de toda a Igreja?

Nem mesmo o Concílio de Trento se atreveu a incluir na ordem do dia de algumas de suas sessões o problema que envolve este tema. Mesmo sabendo do problema, Trento não se atreveu a abordá-lo. Eram demasiadas recentes as contradições entre os concílios de Constança, Basileia e Florença. Passaram-se assim os anos e nem no Concílio Vaticano I (1970) o problema foi resolvido, já que este concílio não pôde tratar de todos os temas que tinham sido programados. Foi no Concílio Vaticano II, em sua Constituição sobre a Igreja, que o assunto foi sanado (*Lumen Gentium*,

---

425. Cf. CARR, R. *España 1808-1939*. Barcelona, 1970, p. 123.

426. Cf. DH. *Enchiridion Symbolorum*, n. 875.

427. Cf. GONZÁLEZ FAUS, J.I. *La autoridad de la verdad – Momentos oscuros del magisterio eclesiástico*. Barcelona: Herder, 1996, p. 45.

428. Ibid., p. 46.

429. Para esta complicada história, cf. abundante bibliografía em CONGAR, Y. *L'Église de saint Augustin à l'époque moderne*. Op. cit., p. 324-352.

n. 22), mas não como uma definição dogmática, já que este concílio (por expresso desejo do Papa João XXIII) foi somente pastoral.

O fato é que Bonifácio VIII não deixou nada resolvido. O que ficou claro foram as pretensões romanas de um poder papal absoluto, como já se vinha pensando desde Gregório VII. Uma Igreja que nasceu de Jesus e de seu Evangelho não podia nem deveria organizar-se nem ser gerida a partir do poder absoluto, essa força criminosa que matou Jesus e pretendeu banir da face da terra seu Evangelho.

Os perigos da plena potestade

Muita gente não se deu conta dos inúmeros e preocupantes perigos que teve (e continua tendo) o fato de um homem, na terra, ter-se atribuído ou ter-se apropriado de um poder pleno e ilimitado (*plenitudo potestatis*). Os ditadores políticos que tivemos que suportar no século XX nos fizeram sentir na pele o que isto representa e as consequências que comporta.

A teoria da *plenitudo potestatis* foi inventada, em sua megalomania, pelos teólogos dos séculos XI ao século XIII. Entretanto, as piores consequências daquelas pretensões de poder ilimitado as estamos ainda padecendo e, talvez, sobretudo, agora.

Explico-me. A ideia dos teólogos dos séculos XI e XII centrou-se em deduzir, do texto de Mt 16,19, que nada nem ninguém foge da potestade papal: "tudo o que ligares... ninguém nem nada subtrai-se ao seu poder" (*quodcumque ligaveris... nullam excepit, nihil ab eius potestate subtraxit*)[430]. O pior de tudo é que, com o passar do tempo, estas teorias papais se traduziram em consequências práticas muitos graves, pois, baseando-se justamente na doutrina da *plenitudo potestatis*, os papas se fizeram autênticos promotores do colonialismo e da dominação que os grandes impérios coloniais impuseram durante séculos na África e na América Latina. Isto é mais do que evidente e conhecido nos casos concretos dos impérios coloniais de Portugal e Espanha.

O Papa Nicolau V, em sua bula *Romanus Pontifex* (janeiro de 1454), fez a doação de todos os reinos da África ao rei de Portugal. Ele justificou sua decisão baseando-se na teoria da *plenitudo potestatis* (*auctoritate apostolica et ex certa scientia, de aposotilicae potestatis plenitudine*)[431].

---

430. GASPAR, E. Das Register Gregors VII. In: MGH. *Eistolae*, II. Berlim, 1955, p. 1; cf. tb. III, 10, p. 255; VIII, 21, p. 250.

431. *Bullarium Diplomatum et Privilegiorum Sanctorum Romanorum Pontificum*. Vol. V. Turim, 1860, p. 113.

Fundando-se nesta presumível potestade, o papa concedeu ao rei português "a plena e livre faculdade de apropriar-se, para ele e seus sucessores, e dispor para seus usos e interesses todos os reinos, principados, domínios, possessões móveis e imóveis das pessoas da África, com o direito de invadir, conquistar e submeter à perpétua escravidão essas pessoas" (*invadendi, conquirendi... et subiugandi, illorumque personas in perpetuam servitutem redigendi*)[432]. Além disso, esta doação, tão generosa quanto extravagante e criminosamente injusta, foi reiterada e reconhecida pelo breve *Dudum pro parte*, do Papa Leão X (1516) e pela bula *Aequum reputamos*, de Paulo III (em 1534)[433].

Com a mesma argumentação e com semelhantes consequências, o Papa Alexandre VI concedeu aos reis católicos a potestade de apropriar-se das terras e das riquezas descobertas por espanhóis e portugueses dos territórios que hoje denominamos América Latina[434].

Não pretendo repetir aqui, tampouco resumir, a conhecida e vergonhosa história da colonização que, não somente Portugal e Espanha, mas também boa parte da Europa, fizeram das diversas colônias da África e da América. Nem quero deter-me na política e na violência de extermínio havido no território hoje conhecido como América do Norte. O que queremos tratar aqui é que, na raiz da colonização e do latrocínio que a Europa realizou em suas colônias da África e da América, foi determinante a justificação e a legitimação que a teologia do poder papal propiciou aos conquistadores e colonizadores da Europa cristã, habilmente orientada e dirigida pela legitimação proporcionada pela teologia do poder pontifício que os teólogos medievais souberam arquitetar. Desta forma aquele "negócio" pôde ser feito com "a consciência limpa". É verdade que a Europa, em boa medida, cristianizou a América, e também, mesmo que em menor escala, a África. Também é verdade que a Europa levou para esses continentes muitos dos elementos constitutivos de sua própria cultura. O mais inquestionável, porém, é o muito que a Europa roubou e os grandes negócios que ela fez tanto na África quanto na América, de modo que agora seria praticamente impossível fazer uma avaliação do que teria que ser devolvido a esses continentes, se quiséssemos render-lhes justiça.

Hoje, infelizmente, não é isso que se cogita. O que a Europa agora não tolera é que, tanto os africanos quanto os latino-americanos venham in-

---

432. *Romanus Pontifix*, n. 5. • *Bullarium...* Vol. V, 3.

433. Cf. AUBENAS, R.; RICARD, R. L'Église et la Renaissance. In: FLICHE; MARTIN. *Histoire de l'Église,* vol. 15, que remete a MANSO, P. *Historia eclesiástica ultramarina.* Tomo I. Apêndice.

434. Bula *Inter caetera*, 3. • *Bullarium...* Vol. V, p. 362.

comodá-la e, menos ainda, perturbá-la com o clamor de quem pede justiça, decência e humanidade. Tudo isso põe os cristãos europeus nervosos, e logo eles que criaram argumentos teológicos para legitimar e justificar a violência e o latrocínio baseando-se no argumento de que foram eles que levaram a fé e a cultura aos infiéis e aos ignorantes. O Mediterrâneo é o grande cemitério das vítimas da Europa, de sua cultura, de seu desenvolvimento, de seu alto nível de vida, do bem-estar de seus habitantes eruditos e de sua religião. É exatamente essa religião, que nasceu do Evangelho, que acabou marginalizando esse mesmo Evangelho, tornando-o o grande estorvo que lhe impede de continuar com suas pretensões de ser o centro da cultura e do poder que hoje rege o mundo.

A mais cristalina verdade é que, ainda que a Europa não se atreva a dizer que é o eixo e o centro do poder no mundo, de fato é assim que ela pensa. Acredita sê-lo, ainda que não o seja. Assim como se acredita cristã, quando, de fato, foi ela quem anulou o Evangelho de Jesus para colocar no centro – que é aquilo que na verdade nos desumaniza – a força determinante do poder e do desfrute, mesmo tendo obtido estes benefícios marginalizando a verdadeira força que nos faz mais humanos: o Evangelho de Jesus.

Conclusão

Neste livro ficou claro que Jesus de Nazaré foi um homem profundamente religioso. Mais ainda: foi tão orginalmente religioso que não apenas se relacionava intensamente com Deus, o Pai a quem constantemente invocou e mencionou em sua vida, mas identificou-se com Ele a tal ponto que podemos tranquilamente afirmar que Jesus foi (e é) a revelação de Deus. E, por isso mesmo, a presença de Deus neste mundo. Daí a resposta do próprio Jesus a Felipe: "quem me viu, viu o Pai" (Jo 14,9). Isto significa dizer que conhecer a Jesus é conhecer o próprio Deus cristão. Na vida de Jesus, na conduta de Jesus, naquilo que foi a existência de Jesus, nas opões de Jesus, naquilo que foi a existência de Jesus neste mundo, nisto tudo aprendemos como é Deus, como Deus quer que o busquemos, onde e como é possível nos relacionarmos com Ele. E encontremos em Deus o sentido de nossa vida e nossa esperança nesta e na outra vida.

Entretanto, Jesus nos ensinou com seu modo de viver e com seus ensinamentos que o meio para encontrar a Deus e o melhor modo de nos relacionarmos com Ele não é a religião tradicional, mas seu Evangelho. Ou seja, o meio para encontrar a Deus e manter com Ele a melhor relação possível não está nos rituais do sagrado, mas no projeto de vida do profano, tal como Jesus viveu e está demonstrado no Evangelho.

Sendo assim, o grande problema que é apresentado a nós cristãos é que a Igreja se organizou e foi governada de tal modo que, nela, o central e o determinante não são o Evangelho, mas a religião. É por isso que aquilo que mais interessa e preocupa às autoridades eclesiásticas é a doutrina, os rituais religiosos a serem observados, e que os cristãos demonstrem respeito e submissão aos bispos e sacerdotes, e aos lugares sagrados... Como consequência, e de modo desconcertante e inexplicável, nos ambientes eclesiásticos oficiais os pobres, os enfermos, as crianças, os que sofrem, a justiça, a verdade e a honestidade, tanto no Direito eclesiástico quanto no sistema de governo da Igreja não gozam das mesmas preocupações.

A maior preocupação dos homens de Igreja centra-se no cumprimento e na observância de rituais, cerimônias, normas, tradições sagradas, enquanto que os grandes problemas sociais, que afetam os direitos humanos, não recebem a importância merecida. Na Igreja respeita-se mais uma imagem sagrada do que um ser humano. Veneram-se mais as catedrais, os templos, os altares e as confrarias do que a dignidade e os direitos de tantas pessoas que se veem obrigadas a sofrer mais que o suportável.

O cristianismo gerenciado pela Igreja pode até ser uma grande religião no mundo, mas não é a presença viva do Evangelho em nossa sociedade. Daí a razão pela qual a grande preocupação de tantos clérigos ser o cumprimento das exigências da religião e não tanto tornar presente o Evangelho mediante a própria vida.

Esse estado de coisas foi implantado no final da Idade Média. Até então a Igreja sentia-se cômoda na sociedade, pois não era apenas plenamente aceita, mas constituía-se sobretudo em elemento essencial do sistema. Daí o respeito, a estima e a veneração que o clero, as instituições eclesiásticas, sua autoridade e ensinamentos tinham. Até o final do século XV, de fato, o sistema do Ocidente, com seu enorme poder econômico e político ao redor do mundo, funcionou assim. Daí por que a Igreja, até então, não apenas sentiu-se bem-instalada em seu ambiente, mas constitui-se em elemento central e decisivo de tal ambiente.

No século XVI (com a Reforma), e no século XVIII (com o Iluminismo), a Igreja passou a sentir-se desconfortável e não mais um elemento central da sociedade e da cultura do Ocidente. A Reforma, com as não poucas questões discutíveis que levantou, acertou em um projeto fundamental: *o retorno ao Evangelho*[435]. O Iluminismo destacou e insistiu que o divino e o sagrado não podiam continuar sendo os poderes determinantes que, desde a Antiguidade, vinham se impondo ao humano e ao profano.

Teria a Igreja aceito tais proposições? Como sabemos, a Igreja perdeu a ocasião de colocar-se em seu lugar, o lugar que ocupou Jesus na sociedade de seu tempo. O que aconteceu, de fato, é que a paixão pelo poder (reforçada pela mesma paixão pela riqueza), voltou a cegar os homens de Igreja. E a ocasião de ouro que a Igreja teve de colocar-se em seu lugar, converteu-se no infeliz momento de entabular os primeiros passos rumo ao enfrentamento com a modernidade. Muitas vezes me perguntei se Jesus, em seu tempo, em sua terra, teve alguma vez a pretensão de mandar na Galileia mais do que Herodes, ou mais do que Pilatos na Judeia. Se isto tivesse acontecido, será que hoje teríamos o Evangelho e tudo o que esse mesmo Evangelho representa?

E a Igreja do século XIX, depois da Reforma do século XVI e do Iluminismo do século XVIII, ao invés de tomar consciência de que seu papel

---

435. Uma excelente e ampla bibliografia sobre o tema se encontra em CONGAR, Y. *L'Église de saint Augustin à l'époque moderne*. Op. cit., p. 352-353. Uma análise ampla e atualizada está em KÜNG, H. *El cristianismo – Esencia e historia*. Op. cit, p. 531-556.

e sua missão eram (e têm que ser) responder às novas necessidades que se iam apresentando no mundo, dedicou-se ao enaltecimento e à exaltação do poder que, segundo o clero e seus teólogos, corresponde ao papa, ao poder do Vaticano, ao poder de Roma. Como se todos os males que o mundo padece não tivessem outra solução senão o poder da hierarquia. Eis a razão pela qual a eclesiologia do século XIX tem sido tão profundamente marcada e condicionada por um fato fundamental: a exaltação da autoridade religiosa, concretamente a autoridade papal, a ponto de o tema da autoridade e da soberania pontifícia se terem convertido na chave e na explicação de todo o resto[436]. Um bom resumo desta ideia está na afirmação, no mesmo século XIX, do eloquente autor francês Joseph Maistre: "Não existe moral pública nem caráter nacional sem religião; não há religião europeia sem cristianismo; não há cristianismo sem catolicismo; não há catolicismo sem papa; não há papa sem a supremacia que lhe corresponde"[437].

Na realidade, porém, onde foi parar a sede de poder e onde foi parar a exaltação da autoridade religiosa que marcou a Igreja nos séculos XIX e XX? Digo-o com toda clareza e sinceridade: a Igreja se vê cada dia mais marginalizada e numa situação difícil de entender. A religiosidade tradicional está em crise. E numa crise crescente. Isto, obviamente, é muito preocupante para muitos crentes. Entretanto, devemos nos perguntar: É grave a crise do fato religioso?

Minha resposta inicial é clara e provocativa: os relatos evangélicos se tornaram públicos a partir do ano 70. Isso supõe uma eloquente coincidência: o Evangelho surgiu do colapso histórico da religião cujo centro

---

436. Esta questão foi amplamente estudada em: CONGAR, Y. L'Ecclésiologie de la revolution française au concile du Vatican, sous le signe de l'affirmation de l'autorité. *L'Ecclésiologie au XIX siècle*. Paris, 1960, p. 77-114. • AUBERT, R. La géographie ecclésiologique au XIX siècle. *L'Ecclésiologie au XIX siècle*, p. 11-55. • POTTMEYER, H. *Unfehlbarkeit und Souveránität – Die päpstliche Unfehlbarkeit im System der ultramontanen Ekklesiologie des 19. Jahrhunderts*. Mainz, 1975. • WEINZIERL, E. (ed.). *Die päpstliche Autorität im Katolischen Selbsverständnis des 19. und 20. Jhs.* Salzburg/Munique, 1970. • HASLER, A.B. *Pius IX – Päpstliche Unfehlbarkeit und 1. Vatikanum.* Sttutgart, 1977. • HEGY, P. *L'Autorité dans le catholicisme contemporain – Du Syllabus à Vatican II.* Paris, 1975. • BUCHHEIM, K. *Ultramontanismus und Demokratie – Der Weg der deutschen Katholiken im* 19. *Jarhrhundert.* Munique, 1963. • FUCHS, F. *Magisterium, Ministerium, Regimen – Vom Ursprung einer ekklesiologischen Trilogie.* Bonn, 1941. • KASPER, W. *Die Lehere von der Tradition in der Römischen Schule.* Friburgo, 1962.

437. *Correspondence.* Tomo IV. Paris, 1908, p. 428. Para uma análise da teologia da Igreja no século XIX, cf. CASTILLO, J.M. La exaltación del poder magisterial en el siglo XIX. *Teología y Magisterio.* Salamanca: Sígueme, 1987, p. 139-160.

era o Templo, e cujos dirigentes haviam feito daquele lugar sagrado um "covil de ladrões".

Mas existe algo de mais importante a ser respondido à pergunta feita acima: Como entendemos a religião? Se a entendemos como um conjunto de crenças, normas, ritos e cerimônias que nos servem para tranquilizar a consciência e nos ajudam a sentir-nos satisfeitos e pessoas respeitáveis, então o melhor que pode acontecer é que este tipo de religião desapareça o quanto antes.

Outra coisa é se entendemos e vivemos a religião como busca de Deus, o Deus que não conhecemos, mas do qual necessitamos, para que dê sentido à vida e mantenha em nós a esperança de que a vida não acaba na morte. Se entendemos Deus como o entendeu e viveu Jesus, como o Deus em quem encontramos os outros seres humanos, sobretudo os que sofrem, os mais desamparados e excluídos da vida (Mt 25,31-46), então o fato religioso é vivido na honestidade, na coerência, na sinceridade, na transparência, na luta pela justiça, nos direitos humanos, na felicidade dos que sofrem, na felicidade compartilhada. Esse modelo de religião é o modelo de religião vivido por Jesus. E o modelo de religião que deve centrar nossas preocupações e impulsionar nossos anseios mais profundos.

Por isso atrevo-me a dizer que, se a religião tradicional e própria do clericalismo integrista está se dissolvendo em uma crise profunda, não temos por que nos preocupar, pois, à medida que esse tipo de religião vai se diluindo, os anseios de justiça, que tanto interessam às pessoas vão encontrando a resposta que buscam no Evangelho.

Dito isto, parece-me de extrema importância ter sempre muito presente a conhecida afirmação do Prof. Thomas Ruster, da Universidade de Dortmund: "A experiência religiosa de todos nós já não é de confiar, porque isto nos remete à falsa religião"[438]. É que, efetivamente, a religião sempre se baseou numa experiência que pode ser um engano, uma falsidade. É falsa a religião que serve para tranquilizar quem a vive, à medida que essa pessoa somente busca e espera da religião a paz e o sossego para dormir tranquila. E a busca, sobretudo, neste mundo e neste momento em que existe tanta gente que sofre o humanamente insuportável. Com toda razão, o citado Prof. Ruster, referindo-se à loucura criminosa dos campos de concentração na última guerra mundial, disse: "O holocausto se produziu dentro de uma cultura plasmada pelo cristianismo. Não apenas os campos de concentração estavam localizados próximos dos museus, dos auditórios e bibliotecas, não só os que planejaram e executaram o extermínio liam Goethe e Schiller, mas a maioria daqueles facínoras

---

438. RUSTER, T. *El Dios falsificado – Una nueva teología desde la ruptura entre cristianismo y religión.* Salamanca: Sígueme, 2011, p. 228.

recebeu durante anos aulas de religião cristã, assistia com frequência o culto divino e ouvia sermões e instruções morais. Houve um cristianismo que tornou possível Auschwitz, ou ao menos não o impediu. Não houve um protesto, uma resistência geral dos cristãos na Alemanha quando Auschwitz se tornou possível, nem quando foi-se conhecendo cada vez melhor o que ali acontecia. Também cabe dizer que a pregação cristã marcada pela teologia não proclamou a solidariedade dos cristãos com os judeus imposta pela fé. Ensinou-se, entendeu-se e viveu-se a fé no Deus dos cristãos esquecendo a comunhão destes com o povo da aliança, eleito e querido pelo mesmo Deus. Toda a teologia cristã anterior a Auschwitz fica sob suspeita de ter fracassado num ponto central"[439]. E este ponto central – a mim me parece, e cada dia o vejo mais claro – não é outro senão o Evangelho.

Este é um fato capital, mas precisamos atualizá-lo. Auschwitz é coisa do passado e está distante. Neste momento, e segundo o que estamos vivendo, me pergunto: Nós, que nos consideramos cristãos, o somos de fato? Faço-me esta pergunta porque, precisamente neste momento estamos vivendo, enquanto cristãos, uma experiência eloquente. Refiro-me à experiência provocada, que está sendo vivida na Igreja e no mundo, pelo pontificado do atual Papa Francisco. Uma experiência eloquente pelo fato (evidente aos olhos de todos) do confronto que se vive na Igreja entre a abertura evangélica, que vemos neste papa, e o integrismo religioso, visível no clericalismo integrista.

Ao mesmo tempo que o clericalismo fundamentalista reproduz a figura grotesca e perigosa que em seu tempo representaram os escribas e os fariseus, o Papa Francisco torna presente no mundo o Evangelho de Jesus. Ainda hoje na Igreja existem os que se lamentam de que o Papa Bergoglio não seja um teólogo eminente. Assim como existem outros que destacam a ineficácia deste papa em remodelar a Cúria Romana e colocar em dia o direito canônico, a liturgia, o colégio cardinalício e tantas outras coisas. Não vou perder tempo discutindo estes temas, pois minha convicção mais firme anda por outro caminho. O que vejo, com mais clareza e certeza, é que o Papa Francisco, embora tenha suas limitações (que, como todo ser humano, as têm), deu a martelada onde devia dar: desde o primeiro momento de seu pontificado quis ser um papa (e está conseguindo) profundamente humano, próximo dos mais simples, das mesmas pessoas do povo com quem Jesus de Nazaré sempre sintonizou. Esta é a primeira observação e a principal.

---

439. Ibid., p. 32-33.

E junto a esta observação menciono a transparência deste homem, que foi capaz de pôr a boca no trombone para fazer justiça e colocar-se do lado das muitas vítimas, sobretudo menores de idade, a quem a falta de vergonha de não poucos sacerdotes roubou-lhes os direitos e a dignidade.

Assim, e à custa de inomináveis e secretos sofrimentos, o Papa Francisco deixou claro por onde e por quais caminhos a Igreja deve andar para recuperar o Evangelho e colocar a mensagem e o projeto de Jesus no centro do cristianismo. À medida que formos capazes de seguir esse caminho, os cristãos do futuro poderão afirmar que "seguimos a Jesus", a fim de dizerem a este mundo que o Evangelho é o centro da vida.

Referências

AGUIRRE, R. (2009). *Del movimiento de Jesús a la Iglesia cristiana*. Estella/Navarra: Verbo Divino, p. 83-114.

AGUIRRE, R. (2015). *La memoria de Jesús y los cristianos de los orígenes*, Estella/Navarra): Verbo Divino, p. 151.

ALEGRE, X. (1997). Los responsables de la muerte de Jesús. *Revista Latinoamericana de Teología*, 41, p. 168.

ALFARO, J. (1961). Fides in terminología bíblica. *Gregorianum*, 42, p. 462-463.

AUBENAS, R.; RICARD, R. (s.d.). L'Eglise et la Renaissance. In: FLICHE, M. *Histoire de l'Église*, vol. 15, apud MANSO, P. Historia eclesiástica ultramarina. Tomo I, apêndice.

AUBERT, R. (s.d.). La géographie ecclésiologique au XIX siècle. *L'Ecclésiologie au XIX siècle*, p. 11-55.

BÄCHLER, E. (1940). *Das Alpine Paläolitischikum der Schweitz*.

BAGNALL, R.S.; CABRIORE, R. (2006). *Women Letters from Ancient Egypt, 300 BC.-AD 800*. University of Michigan Press.

BARTH, G. (s.d.). Pistis. *Diccionario Exegético del Nuevo Testamento*. Vol. II, p. 953-954.

BAUER, W. (1988). *Griechisch-deutsches Wörterbuch zu den Schriften des Neuen Testament und der frühchristlichen Literatur*. Ed. por K. Aland e B. Aland. 6. Ed. Berlim/Nova York, p. 478.

BECKER, J. (2007). *Pablo – El apóstol de los paganos*. Salamanca: Sígueme, p. 145-146.

BERNARDO DE CLARAVAL (s.d.). *De consideratione*, IV, 3, 6, apud *PL* 182, 776.

BEUTLER, J. (2013). *Comentario al evangelio de Juan*. Estella: Verbo Divino, p. 509-552.

BEVENOT, M. (1975). Tertullians thoughts about the christian priesthood. *Corona gratiarum – Miscellanea E. Dekkers, I*. Bruges, p. 125-137.

BLANK, J. (1981). *Das Evangelium nach Johannes*. Düsseldorf.

BONHOEFFER, D. (1970). *Widerstand und Ergebung*. Munique, p. 328.

BONHOEFFER, D. (1982). *Nachfolge.* Munique: Kaiser Verlag, p. 28-29.

BORG, M.J.; CROSSAN, J.D. (2009). *El primer Pablo – La recuperación de un visionario radical.* Estella: Verbo Divino, p. 126.

BORNKAMM, G. (2008). *Pablo de Tarso.* 7. ed. Salamanca: Sígueme, p. 194-195.

BOVON, F. (2004). *El evangelio según san Lucas.* Vol. III. Salamanca: Sígueme, p. 194.

BRAKKE, D. (2013). *Los gnósticos – Mito, ritual y diversidad en el cristianismo primitivo.* Salamanca: Sígueme, p. 39.

BRAUN, J. (1914). *Die liturgische Gewandung.* Friburgo.

BROWN, P. (2016). *Por el ojo de una aguja – La riqueza, la caída de Roma y la construcción del cristianismo en Occidente (350-550 d.C.).* Barcelona: Acantilado, p. 371, 1.014-1.015.

BUCHHEIM, K. (1963). *Ultramontanismus und Demokratie – Der Weg der deutschen Katholiken im 19. Jarhrhundert.* Munique.

BÜHNER, J.A. (s.d.). *Diccionario Exegético del Nuevo Testamento.* Vol. I, p. 429ss.

BURKERT, W. (2009). *La creación de lo sagrado – La huella de la biología en las religiones antíguas.* Barcelona: Acantilado, p. 145-155.

BURKERT, W. (2013). *Homo necans.* Barcelona: Acantilado, p. 125, n. 170.

CARR, R. (1970). *España 1808-1939.* Barcelona, p. 123.

CARTER, W. (2007). *Mateo y los márgenes – Una lectura sociopolítica y religiosa.* Estella/Navarra: Verbo Divino, p. 498-499.

CARTER, W. (2011). *El Imperio romano y el Nuevo Testamento.* Estella: Verbo Divino, p. 12.

CASPAR, E. (1955). Das register Gregors VII. *MGH Eistolae,* II. Berlim.

CASTILLO, J.M. (1981). *Símbolos de libertad – Teología de los sacramentos.* Salamanca: Sígueme, p. 326-327.

CASTILLO, J.M. (1987). La exaltación del poder magisterial en el siglo XIX. *Teología y Magisterio.* Salamanca: Sígueme, p. 139-160.

CASTILLO, J.M. (1989). Jesús, profeta de Israel. In: SICRE, J.L.; CASTILLO, J.M.; ESTRADA, J.A. *La Iglesia y los profetas.* Córdoba: El Almendro, p. 79-97.

CASTILLO, J.M. (1993). *Para comprender los ministerios de la Iglesia.* Estella: Verbo Divino, p. 51, nota 20.

CASTILLO, J.M. (1999). *El Reino de Dios – Por la vida y la dignidad de los seres humanos*. Bilbao: Desclée De Brouwer, p. 27-34.

CASTILLO, J.M. (2004). *Víctimas del pecado*. Madri: Trotta, p. 122-123.

CASTILLO, J.M. (2007). *La Iglesia y los derechos humanos*. Bilbao: Desclée De Brouwer.

CASTILLO, J.M. (2009). *La humanización de Dios*. Madri: Trotta.

CASTILLO, J.M. (2010). San Pablo y los problemas de la cristología. *Iglesia Viva*, n. 241, p. 21-22.

CASTILLO, J.M. (2012). *La humanidad de Dios*. Madri: Trotta.

CASTILLO, J.M. (2016). *La humanidad de Jesús*. Madri: Trotta, p. 141-142.

CASTILLO, J.M. (s.d.). *La secularización de obispos y sacerdotes en la Iglesia latina antigua*, p. 82ss.

COMBET-GALLAND, C. (s.d.). *El evangelio según Marcos*, apud MARGENAT, D., p. 47-48.

CONGAR, Y. (1960). L'Ecclésiologie de la Révolution Française au Concile du Vatican, sous le signe de l'affirmation de l'autorité. In: NÉDONCELLE, M. *L'ecclésiologie au XIX siècle*. Paris: Cerf, p. 77-114.

CONGAR, Y. (1961). Der Platz des Papstums in der Kirchenfrömmigkeit der Reformer des 11 Jahrhunderts. In: DANIÉLOU, J.; VORGRIMLER, H. (eds.). *Sentire Ecclesiam – Das Bewusstsein von der Kirche als gestantelde Kraft der Frömmigkeit*. Friburgo, p. 215.

CONGAR, Y. (1967). *L'Ecclésiologie du haut Moyen-Age*. Paris: Cerf.

CONGAR, Y. (1970). *L'Église de Saint Augustin à l'époque moderne*. Paris: Cerf.

CONGAR, Y. (2014). *Por una Iglesia servidora y pobre*. Salamanca: San Esteban, p. 87-112.

CONZELMANN, H. (s.d.). *Der erste Brief an die Korinther*, p. 51-53.

CORTESE, E. (1999). *Il Diritto nella Storia Medievale*. Vol. II. Roma: Il Cigno Galileo Galilei.

CREMER, H.; KÖGEL, J. (1923). *Biblisch – Theologisches Wörterbuch des neutestamentlichen Griechisch*. 11. ed. Stuttgart, p. 736.

CROSSAN, J.D.; REDD, J.L. (2006). *En busca de Pablo – El Imperio de Roma y el Reino de Dios frente a frente en una nueva visión de las palabras y el mundo del apóstol de Jesús*. Estella: Verbo Divino, 151.

CULDAUT, F. (1996). *El nacimiento del cristianismo y el gnosticismo – Propuestas*. Madri: Akal.

DE CARTAGO, F. (s.d.). *Vida de san Fulgencio de Ruspe*. Lapeyre, p. 1.

DEINES, R. (1993). *Jüdische Steingefässe und pharisäische Frömmigkeit* (WUNT II/52). Tübingen.

DIETZFELBINGEN C. (1995). *Der Abschied des Kommenden* (WUNT 95). Tübingen, p. 96-97.

DODDS, E.R. (1975). *Paganos y cristianos en una época de angustia*. Madri: Cristiandad, p. 104.

DODDS, E.R. (2001). *Los griegos y lo irracional*. 11. ed. Madri: Alianza, p. 150.

DOMÍNGUEZ MORANO, C. (1992). *Creer después de Freud*. Madri: Paulinas, p. 179.

EISENBAUM, P. (2014). *Pablo no fue Cristiano – El mensaje original de un apóstol mal entendido*. Estella/Navarra): Verbo Divino.

ESCRIBANO PAÑO, M.V. (2003). El cristianismo marginado: heterodoxos, cismáticos y herejes del siglo IV. In: SOTOMAYOR, M. & UBIÑA, J.F. *Historia del cristianismo – Vol. I: El mundo antiguo*. Madri: Trotta/ Universidad de Granada, p. 421ss.

ESTRADA, J.A. (2018). *Las muertes de Dios – Ateísmo y espiritualidade*. Madri: Trotta, p. 178-188.

EUSEBIO DE CESAREA, E. *Historia eclesiastica*, VII, 30. 9.

FERRAJOLI, L. (2001). *Derechos y garantias – La ley del más débil*. Madri: Trotta, 2001, p. 77-80.

FESTUGIÈRE, A.J. (1932). *L'idéal rel – Des grecs*, II, cap. 5.

FIERRO, A. (1973). *El crepúsculo y la perseverancia*. Salamanca: Sígueme, p. 96-97.

FRANSEN, P. (1953). Réflesions sur l'anathème au concile de Trente. *ETL*, 29, p. 658.

FRANSEN, P. (s.d.). Ordo. *LThK*, VII, p. 1.212-1.220.

FREY, J. (2013). *Die Herrlichkeit des Gekreuzigten* (WUNT 307). Tübingen, p. 288.

FRIENDRIC, J.H. (s.d.). Klêros. *Dic. Exeget. N.T.* Vol. I, p. 2.348-2.351.

FUCHS, J. (1941). *Magisterium, Ministerium, Regimen – Vom Ursprung einer ekklesiologischen Trilogie*. Bonn.

GAUDEMET, J. (s.d.). *L'Église dans l'Empire Romain (IV-V siècles)*, p. 139, n. 3.

GNILKA, J. (1998). *Teología del Nuevo Testamento*. Madri: Trotta, p. 68.

GROESHUYSEB, B. (1927). *Origines de l'esprit bourgeois en France – L'Église et la Bourgeoisie*. Paris: Gallimard, 1927, p. 169.

GROESHUYSEB, B. (1943). *La formación de la conciencia burguesa en Francia durante el siglo XVIII*. México/Madri/Buenos Aires: Fondo de Cultura Económica, p. 269-303.

GY, P.M. (1957). Remarques sur le vocabulaire antique du sacerdoce chrétien. *Études sur le sacrement de l'Ordre*. Paris, 1957, p. 142.

HAHN, F. (1974). Der Apostolat im Urchristentum – Seiene Eigenart und seine Voraussetzungen. *KuD* 20, p. 54-77.

HAN, B.-C. (2014). *Psicopolítica – Neoliberalismo y nuevas técnicas de poder*. Barcelona: Herder, 2014, p. 27-30.

HARNAKK, A. (1905). Der Worwurf des Atheismus in den drei ersten Jahrhunderten. *TU* 13, p. 8-16.

HARTMANN, G. (1936). *Der Primat des römischen Bischofs bei Pseudo-Isidor*. Sttutgart.

HASLER A.B. (1977). *Pius IX – Päpstliche Unfehlbarkeit und 1*. Cidade do Vaticano/Sttutgart.

HÉGY, P. (1975). *L'Autorité dans le Catholicisme contemporain – Du Syllabus à Vatican II*. Paris.

HENGEL, M. (1981). *Seguimiento y carisma – La radicalidad de la llamada de Jesús*. Santander: Sal Terrae.

HOFMEISTER, P. (1962). *Mitra und Stab der wirklichen Prälaten ohne bischöflichen Character*. Amsterdã.

HOLL, A. (2012). *Jesus in schlechter Gesellschaft*. Innsbruck/Viena.

HORKHEIMER, M. (2000). *Anhelo de justicia – Teoría crítica y religión*. Madri: Trotta, p. 21.

HUSLEY, J. (1914). *Proc. Zool. Soc.*, p. 511-515.

INGLEHART, R. (2000). *Modernización y posmodernización – El cambio cultural, económico y político en 48 sociedades*. Madri: CIS.

JELLINEK, G. (2009). *La Declaración de los Derechos del Hombre y del Ciudadano*. Granada: Comares.

JEREMIAS, J. (1977). *Jerusalén en tiempos de Jesús*. Madri: Cristiandad, p. 137.

JERWELL, J. (1960). *Imago Dei. Gen 1, 26s. im Spätjudentum, in der Genesis und in den paulinischen Briefen* [Fralant 76]. Göttingen, p. 229.

JONAS, H. (1934). *Gnosis und spätantiker Geist – I: Die mythologische Gnosis, mit einer Einleitung zur Geschcichte und Methodologie der Forschung*. Göttingen.

JUSSEN, B. (2000). *Name der Witwe: Erkundungen zur Semantik der mittelalterlichen Busskultur*. Gotinga: Vanderhoeck & Ruprecht, p. 47-53, 176-198.

KANT, I. (s.d.). *Gesammelte Schriften* VII, p. 40.

KASPER, W. (1962). *Die Lehere von der Tradition in der Römischen Schule*. Friburgo.

KIERKEGAARD, S. (2012). *El instante*. Madri: Trotta, p. 95.

KLAUSER, T. (1948). *Der Ursprung der bischöflichen Insignien und Ehrenrechte*. Bonn, p. 18ss.

KNAPP, R.C. (2015). *Los olvidados de Roma – Prostitutas, forajidos, esclavos, gladiadores y gente corriente*. Barcelona: Planeta.

KUHN, H.W. (1990). Kreutz II. *Theologische RealEnzyklopädie (TRE)*, vol. 19, p. 717.

KÜNG, H. (1997). *El cristianismo – Esencia e historia*. Madri: Trotta, p. 129.

LANDIS, S. (1992). *Das Verhaltnis des Johannesevangeliums zu den Synoptikern* (BZNW 74). Berlím: De Gruyter.

LATIMORE, R. (1942). *Illinois Studies*, p. 28.

LEGASSE, S. (2005). *Pablo apóstol – Ensayo de biografía crítica*. Bilbao: Desclée De Brouwer, p. 267-272.

LÉNOIR, F. (2009). *El Cristo filósofo*. Barcelona: Planeta, p. 20-21.

LENSKI, G.E. (1984). *Power and Privilege: A Theory of Social Stratification*. Chapel Hill: University of Nord Carolina Press, p. 242-296.

LIMBECK, M. (s.d.). *Dic. exeget. N.T.* Vol. I, p. 1.406.

LORENZ, K. (1966). A Diskussiom on ritualization of behaviour in animals and man. *Philos. Trans. of the Roy Soc. London*, n. 251, p. 247-526.

LÜDEMANN, G. (1980). *Paulus der Heidenapostel I: Studien zur Chronologie* (Fralant 123). Göttingen: Vandenhoeck und Ruprecht.

LUZ, U. (1994). Nachfolge Jesu. *Theologische Realenzyklopädie*, vol. 23, p. 686.

LUZ, U. (2003). *El evangelio según san Mateo*. Vol. III. Salamanca: Sígueme, p. 391.

MacCULLOCH, D. (2011). *Historia de la cristiandad*. Barcelona: Instituto de Cultura, p. 446.

MacDONALD, M.Y. (1994). *Las comunidades paulinas*. Salamanca: Sígueme, p. 97-111.

MacKAY, I.D. (2004). John's Relationship with Mark – An Analysis of John 6 in the Ligth of Mark 6-8 (Wunt 2). Tubinga, 2004.

MAQUIAVELO, N. (2003). *Discursos sobre la primera década de Tito Livio*, II. Madri: Alianza, p. 71.

MARCUS, J. (2010). *El evangelio según Marcos*. Vol. I. Salamanca: Sígueme, p. 36-38.

MARCUS, J. (2011). *El evangelio según Marcos*. Salamanca: Sígueme, p. 967-969

MARROU, H.-I. (2004). *Historia de la educación en la Antiguedad*. 2. ed. Madri: Akal, p. 330.

MARX, K.; ENGELS, F. (2014). *La ideología alemana*. Madri: Akal, p. 383.

MEIER, J.P. (2002). *Un judío marginal*. Vol. II/2. Estella/Navarra: Verbo Divino, p. 961-997.

METZ, J.B. (1979). *La fe en la historia y en la sociedade*. Madri: Cristiandad, p. 100-110.

MOMIGLIANO, A.D. (1963). *The Conflict between Paganism and Christianity in the Fourth Century*. Oxford: Clarendon, p. 9.

MUNTZ, E. (1898). *La tiara pontificale du VIII au XVI siècle*. Paris.

NEUFELD, D.; DEMARIS, R.E. (eds.) (2014). *Para entender el mundo social del Nuevo Testamento*. Estella/Navarra: Verbo Divino, p. 229-242.

NILSSON, M.P. (1955). *Geschichte der Griegischen Religion*, I. Munique, 1955, p. 36-67.

NORDMANN, S. (2012). *Phénomenologie de la trascendence*. Paris: D'écarts, p. 9-10.

PANNENBERG, W. (1974). *Fundamentos de cristología*. Salamanca: Sígueme, p. 143.

PAULY-WISSOWA (1939). *Realencyclopädie der Klassischen Altertumswissenschaft*, XVIII/1. Stuttgart, 1939, p. 930-936.

PIETRI, C. (s.n.). Evergétisme et richesses ecclésiastiques dans l'Italie du IV à la fin du V siécle: L'exemple romain. *Christiana Respublica*, vol. II, p. 813-833.

PIÑERO, A.; MONTSERRAT, J.; GARCÍA BAZÁN, F. (1997). *Textos gnósticos* [Biblioteca de Nag Hammadi, vol. I]. Madri: Trotta, p. 115-117.

POHLMANN, W. (s.d.). Morphé. *Diccionario exegético del N.T.*, vol. II, p. 333.

POTTER, D.S. (1999). *Literary Texts and the Roman Historian*. Londres: Routledge.

POTTMEYER, H. (1975). *Unfehlbarkeit und Souveránität – Die päpstliche Unfehlbarkeit im System der ultramontanen Ekklesiologie des 19. Jahrhunderts*. Mainz.

QUASTEN, J. (1968). *Patrología*. Vol. I. 2. ed. Madri: BAC, p. 544.

QUIROGA PUERTAS, AJ.; UBRIC RABANEDA, P. (2015). *La Iglesia como sistema de dominación en la antiguedad tardía*. Granada: Universidad de Granada, p. 105-132.

RAHNER, K. (1954). Chalkedon – Ende oder Anfang? In: GRILLMEIER, A; BACHT, H. *Das Konzil von Chalkedon – Geschichte und Gegenwart*. Vol. III. Würzburg, p. 3-49.

REIM, M. (1995). *Die Heilung des Blindgeborenen (Joh 9) – Tradition und Redaktion* (Wunt II/7).Tübingen, p. 101-108.

RENDTORFF, R. (1967). *Studien zur Geschichte des Opfers im Alten Israel* (Wmant 24). Neukirchen/Vluyn, 1967, p. 149ss.

RICOEUR, P. (1966). *De l'Interprétation – Essai sur Freud*. Paris: Seuil, p. 508-509.

ROLOFF, J. (s.d.). *Dic. Exeget. N.T.* Vol. I, p. 1.250-1.267.

ROST, H. (1946). *Die Bibel in den ersten Jahrhunderten*, p. 81-105, 124-182.

ROWLANDSON, J. (ed.) (1998). *Women and Society in Greek and Roman Egypt: A Sourcebook*. Cambridge: Cambridge University Press.

RUDOLPH, K. (1977). *Die Gnosis: Wesen und Geschichte einer spätantiker Religion*. Leipzig.

RUSTER, T. (2011). *El Dios falsificado – Una nueva teología desde la ruptura entre cristianismo y religión*. Salamanca: Sígueme, 228

SALMON, D.P. (1955). Étude sur les insignes du Pontife dans le rite romain – Étude sur les insignes du pontife dans le rit romain. *Histoire et Liturgie*. Roma, 1955, p. 24.

SALMON, D.P. (1956). Aux origines de la Crosse des évéques. *Mélanges M. Andrieu*. Estrasburgo, p. 373-383.

SÁNCHEZ, J.J. (2000). Introducción. In: HORKHEIMER, M. *Anhelo de justicia – Teoría crítica y religión*. Madri: Trotta, p. 39.

SAND, A. (1981). Überlieferung und Sammlung der Paulusbriefe. In: KERTERLGE, K. (ed.). *Paulus in den neutestamentlichen Spätdchriften* [QD 89~]. Friburgo, p. 11-24.

SCHENK, W. (1975/1976). Das Praesens historicum. *NTS*, 22, p. 464-475.

SCHENK, W, apud BALZ; SCHNEIDER (2005). *Diccionario Exegético del N.T.* Vol. I. Salamanca: Sígueme, p. 465-466.

SCHILLEBEECKX, E. (1981). *Jesús – La historia de un viviente*. Madri: Cristiandad, p. 442.

SCHMELLER, T. et al. (1998). Nachfolge Christi. *Lexikon für Theologie und Kirche*, vol. 7, p. 609-613.

SCHMIDT, P.W. (1935). *Der Ursprung der Gottesidee*, VI, p. 444-454.

SCHNEIDER, G. (s.d.). *Dic. Exeget. N.T.* Vol. I, p. 146.

SCHNELLE, U. (1996). Die Tempelbreinigung und die Christologie des Joahannesevangeliums. *NTS*, p. 46-75.

SCHNELLE, U. (2003). *Paulus – Leben und Denken*. Berlím: Walter de Gruyter, p. 56.

SCHOTTROFF, L. (1979). Die Güte Gottes und die Solidarität von Menschen. In: Schotroff, W.; STEGEMANN, W. (org.). *Der Gott der kleinen Leute*. Munique: Kaiser, p. 71-84.

SCHULTZ, A. (1962). *Nachfolge und Nachahamen*. Munique, p. 303ss.

SICRE, J.L. (1989). La compleja imagen del profeta. In: SICRE, J.L.; CASTILLO, J.M.; ESTRADA, J.A. *La Iglesia y los profetas*. Córdoba: El Almendro, p. 30-31.

SIMMONOT, P. (2005). *Les papes: L'Église et l'argent – Histoire économique du christianisme des origines à nos jours*. Paris: Bayard, p. 12, 161-166.

SLOTERDIJK, P. (2013). *Has de cambiar tu vida*, València: Pre-Textos, p. 151-153.

SMITH, D.E. (2009). *Del Simposio a la Eucaristia – El banquete en el mundo cristiano antiguo*. Estella: Verbo Divino, p. 301ss.

SMITH, D.M. (1984). *Johannine Christianity*. Colúmbia: Columbia University Press, p. 95-172.

SMULDERS, P. (1969). *Mysterium Salutis*. Vol. III. Tomo I. Madri: Cristiandad, p. 415-503.

SNYDER, G.F. (2003). *Ante Pacem: Archeological Evidence of Church Life Before Constantine*. Macon: Mercer University Press, p. 60.

SOMBART, W. (1977). *El burguês – Contribución a la historia espiritual del hombre económico moderno*. Madri: Alianza, p. 247-248.

SOTINEL, C. (1998). Le Personnel épiscopal: Enquête sur la puissance de l'évêque dans la citè. In: REBILLARD, É.; SOTINEL, C. (eds.). *L'évêque dans la cité du IV au V siècle – Image et autorité*. Roma: École Française de Rome, p. 110-112.

SOTOMAYOR, M. (2003). Los grandes centros de expansión del cristianismo. In: SOTOMAYOR, M.; UBIÑA, J.F. *Historia del cristianismo – Vol. I: El mundo antiguo*. Madri: Trotta, p. 189-226.

SPANNEUT, M. (1957). Le stoicisme des pères de l'Église, de Clement de Rome à Clement d'Alexandrie. *Patristica Sorbonensia*. Paris, p. 267-345.

STEIN, P.G. (2008). *El Derecho romano en la historia de Europa – Historia de una cultura jurídica*. Madri: Siglo XXI, p. 53-98.

STRECK, M. (1916). *Assurbanipal und die letzten assyrischen Könige bis zum Untergang Niniveh's, I-III*. Leipzig, p. 300ss.

STRECK, M. (2005). Euaggelion. *Dic. Exeget. N.T.* Vol. I. Salamanca: Sígueme, p. 1.638.

SUZUKY, K. (2011). El Buda histórico y el Buda eterno. *Teologías en entredicho*. Campo de Gibraltar: Uimp/GEU, p. 61.

TEILLERY, J.C. (2011). *Antropología simbólica y neurociência*. Barcelona: Anthropos, p. 190.

THEISSEN, G. (1969). *Untersuchungen zum Hebräerbrief*. Gütersloh, p. 79-83.

THEISSEN, G. (1979). *Studien zur Soziologie des Urchristentums*. Tubinga, p. 231-271.

THEISSEN, G. (2005). *El movimiento de Jesús – Historia social de una revolución de valores*. Salamanca: Sígueme, p. 35-100.

THEISSEN, G. (2007). *Studien zum Corpus Johanneum* (Wunt II/14). Tübingen, p. 608-609.

THEISSEN, G.; MERZ, A. (2012). *El Jesús histórico*. 4. ed. Salamanca: Sígueme, p. 245-246.

THEOBALD, M. (2002). *Herrenworte im Johannesevangelium* [HBS 34]. Friburgo, p. 231.

THYEB, H. (2007). Eine altere Quelle im Hintergrund von Joh. 4? *Studien zum Corpus Johanneum* [Wunt 2/14]. Tübingen, p. 262.

TREITTINGER, O. (1938). *Der Oströmischen Kaiser und Reichsidee*. Jena.

TURCAN, R. (1998). *Rome et ses dieux*. Paris: Hachette, p. 29-30.

ULLMAN, W. (1955). *The Growth of Papal Government in the Middle Ages*. Londres.

VAN BENEDEN, P. (1974). *Aux origines d'une terminologie. Ordo, ordinare, ordinario dans la littérature latine Avant 313.* Louvaina.

VAN DER LEEUW, G. (1933). *Phänomenologie der Religión*, p. 87.

VANHOYE, A. (1980). *Prêtres anciens, prêtre nouveau selon le Nouveau Testament.* Paris: Seuil, p. 199ss.

VIDAL, S. (2008). *Pablo – De Tarso a Roma.* 2. ed. Santander: Sal Terrae, p. 54.

VILANOVA, E. (1987). *Historia de la teología cristiana.* Vol. I. Barcelona: Herder, p. 144

VÖLKEL, M. (1978). Freund der Zöllner und Sünder. *ZNW*, 69, p. 1-10.

VON AMIRA K. (1908). *Der Stab in der germanischen Rechtssymbolik.* Munique.

VON BALTHASAR, H.U. (1964). *Ensayos teológicos.* Vol. II. Madri, p. 475-476.

VON SODEN, H. (1909). Das lateinische Testament in Afrika. *TU* 3, 3. Leipzig.

VOUGA, F. (2008). Cronología paulina. In: MARGUERAT, D. (ed.). *Introducción al Nuevo Testamento.* Bilbao: Desclée De Brouwer, 135.

WEINZIERL, E. (ed.) (1970). *Die päpstliche Autorität im Katolischen Selbsverständnis des 19. und 20. Jhs.* Salzburg/Munique.

WHITE, L.M. (s.d.). *The Social Origins of Christian Architecture – Vol. I: Building God's House in the Roman World*, p. 119.

WIEDEMANN, T.E.J. (1990). *Greek and Roman Slavery: A Sourcebook.* Baltimore: Routledge.

WILLIAMS, R. (2010). *Arrio – Herejía y tradición*, Salamanca: Sígueme.

WUNN, I. (2012). *Las religiones en la prehistoria.* Madri: Akal, p. 199-214.

ZERWICK, M. (1960). *Analysis Philologica Novi Testamento Graeci.* Roma: Inst. Bibl., p. 379.

ZINGG, P. (1974). *Das Wachsen der Kirchen.* Friburgo/Göttingen, p. 61-63.

ZUMSTEIN, J. (2008). El evangelio según Juan. In: MARGUERAT, D. (ed.). *Introducción al Nuevo Testamento.* Bilbao: Desclée De Brouwer, p. 361.

ZUMSTEIN, J. (2016). *El evangelio según Juan.* Vol. II. Salamanca: Sígueme, 495.

Leia também!

Conecte-se conosco:

f facebook.com/editoravozes

@editoravozes

@editora_vozes

youtube.com/editoravozes

+55 24 99267-9864

www.vozes.com.br

Conheça nossas lojas:

www.livrariavozes.com.br

Belo Horizonte – Brasília – Campinas – Cuiabá – Curitiba
Fortaleza – Juiz de Fora – Petrópolis – Recife – São Paulo

  Vozes de Bolso

EDITORA VOZES LTDA.
Rua Frei Luís, 100 – Centro – Cep 25689-900 – Petrópolis, RJ
Tel.: (24) 2233-9000 – E-mail: vendas@vozes.com.br